chocs toniques

Données de catalogage avant publication (Canada)

Allenbaugh, Eric

Chocs toniques

Traduction de: Wake-up calls.

1. Actualisation de soi.   2. Relations humaines.   I. Titre.

BF637.S4A4414   1995   158'1   C95-941494-0

DISTRIBUTEURS EXCLUSIFS:

- Pour le Canada et les États-Unis:
LES MESSAGERIES ADP*
955, rue Amherst
Montréal, Québec
H2L 3K4
Tél.: (514) 523-1182
Télécopieur: (514) 939-0406
* Filiale de Sogides ltée

- Pour la Belgique et le Luxembourg:
PRESSES DE BELGIQUE S.A.
Boulevard de l'Europe 117
B-1301 Wavre
Tél.: (10) 41-59-66
          (10) 41-78-50
Télécopieur: (10) 41-20-24

- Pour la Suisse:
TRANSAT S.A.
Route des Jeunes, 4 Ter
C.P. 125
1211 Genève 26
Tél.: (41-22) 342-77-40
Télécopieur: (41-22) 343-46-46

- Pour la France et les autres pays:
INTER FORUM
Immeuble Paryseine, 3 Allée de la Seine
94854 Ivry Cedex
Tél.: (1) 49-59-11-89/91
Télécopieur: (1) 49-59-11-96
Commandes: Tél.: (16) 38-32-71-00
          Télécopieur: (16) 38-32-71-28

© 1992, G. Eric Allenbaugh

© 1995, Le Jour,
une division du groupe Sogides,
pour la traduction française

L'ouvrage original américain a été publié par Discovery Publications,
sous le titre *Wake-Up Calls*

Tous droits réservés

Dépôt légal: 4ᵉ trimestre 1995
Bibliothèque nationale du Québec

ISBN 2-8904-4569-0

Eric Allenbaugh

Chocs toniques

Tirez profit des bouleversements de l'existence

Traduit de l'américain
par
Joëlle Vincent

 le jour,
éditeur

À la mémoire de mon père, dont l'amour de la vie et le dynamisme positif sont toujours une source d'inspiration pour moi.

Des nombreuses personnes qui ont apporté leur contribution à l'écriture de ce livre, je voudrais d'abord remercier Kay, ma femme, qui depuis le début m'a secondé et encouragé avec toute son affection. L'amour sans réserve dont elle m'a entouré tout au long de la rédaction de cet ouvrage prouve, si besoin est, le contexte de joie et de complétude dans lequel nous partageons notre existence. Notre cheminement est fait d'amour, de joie, de compréhension et de partage. Kay, merci.

Certains êtres ont également été d'un grand concours en m'apprenant à abattre des barrières essentielles et à vivre plus intensément. Gary Koyen, James Newton et Will Schutz ont tous les trois, chacun à sa manière, fortement influencé mon propre développement au cours des dernières années. Et d'autres grands maîtres de la vie, mais des siècles précédents ceux-là, Glenn Grab, Richard Stevens et Herman Adams, occupent toujours une place privilégiée dans mes recherches sur la croissance.

Sans oublier ma mère et mon père, qui ont toujours été des modèles exemplaires, des guides dans les relations affectives et qui représentent pour moi la force vitale. Un rôle important a aussi été tenu par nos fils dans mes expérimentations de la vie. Je voudrais remercier encore la révérende Mary Manin Boggs, une amie de longue date, qui est toujours pour moi une source d'inspiration sur la voie spirituelle.

Et puis mes nombreux amis et clients, qu'il serait trop long d'énumérer ici individuellement, mais qui, par leur connaissance, leur soutien et leur influence, ont marqué mon parcours et contribué d'une façon ou d'une autre à l'achèvement de cet ouvrage.

Je les remercie tous d'avoir été pleinement présents pour moi.

Si ce n'est moi, alors qui?
Et si ce n'est maintenant, alors quand?

Sagesse juive

Première partie

L'éveil

Se réveiller ou sommeiller:
à vous de choisir

Chaque événement de la vie courante peut contribuer,
grâce à une conscience accrue, à votre croissance,
à la condition de savoir en tirer parti.

KEN KEYES

A u cours de notre douzième année de mariage, alors que ma femme et moi passions nos vacances dans un pittoresque chalet de montagne, pourvu d'un agréable foyer, et que par la baie vitrée nous apercevions une magnifique rivière coulant en contrebas, elle me déclara, quelque peu hésitante: «Je n'ai jamais aimé nos vacances.» Des pensées de toutes sortes se présentèrent à mon esprit. Et au lieu de faire une pause pour réfléchir, d'écouter et de chercher à comprendre, j'adoptai une attitude défensive. Je ne trouvai à répondre que des choses du genre: «Mais enfin, tu as toujours pris part aux décisions pour nos vacances! Je ne vois pas pourquoi tu as attendu si longtemps pour me dire une chose pareille!»

Chez la plupart des gens une telle situation aurait déclenché une sonnerie d'alarme. Mais plutôt que d'aborder le véritable sujet — notre relation de couple —, je pris le parti de justifier nos congés en faisant valoir qu'elle avait activement participé à la préparation de chacun d'eux. Et au lieu de transformer cette occasion pleine d'enseignement en apprentissage positif, je choisis d'ignorer ce signal d'alarme. À cette époque de ma vie, je n'étais ni apte ni disposé à percevoir et à résoudre cette sonnerie d'éveil, de sorte que j'ai continué à me conduire en somnambule dans notre existence commune.

Et trois ans plus tard, elle m'a annoncé — quelle surprise... — son intention de divorcer. C'est alors seulement que le message est passé! Bien que notre union n'avait pas survécu, j'avais reçu à ce moment-là un cadeau précieux, car cette sonnette d'éveil m'a propulsé vers une conscience accrue sur un nouveau parcours. Et ce cadeau, d'une valeur inestimable, même si au départ j'avais du mal à l'accepter, m'a par la suite aidé à mener ma vie personnelle, professionnelle et spirituelle en la dirigeant vers un plus haut niveau d'accomplissement.

> *Toutes les batailles propres à nous révéler*
> *sont livrées à l'intérieur de nous.*
>
> SHELDON KOPP

Notre expérience de la vie comporte de nombreuses *sonneries de réveil* accompagnées des *prises de décision* qui en découlent. Un signal auquel on a répondu nous aide à découvrir un autre degré de conscience. Considérées sous un nouvel angle, les percées décisives peuvent être transformées en apprentissage objectif et en possibilité de croissance.

Chacun possède un «fouillis» à nettoyer. Mais parfois, il nous semble démesuré de faire face à ce fouillis et nous sommes tentés de reculer devant la réalité. Au lieu de répondre à cet instant révélateur en prenant la décision appropriée, nous préférons dormir en ignorant les signaux de réveil. Nous rejetons cet enseignement en fermant systématiquement nos sonnettes d'alarme intérieures. Cependant que l'on essaie de nous transmettre un message, nous résistons en continuant à sommeiller dans notre zone de confort. Et les mêmes messages reviennent, inlassablement, jusqu'à ce que nous ayons compris la leçon.

Quand de temps à autre nous mettons en marche la sonnerie du réveil, nous nous dotons d'un dispositif de protection. Mais d'un autre côté, et du fait que les instants enrichissants sont maintenus sous silence, le *somnambulisme chronique* nous conduit tout droit vers les difficultés majeures que nous rencontrerons dans notre travail, dans nos relations avec autrui et, d'une manière plus générale, dans toutes les étapes de notre vie. Certains se contentent d'agir machinalement, le corps donnant l'apparence de l'éveil, mais l'esprit résolument fermé à tout ce qui les entoure. Ce qui représente une façon peu satisfaisante et très coûteuse de traverser la vie, et qui consiste à grossir les rangs des morts vivants. Pour avoir ignoré toutes les petites sonneries de réveil pendant les années de mon premier mariage, et pour avoir entretenu une relation en somnambule impénitent, j'ai provoqué l'occasion d'un apprentissage forcé. Le départ de ma femme et l'inévitable signal d'alarme qui s'est alors déclenché à grand bruit, m'ont à coup sûr réveillé tout net, m'incitant à entreprendre un processus d'ouverture de conscience et à faire les choix appropriés.

Chaque événement se charge de nous pourvoir en nombreuses occasions de réagir automatiquement ou de répondre consciemment; c'est la prise de décision. N'oublions pas que nous sommes le résultat des choix que nous avons fait, et non celui de nos particularités. En tout état de cause, ce livre met au point les stratégies qui nous permettront d'accroître notre conscience et nous aideront à opter pour des choix plus avantageux. C'est en prenant en main notre existence à un échelon supérieur que nous connaîtrons l'accomplissement personnel et professionnel.

Restez éveillé pendant la journée
et vous dormirez mieux la nuit.

GAY HENDRICKS

Nombre d'entre nous ne sont pas aussi éveillés qu'ils devraient l'être. Cependant, les mécanismes d'éveil, d'apprentissage et de découverte font partie de la vie elle-même. Donc, par quel moyen peut-on développer son degré de conscience? Quitte à simplifier à outrance, disons qu'il existe deux façons de se réveiller: *l'engagement traumatisant* et *l'engagement conscient*. Une *circonstance qui provoque un état d'émotion intense*, ou sonnerie de réveil, nous incite à voir les choses autrement. Les signaux d'alarme peuvent se présenter sous différentes formes, mais ils ont cependant un point en commun: celui de nous contraindre, temporairement du moins, à cesser d'agir et de réfléchir selon les critères qui d'ordinaire sont les nôtres. De sorte que ces changements de conscience sont susceptibles de nous conduire vers une véritable transformation. Un divorce, un congédiement, une maladie grave, la perte d'un bon client, ou encore le fait de rater un examen important, par exemple, sont autant de facteurs qui représentent des moyens traumatisants d'attirer l'attention sur des questions essentielles. Toutefois, si nous savons tirer la leçon, chacune de ces difficultés comporte en soi un bienfait.

Bien entendu, on est souvent tenté de coller une étiquette positive ou négative à une sonnerie de réveil. Mais, si l'on se contente de tout cataloguer de façon aussi arbitraire, on risque de restreindre les occasions d'apprendre. Les événements qui se produisent sont dépourvus de toute intention; c'est nous qui les interprétons. À cet égard, un conte que m'a rapporté James Newton illustre parfaitement cette approche:

Il y a de cela fort longtemps, un fermier s'était mis à l'ouvrage
de bon matin, pour découvrir que son plus beau cheval s'était enfui
en profitant d'une brèche dans la clôture. Un peu plus tard, un voisin lui déclara: «Quel dommage que ton magnifique étalon ait filé!»
À quoi le fermier répondit: «Dommage? Qui sait si la perte de cet
animal est une si mauvaise chose?»

Et après plusieurs jours, le cheval réintégra la ferme, mais il
n'était pas seul. En effet, une bonne dizaine de splendides chevaux
sauvages, qui passaient d'une prairie à l'autre, l'accompagnaient.
Quand il eut constaté le retour de l'étalon de prix en même temps
que l'augmentation du troupeau, le voisin se présenta de nouveau
chez le fermier. «Quelle bonne fortune il vient de t'arriver là!» Et le
fermier répliqua encore: «Une bonne fortune? Qui sait si c'est une
bonne fortune que d'avoir tous ces chevaux!»

Le fils aîné du fermier, à qui manifestement les nouveaux cour-
siers plaisaient beaucoup, en choisit un pour son usage personnel.
Mais quand pour la première fois il tenta de monter la bête à cru,
celle-ci lança une violente ruade qui jeta le jeune homme à terre, et
il eut une jambe fracturée. Apprenant l'affaire, le voisin revint trouver le fermier. «Quelle terrible mésaventure vient de frapper ton
fils!» Et le fermier de répondre: «Une terrible mésaventure? Qui sait
s'il est si terrible pour mon fils d'avoir la jambe cassée!»

Une semaine plus tard, un cruel seigneur envahit la campagne
afin de lever une armée de combattants pour ses guerres sanglan-
tes. Tous les jeunes gens aptes à servir furent recrutés, mais, bien
entendu, le fils du fermier fut laissé pour compte. Et ainsi de
suite...

Avez-vous remarqué comme il est fréquent, au cours de l'existence,
de constater qu'un événement «malheureux» sera ultérieurement commué en une sorte de tremplin permettant d'accéder à une plus vaste
connaissance? C'est en regardant au-delà des situations au moment où
elles surviennent, et en s'ouvrant à la découverte, qu'il nous devient loi-
sible de trouver en nous-mêmes les ressources propres à nous propulser
vers un savoir transformationnel.

Cherchez l'enseignement

Les «cadeaux» d'apprentissage, de développement et d'auto-
amélioration que nous offre la vie, se présentent fréquemment sous
forme d'une sonnerie de réveil. Celle-ci, quand elle survient à point
nommé, peut jouer le rôle de catalyseur dans la décision d'une ligne de
conduite à adopter qui sera, pour vous autant que pour votre entourage, particulièrement profitable. Recherchez l'enseignement à dégager
de chacune des sonnettes d'éveil énumérées ci-dessous, car toute phase

instructive peut se révéler utile à votre développement individuel et professionnel, à la condition, bien sûr, que vous soyez disposé à recevoir le «cadeau».

Examinez la liste des signaux d'alarme *personnels* suivants, afin de trouver l'enseignement contenu dans chacun d'eux:

- Divorcer;
- Apprendre que votre partenaire ne partage pas les mêmes opinions que vous à propos des gens auxquels vous tenez le plus;
- Avoir un enfant;
- Être victime d'une blessure ou d'une maladie grave;
- Perdre une amitié;
- Vivre une expérience de mort imminente;
- Faire l'expérience de «passer à deux doigts de la vie» (nous en reparlerons plus loin);
- Se rendre compte que la vie est meilleure chez un peuple d'une autre culture;
- S'apercevoir qu'une personne que vous avez toujours cru votre ennemie vous manifeste de la gentillesse;
- Découvrir que finalement Dieu existe;
- Avoir des conflis non résolus avec quelqu'un qui meurt subitement;
- Recevoir une lettre recommandée provenant d'un avocat que vous ne connaissez pas;
- Avoir un autre enfant;
- Recevoir un coup de fil au milieu de la nuit qui concerne un membre de la famille;
- Être sollicité pour occuper une fonction en vue;
- Ne pas être sollicité pour occuper une fonction en vue;
- Se prendre d'amitié pour une personne d'une autre race;
- Apprendre qu'une position que vous avez défendue à une certaine époque était erronée;
- Découvrir que votre conjoint a une liaison;
- Rencontrer le partenaire de votre conjoint et éprouver de l'estime pour cette personne;
- Tirer une leçon d'un clochard croisé dans la rue;
- Assister à la réunion de votre collège «20 ans plus tard»;
- Rencontrer vos beaux-enfants... ou beaux-parents;
- Se rendre compte qu'on ne peut pas tout contrôler;
- Découvrir qu'il vous est possible de contrôler beaucoup plus de choses que vous ne le pensiez;
- Recevoir un héritage ou une grosse somme d'argent;
- Déposer son bilan;
- S'examiner devant un miroir.

Le monde de l'éducation et celui du travail fournissent eux aussi de nombreuses occasions propres à en apprendre davantage sur soi-même. Étudiez les exemples *professionnels* de sonneries de réveil qui suivent; il ne fait aucun doute que certains constitueront pour vous de précieuses possibilités de croissance:

- Être ignoré quand il est question d'avancement;
- Entendre dire dans les branches que l'on est doué d'aptitudes inexploitées;
- Être recalé à un examen important;
- Se voir attribuer un avancement inespéré;
- Changer de sujet d'études ou de plan de carrière;
- Prendre une année sabbatique;
- Étudier une matière totalement étrangère à son champ d'activité coutumier;
- Concevoir un plan original très important;
- Être reconnu comme expert dans son domaine de compétence;
- Se rendre compte que l'échelle de sa carrière est «appuyée contre le mauvais mur»;
- Avoir affaire à un nouveau patron dont les attentes diffèrent des nôtres à tous les niveaux;
- Se voir congédié ou rétrogradé;
- Remporter un succès considérable;
- Apprendre que son principal concurrent a créé un nouveau produit exceptionnel;
- Changer de lieu de domicile ou d'emploi;
- Voir estimer ses résultats de façon tout autre que celle à laquelle on s'attendait;
- Atteindre un objectif très important;
- Accomplir quelque chose que l'on croyait au-dessus de ses possibilités;
- Se rendre compte que la retraite est très différente de ce que l'on avait prévu.

Le développement conscient ou méthodique — ou encore l'engagement d'apprendre tout au long de sa vie — représente une autre manière d'établir une distinction effective entre le monde intérieur et extérieur. Ceux qui explorent attentivement ce qui se passe en eux connaissent, en règle générale, un plus haut niveau d'accomplissement dans leur vie privée et professionnelle, que d'autres qui, au contraire, attendent purement et simplement que se présente l'occasion d'apprendre. En tant que processus conscient, la croissance s'accélère, à la condition d'être éveillé, en pleine possession de ses moyens, d'esprit ouvert et prêt à assumer les risques quand vient le moment de prendre une décision.

> *Plutôt qu'un lieu de destination auquel vous n'accéderez jamais,*
> *la réussite représente la qualité même de votre parcours.*
>
> JENNIFER JAMES

La vie est un processus d'apprentissage et d'expérimentation qui vous met au défi d'exercer vos talents et, pour le cas où vous négligeriez de relever ce défi, elle se charge de vous envoyer des signaux d'alarme. Et quand vous arriverez au terme de votre passage ici-bas, il est fort possible que surgissent trois questions essentielles:

1. Jusqu'à quel point avez-vous aimé?
2. Qu'avez-vous appris?
3. À la suite de votre séjour ici-bas, qu'est-ce qui vous fait dire que ce monde est le meilleur?

De quelle façon répondriez-vous à ces questions et, si vous décidiez de les considérer avec sérieux, quel est l'enseignement que vous en retireriez? Quel objectif vous êtes-vous fixé dans la vie? Que désirez-vous accomplir? Dans quel domaine aimeriez-vous passer maître? Quel genre de relation voulez-vous entretenir avec autrui? Comment saurez-vous à quel moment vous aurez atteint la réussite? Quelle est l'image que vous aimeriez que l'on conserve de vous? Toutes les réponses à ces interrogations résident en vous-même. Par ailleurs, cet ouvrage vous prêtera assistance en vous permettant d'exploiter ces ressources intérieures pour parvenir à une vie encore plus satisfaisante.

Depuis plus d'une dizaine d'années déjà, je ne cesse d'étudier des individus qui ont atteint le point culminant de la performance et qui, alors qu'ils obtiennent des résultats impressionnants, éprouvent un profond sentiment de paix et de complétude. Croyez-vous que ces personnes soient si différentes de vous ou de moi? Pour ma part, je ne le pense pas. Toutefois, ces êtres ont acquis et mettent en pratique un certain nombre de tactiques simples et pragmatiques qui régissent leur vie. De plus, ils possèdent cette faculté peu commune d'exploiter leurs réserves intérieures, cependant qu'ils servent de modèles et de soutien à tous ceux qui les côtoient.

Ces êtres accomplis utilisent des moyens relativement aisés et simples à transmettre. Étant donné qu'eux-mêmes ont puisé leur connaissance chez d'autres personnes, nous pouvons pareillement profiter de leur enseignement. Tout au long de ce livre sont définies des techniques que vous pouvez mettre en application pour faire de vous-même et des autres des êtres d'exception, et qui vous permettront d'assimiler l'expérience de ceux qui ont transformé ces tactiques en attitudes adaptées aux objectifs à atteindre. En observant des individus qui œuvrent dans ce sens, vous avez de fortes chances de retrouver les types de comportements suivants:

- Ils s'engagent consciemment dans une mission et ont des objectifs particuliers;
- Ils n'ont de cesse de se développer et de s'épanouir toute leur vie durant, autant sur le plan personnel que professionnel;
- Pour tous les aspects de leur vie, ils font le lien entre la tête et le cœur, ce qui représente un équilibre parfait;
- Ils provoquent et assument le changement;
- Ils sont à même de tirer une leçon d'une erreur, de s'autocorriger et d'aller de l'avant;
- Ils souhaitent donner plus qu'ils n'obtiennent de la vie;
- Leur approche consiste à associer leur comportement à un dessein significatif et à des valeurs essentielles;
- Ils développent un sens profond de la conscience et des responsabilités personnelles;
- Ils s'engagent pleinement à maîtriser une aptitude ou une compétence;
- Ils cultivent une saine indépendance et une bonne interaction dans leurs relations avec autrui;
- Ils se grandissent et grandissent les autres, ils créent des êtres d'exception;
- Ils ont l'art de communiquer en vue d'une bonne compréhension;
- Ils prennent l'engagement d'agir de façon intègre;
- Ils prennent soin d'eux-mêmes, physiquement et mentalement;
- Ils entretiennent leur spiritualité;
- Ils expérimentent, prennent des risques et s'épanouissent;
- Ils misent sur le succès;
- Ils ont la capacité de vivre pleinement.

La transformation réside dans l'art et dans la volonté
de vivre en se dépassant.

WAYNE DYER

À maints égards, nous sommes tous des apprentis ou des débutants, et c'est la raison pour laquelle cet ouvrage a pour objet de transmuter les phases initiatives en apprentissage positif et en moyens de croissance. Les messages contenus dans ces pages s'adressent aux meneurs, aux disciples, aux hommes et aux femmes, pour que chacun y puise un enseignement à mettre en pratique aussi bien dans sa vie professionnelle que domestique.

Les buts du voyage dans «l'espace intérieur» que vous entreprendrez au fil des chapitres qui suivent, sont de vous amuser, de vous éclairer et de vous être utile. La transformation commence d'abord en vous-même avant de se poursuivre par une série de sonneries de réveil. Ce livre examine toutes les stratégies pratiques — ou choix — propres à accroître votre propre qualité de vie, et à faire largement profiter de cette qualité l'univers dans lequel vous évoluez. Alors, profitez-en et lisez-le avec l'intention bien arrêtée de changer concrètement. Et qui sait, il constituera peut-être l'une de vos «sonnettes d'alarme».

Chapitre deux

L'impasse

Quelle est la leçon?

> *Quand vous êtes au fond du trou,*
> *cessez donc de creuser.*
>
> Ian McIver

es impasses? Nous en avons tous! Des impasses relationnelles, d'amour-propre, sexuelles, professionnelles, matérielles. D'une manière générale, le fait de se retrouver coincé dans une impasse indique que nous avons quelque chose à apprendre, mais que nous refusons de faire face à l'enseignement! Dans le cycle de blocage, que Wayne Dyer appelle l'«immobilisme», on peut relever soit des comportements d'inertie totale, ou d'hésitation légère, ou encore simplement une constante répétition de tactiques inopérantes. Ce qui restreint d'autant notre potentiel et engendre le stress. Consultez les exemples de cycles de blocage ci-dessous, afin de vérifier si, à l'occasion, vous êtes enclin à l'immobilisme:

- Vous exercez toujours la même profession, qui ne vous apporte ni satisfaction ni gratification;

- Vos relations sexuelles ne sont pas aussi fréquentes ni aussi passionnées que vous le souhaiteriez;

- Vous ne cessez de ruminer une vieille histoire embarrassante, ayant négligé, jusqu'à présent, d'aborder le sujet de front;

- Vous refusez de partager avec votre partenaire vos pensées et vos sentiments, ou de lui révéler ce que vous attendez de lui;
- Vous n'apportez aucune solution à des conflits existant entre vous et une personne qui compte dans votre vie;
- Vous continuez à vous empêtrer dans votre situation présente au lieu d'aller de l'avant;
- Vous vous réveillez souvent la nuit en proie à un tourment qui vous tracasse;
- Vous refusez d'aller vers quelqu'un qui vous plaît;
- Vous vous gardez d'accorder quelque importance que ce soit à une personne envers qui vous éprouvez une attirance particulière;
- Vous persistez dans vos mauvaises habitudes de vie et de santé;
- Vous vous soustrayez à la nécessité de prendre une décision importante.

Toute situation est inédite

«Répéter encore et encore les mêmes gestes en souhaitant obtenir un résultat différent», voilà bien une définition lucide de certaines pathologies psychiques. Pour ma part, c'est un cycle dans lequel j'ai été pris au piège en diverses occasions, dont une au moment où je rédigeais le présent ouvrage. Par un curieux concours de circonstances, c'est ce chapitre en particulier qui m'a donné le plus de mal. C'est celui par lequel j'ai commencé et, après de nombreux essais infructueux d'élaboration du fil conducteur, je l'ai mis de côté et me suis consacré au reste du livre. Et quand plus tard j'ai repris ce chapitre, j'ai bien entendu ressorti les *mêmes* notes consignées auparavant, pour me retrouver à nouveau dans la même impasse. Encore une bonne leçon à tirer! C'est ce qui se produit quand on s'entête à reproduire les mêmes scénarios en s'attendant à ce que le résultat soit différent. Et quand je me suis décidé à abandonner mes anciens projets pour adopter une nouvelle ligne de pensée, j'ai pu, enfin, écrire ce chapitre. Réfléchissez un peu à la façon dont vous pourriez profiter du fait de vous défaire de vos sujets d'impasse.

Devant toute situation, nous avons le pouvoir de choisir la manière d'y répondre. Toutefois, ce choix est fortement influencé par notre perception du monde. Deux catégories de prises de décision exercent sur notre réponse une grande pression, selon que notre optique relève ou non de notre contrôle. Par exemple, nous ne pouvons agir sur certains aspects, tels l'âge ou le sexe d'un individu. Cependant, nous avons tout loisir d'intervenir quand il est question du niveau d'instruction ou des qualités morales. Avec une volonté consciente, nous nous donnons les moyens de multiplier les facteurs contrôlables cependant que nous atténuons les effets de ceux qui échappent à notre maîtrise. Notre façon d'observer le monde sous différentes optiques, et notre réponse aux prises de décision, déterminent à la fois notre vie présente et nos choix pour le futur.

Optiques de prises de décision

Hors contrôle	*Sous notre contrôle*
La race	Les sentiments
Le sexe	Les pensées
L'âge	Les attitudes
Le pays de naissance	La conscience
La famille d'origine	Les valeurs morales
Les caractéristiques physiques	Le désir
Le degré d'intelligence	L'instruction
Les choix «des autres»	Les connaissances
	La formation
	Le bien-être
	Prendre des risques
	Avoir des principes
	Être créatif
	La capacité de résoudre des problèmes

Voyons ensemble le «cycle d'impasse» de la page suivante. Le point de départ — «Je suis ici» — dépend de plusieurs facteurs, dont certains sont placés sous notre contrôle, mais pas tous. Cette première position traduit les choix que nous faisons tout au long de notre vie. Et comme le proverbe qui dit: «On ne se baigne jamais deux fois dans le même fleuve», la vie nous offre une succession de situations neuves à expérimenter, ou maintes prises de décisions que nous arrivons à contrôler ou que nous abandonnons aux forces extérieures.

Toutefois, il arrive qu'à l'occasion nous maintenions des histoires anciennes et que nous laissions ces éléments influencer et modeler notre vie actuelle. Nous mettons toutes nos vieilles histoires dans un sac de toile et, au fur et à mesure que nous continuons à le remplir, celui-ci prend davantage de poids et de volume. Rien n'empêche que nous nous accrochions à une chose, que nous la chargions sur nos épaules et la traînions dans notre vie présente,

LE CYCLE D'IMPASSE
Répétition du passé et des comportements

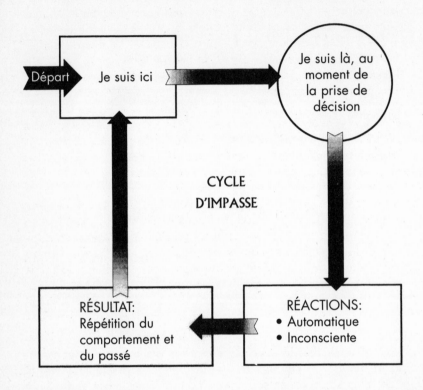

de sorte que nous vivons avec nos histoires anciennes dans notre monde actuel. En refusant de nous délester, nous recréons le passé et nous nous embourbons dans nos erreurs. En somme, nous recyclons nos vieux déchets.

Où que j'aille, je me retrouve toujours
à mon point de départ.

POGO

L'histoire se révèle une source inépuisable, de laquelle on peut tirer maints enseignements, et elle nous guide lorsque vient le moment de prendre des décisions. Cependant, quand nous sommes en état d'impasse, nos automatismes inconscients en matière d'attitude comportementale nous placent en position de réaction plutôt que de nous permettre d'opérer des choix judicieux sur-le-champ, de sorte que nous ne faisons que répéter le passé. Le «Je suis ici» ne fait que réadapter le lieu où j'étais auparavant, pour me replonger dans une situation archiconnue! Lorsque nous recyclons nos histoires anciennes, la masse s'accroît et déborde dans les autres domaines de notre vie.

Prenons par exemple le cas du dinosaure. Cet animal préhistorique a su préserver un magistral statu quo dans un environnement en pleine transformation. Et ce même dinosaure, au lieu de chercher à s'adapter à son milieu, ou du moins à imposer à celui-ci son ascendant, a tout bêtement conservé ses automatismes jusqu'à l'extinction de sa race. Si bien qu'un cycle d'impasse a résulté de la constante répétition des mêmes scénarios, entraînant un sérieux dysfonctionnement. Et nous savons tous ce qu'il est advenu du dinosaure.

Évoquez une attitude fréquente chez votre partenaire, votre enfant, ou un proche collègue de travail, qui vous irrite tout particulièrement. Quand vous pensez à ce comportement, qui est une de vos «bêtes noires», il y a de fortes chances que votre réaction automatique soit exactement la même que celle qui se produit dans la réalité. Si par exemple l'un de vos enfants a l'habitude de laisser traîner sa serviette mouillée sur le tapis de la salle de bain après avoir pris sa douche, vous ne manquez pas, au moment où vous découvrez la chose, de lui déclarer vertement: «Combien de fois faudra-t-il te répéter de pendre ta serviette ou de la mettre dans le panier à linge? Tu ferais mieux d'y penser la prochaine fois!» Vous avez dû vivre cette scène au moins une bonne vingtaine de fois déjà, et vous avez réagi selon le même mode machinal et inconscient. Là où cela devient intéressant, c'est qu'une part de vous-même sait très bien que cette manière de faire ne servira à rien, alors que votre démarche inconsciente vous pousse dans une impasse qui ajoute d'autres erreurs à votre sac d'histoires anciennes. Et vous vous retrouvez à la case départ, c'est-à-dire au point qui vous amènera à recommencer le même cycle sans issue.

Au cours d'un séminaire, après avoir tracé un graphique d'état d'impasse, un cadre supérieur vint me trouver pendant la pause. «Est-ce que je peux l'emporter?» demanda-t-il, montrant l'illustration. J'écrivis alors une courte dédicace au bas de la feuille avant de la lui remettre. Et quelle ne fut pas ma surprise en voyant des larmes couler sur ses joues. Je lui proposai donc de me confier ses ennuis et il me déclara: «Pour la neuvième fois, j'ai été viré de mon emploi.» (Mais ce qu'il ignorait et que son patron m'avait confié juste avant la conférence, c'est qu'il était sur le point d'être remercié une dixième fois.) «J'ai toujours eu comme patrons des pauvres types, m'expliqua-t-il. Ils ne me comprenaient pas. Ils ne me fournissaient pas de ligne directrice précise. Il n'y avait aucun échange entre nous. Ils ne me manifestaient aucun respect. Ils ne...» Et ainsi de suite, énumérant une foule de raisons qui expliquaient pourquoi ses différents employeurs laissaient à désirer, ou étaient à peine compétents. «Et je vais vous dire autre chose, ajouta-t-il, encore une fois je travaille pour un incapable!» Si j'avais bien compris, cela représentait dix hommes de suite qui, au cours de sa carrière, s'étaient révélés des patrons médiocres. Du point de vue de la probabilité, un tel phénomène avait toutefois fort peu de chances d'exister.

Il se calma soudain, et les larmes se firent plus abondantes. «L'incompétent, dit-il, c'était moi, pas mes employeurs. Je suis le seul responsable de ce qui s'est passé. Et c'est maintenant seulement que je me rends compte à quel point j'ai tout fait pour être renvoyé. Votre graphique a bel et bien atteint son but.» Quelle belle sonnerie de réveil!

À partir du moment où il a été forcé d'affronter une importante prise de décision au sujet de sa carrière, il a relevé le défi et accepté d'agir autrement. Et, pour rester sur la bonne voie, il a fixé au mur de son bureau l'illustration de l'état d'impasse en guise d'aide-mémoire. De plus, au lieu de persévérer dans ses attitudes d'automate, il s'est appliqué à réfléchir, à corriger ses travers et à acquérir de nouvelles attitudes. La modification de son mode de comportement a provoqué une telle différence que son patron a décidé de lui accorder une deuxième chance: il a conservé son emploi pendant de nombreuses années, et il est devenu un phare des plus stimulants pour son environnement. Voilà à quoi servent les sonnettes d'alarme et les prises de décision.

Quand nous vivons une phase de pulsions automatiques ou réactionnelles, les problèmes semblent se situer «au dehors», ce qui fait de nous les victimes d'actes posés par les autres. Nous avons alors tendance à exploiter notre énergie en vue de rejeter le blâme sur des circonstances et des facteurs extérieurs plutôt que de puiser dans nos ressources créatives pour venir à bout de la situation. Tant et aussi longtemps que nous accusons les autres, nous nous empêchons d'étudier les divers moyens d'apporter la meilleure solution au problème que nous avons contribué à créer. Nous baissons les bras au lieu d'infléchir ou de modeler les événements, en laissant libre cours à nos facultés, à notre contrôle et à notre talent. Nous négligeons d'examiner les sujets dignes d'attention, et ainsi, nous mettons un frein à notre croissance. Les changements significatifs surgissent de l'intérieur et, en plaçant la question au-delà de nous, nous déléguons nos pouvoirs à des puissances étrangères qui finiront par régler notre destin.

Si dans nos rapports avec autrui nous nous conduisons en somnambules, il faut s'attendre à des sonneries de réveil impromptues

C'est à ma première femme que j'ai imputé la défaillance de notre relation, après la «dissolution» de mon premier mariage. Il ne fait aucun doute qu'à cette époque, ma vision faussée positionnait le problème «en dehors» de moi-même. Qu'est-ce qui l'avait subitement décidée à partir, au bout de quinze années d'union, sans même aborder le sujet? Et pendant encore deux ans et demi après le divorce, je ne voulais prendre en considération que son refus de communiquer, son injustice et son manque de loyauté, et en persévérant dans ce mode inconscient, j'évitais soigneusement de faire face à ma propre réalité. Il m'était évidemment plus simple de l'accuser, que de prendre en main certains aspects qui, chez moi, réclamaient mon attention. (Il est tellement plus facile de voir la paille dans l'œil de son prochain que de remarquer la poutre que l'on a dans le sien.) Parfaitement inconscient, je m'enfonçai dans un état d'impasse.

L'objet de notre attention caractérise ce qui nous échappe. Obnubilé par les travers que je relevais chez ma femme et par l'injustice avec laquelle elle m'avait traité, je me retrouvais bloqué dans son cycle d'impasse, sur lequel je n'exerçais guère ou pas de contrôle du tout. Fort de mon amour-propre blessé, j'omettais de m'occuper de mes propres affaires, dont pourtant j'avais fort à m'occuper!

Son départ a provoqué l'une de mes plus importantes sonneries de réveil. Toutefois, n'étant pas préparé à percevoir le message, j'avais mis l'alarme à l'état de repos. Lors de ce signal d'alarme des plus marquants, je me suis malgré tout confiné dans mon somnambulisme pendant une période de quelques années, au lieu d'effectuer le travail sur moi-même qui s'imposait. Quoi qu'il en soit, je me sentais davantage sécurisé en laissant les questions «à la porte», plutôt que de faire face à la tâche intérieure qui m'attendait.

Enfermé dans le cycle d'impasse, nous nous privons de toute possibilité de croissance en répondant aux prises de décision par des automatismes réactionnels. En effet, nous attendons de comportements répétitifs, qui jusqu'à présent se sont révélés inefficaces, des résultats différents. Dépourvus du courage nécessaire à l'introspection, nous laissons pleins pouvoirs aux forces extérieures pour diriger notre vie. En cherchant à métamorphoser la configuration de notre monde environnant, nous négligeons le travail intérieur qui réclame d'être pris en considération, de sorte que nous nous retrouvons à la case départ, et le cycle recommence sans fin.

Au moment où une autre prise de décision essentielle se présentera, prenez soin d'écouter votre langage intérieur. Si vous en êtes encore à vous demander s'il vaut la peine ou non de tenir les rênes de votre existence, posez-vous les questions suivantes:

ATTENTION!

- Que pourrait-il se produire de pire si je travaillais sur mes points d'impasse?
- Que pourrait-il m'arriver en mieux si je travaillais sur mes points d'impasse?
- Que se passera-t-il si je ne fais rien?
- Qu'ai-je à perdre ou à gagner en conservant cette attitude de somnambule?
- Quelle est la leçon à retenir?

Chaque choix vous mène quelque part, vous éloigne d'un autre endroit, ou encore vous enferme dans un mode d'impasse et, dans la plupart des cas, vous vous retenez d'aller de l'avant. Les limites que l'on s'impose n'ont rien à voir avec les caractéristiques héréditaires ou environnementales. Quand vous persistez à vous accrocher aux seuls modèles qui vous sont connus, vous inhibez vos facultés de découvrir l'inconnu. De la même façon, lorsque vous vous laissez gagner par des convictions restrictives, vous limitez le champ de vos possibilités. Et le fait de défendre vos barrières ne vous apporte rien d'autre que le retranchement derrière votre cloisonnement. Alors, votre comportement est déterminé en fonction de vos choix, non des circonstances ou des conditions extérieures.

Les signaux d'alarme et les prises de décision peuvent jouer dans votre existence un rôle positif et essentiel. Il faut les considérer comme des cadeaux qui attendent d'être ouverts. Plus vous êtes conscient, plus les options qui s'offrent à vous sont nombreuses, car la conscience attire les ressources et les solutions. Et en prenant la décision de vous attaquer à vos problèmes d'impasse, vous adoptez l'option qui vous prépare à la liberté.

CHAPITRE TROIS

Sortir de l'impasse

VOS PRISES DE DÉCISION

*De notre passé ne dépend pas
nécessairement notre avenir.*

ALAN COHEN

Nous devons effectuer un nouveau choix, ou encore saisir une occasion d'agir différemment en vue d'obtenir des résultats plus satisfaisants à chaque instant qui passe et à chaque situation qui se présente. Les êtres humains sont de drôles de créatures. Quand une manière de faire *ne marche pas*, nous avons tendance à la reproduire! Dans son livre *Honoring the Self*, Nathaniel Branden résume ainsi cette attitude: «De toutes les espèces, nous sommes la seule qui soit apte à décider de la façon d'agir qui lui convient le mieux, et cependant, nous faisons tout le contraire.» Et bien que dans la plupart des cas les réponses résident en nous, nous sommes enclins à ignorer ce que nous savons; non seulement nous bâillonnons notre intuition, mais nous mésestimons aussi nos valeurs intrinsèques, nous contentant de marcher en somnambules parmi nos prises de décision. Et quel résultat récoltons-nous? Toujours le même: la répétition de la même histoire.

ATTENTION!

- Dans quel cas particulier reproduisez-vous les mêmes comportements?

- Obtenez-vous toujours les mêmes résultats, alors que vous pourriez très bien récolter des résultats plus probants?

- Connaissez-vous mieux la communication véritable en théorie ou en pratique?

- Êtes-vous plus doué pour concevoir des échanges relationnels de qualité dans votre tête plutôt que de les vivre dans la réalité?

- Seriez-vous plus apte à résoudre des conflits de façon plus équitable que votre attitude ne le laisse supposer?

- Quelle est la leçon à retenir?

Vous avez là une bonne façon de juger de la scission qui s'établit entre vos *conceptions* et vos *agissements,* et plutôt que de vous en prendre à cette scission, considérez ce que vous pouvez retirer de l'enseignement.

Nous sommes le fruit des choix que nous faisons, et non celui des situations dans lesquelles nous nous trouvons

Une vieille histoire m'est revenue à l'esprit, qui parle de frères jumeaux ayant vécu dans un milieu familial où régnaient l'alcoolisme et la méchanceté. Le père autant que la mère étaient peu aptes à vivre en société, ils ne gardaient pas leurs emplois et abusaient physiquement des jumeaux. Après que des voisins eurent appelé les services de protection de l'enfance, un juge retira aux parents la garde des garçons, pour leur éviter de vivre dans cette ambiance chaotique. Les jumeaux furent placés chacun dans un foyer d'accueil différent.

Quelque trente années plus tard, ils se rencontrèrent à nouveau, mais dans des circonstances pour le moins insolites. Alors qu'un soir l'un des frères venait de quitter son cabinet d'avocat, situé au vingt-deuxième étage d'un immeuble, il fut abordé par un clochard pauvrement vêtu et alcoolique qui demandait l'aumône. Tandis que le juriste cherchait de la menue monnaie dans ses poches, leurs regards se croisèrent et ils furent envahis tous deux par un vague sentiment familier. Au cours de la conversation qui suivit, chacun découvrit en l'autre son jumeau perdu de vue depuis longtemps.

Évoluant désormais dans des mondes diamétralement opposés, ils étaient cependant issus des mêmes parents et du même milieu familial. L'alcoolique prit le parti de justifier sa situation en ces termes : «Écoute, papa et maman buvaient sans arrêt. Ils me traitaient comme un chien et c'était évident qu'ils n'avaient jamais voulu de moi. Je me suis mis à boire très jeune et j'ai dû voler pour subsister. Mon existence n'a pas été facile, mais je suis toujours en vie. Maintenant, je passe mon temps dans les rues, je n'ai pas eu le choix.»

Quant à l'homme de loi, sa vision des choses était absolument différente. «Bien que nos parents aient été alcooliques et cruels, autant à notre égard qu'entre eux, très tôt j'ai pris la décision d'agir autrement. Je me suis abstenu de boire, parce que je ne voulais pas que l'alcool ruine ma vie comme elle avait ruiné la leur. J'ai aussi appris qu'il me fallait reconsidérer mes rapports avec les autres, j'ai donc fait de la thérapie, assisté à des cours et à des séminaires et fait beaucoup de lecture. Et même si j'ai encore beaucoup de travail à faire, mon existence est plutôt satisfaisante.»

De toute évidence, les jumeaux, ayant en commun le même milieu d'origine, avaient opté pour des choix différents. L'un, réagissant en automate, s'était contenté de «survivre», en tant que «victime» des rudes circonstances qu'il avait connues. Mais l'autre frère, pourtant issu du même contexte, avait choisi de «vivre», et pris des décisions en toute connaissance de cause. Des cas de ce genre, où un individu confronté à une situation difficile relève le gant au lieu de se laisser entraîner par les éléments extérieurs, vous sont assurément familiers. Et je ne sais plus qui a déclaré un jour: «Ce qui compte, ce ne sont pas les cartes que l'on vous a distribuées, mais la façon de les jouer.»

Une prise de décision nous est offerte chaque fois que se présente une nouvelle situation. C'est en reconnaissant le moment où nous devons opter pour un choix et en nous concentrant sur notre tâche intérieure que nous sommes en mesure d'exercer une influence sur les événements plutôt que les subir. Quand nous choisissons notre façon de répondre en toute conscience, nous contrôlons de manière positive la nature du résultat et le processus nous apporte une amélioration certaine. Ce n'est plus notre avenir qui nous façonne mais nous qui le façonnons.

Face à une prise de décision, nous avons le choix entre la réaction *réflexe*, qui nous fait retomber dans un état d'impasse, ou la réponse, laquelle nous ouvre les portes du processus d'apprentissage. Pour établir la distinction entre la réaction réflexe et la réponse, prenons le cas d'un médicament qui nous serait prescrit. Si nous refusons de réagir au remède, la situation ne peut qu'empirer; par contre, si nous décidons que notre organisme répondra de façon favorable, il ne peut qu'en retirer tous les bienfaits. Cela vaut aussi pour notre vie: nous devons exploiter consciemment la vaste étendue de nos possibilités.

La situation ne définit pas l'individu, mais elle le révèle.

JAMES ALLEN

Nous sommes le fruit des choix que nous faisons, et non celui des situations dans lesquelles nous nous trouvons. Le cours de notre existence est étroitement lié à nos décisions. Cependant, nos choix ne sont pas tous faits selon notre pleine conscience. Il arrive que nous nous laissions guider par nos réflexes automatiques, en quel cas les événements «semblent se produire malgré nous». D'après Will Schutz, cette partie «inconsciente» de nous-mêmes résulte simplement de «tous les choix que nous opérons sans en être conscients». Tant que nous pensons que la cause se trouve «à l'extérieur», notre énergie créatrice se disperse en reproches, en critiques, en raisonnements, en justifications, en explications, en échappatoires et en vaines tentatives pour modifier les forces extérieures. Si l'on s'en tient au processus d'autolimitation, ces forces finissent par nous régir en réduisant nos options. Le fait d'éviter les occations d'apprendre requiert, la plupart du temps, beaucoup plus d'énergie que celui d'affronter les causes de notre état d'impasse. Et quand nous choisissons de rester coincés dans l'impasse, nous abandonnons aux forces extérieures le pouvoir de modeler notre destin.

Bien sûr, il nous arrive d'opposer une certaine résistance quand il s'agit de considérer les choses autrement, surtout si par le passé nos modèles et nos agissements nous ont permis de survivre. Il est toutefois impensable de connaître une meilleure qualité de vie si l'on se maintient au niveau de la survie, car celle-ci rend totalement impossible une existence pleinement épanouie. Pour la plupart, nous désirons davantage de joie, de tranquillité d'esprit, de clairvoyance, de satisfaction personnelle et professionnelle, de prospérité, de paix spirituelle et de bien-être. Mais quand on vise la survie seulement, on ne peut en aucun cas accéder à ces degrés supérieurs.

Quand nous assumons la responsabilité de choisir notre manière de répondre aux situations qui surviennent, nous octroyons pleins pouvoirs à nos énergies intérieures au détriment des forces extérieures. Plus rien n'est pareil lorsque nous décidons de prendre le contrôle au lieu de nous laisser mener par le courant. Nous acquérons alors une nouvelle signification des notions de liberté, de croissance et de vigueur. De cette façon, nous entreprenons d'abandonner notre position actuelle pour entrer dans un nouveau territoire: notre zone d'expansion. C'est là où nous assimilons, nous développons, nous créons de nouvelles structures et nous commençons à constater une modification concrète dans notre vie.

CHAQUE SITUATION EST NOUVELLE
LE CHOIX: s'améliorer ou se répéter

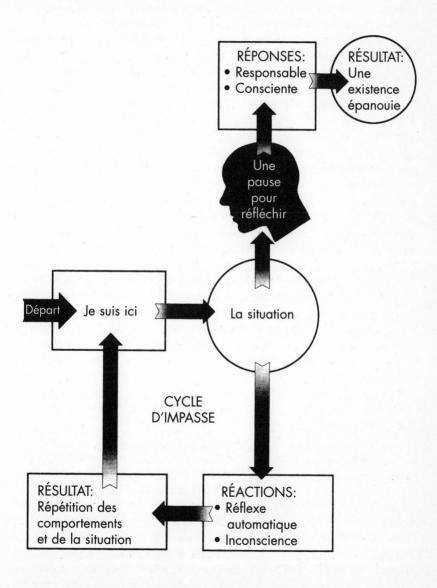

Cessez d'agir sans arrêt, assoyez-vous

Sortir de son état d'impasse exige que l'on prenne des risques et que l'on veuille bien considérer les choses d'un autre point de vue. Le moment crucial, lors d'une prise de décision, c'est le temps de la *réflexion*. Plus qu'un simple instant dans la temporalité, affirmer son choix réclame une grande paix intérieure, pour permettre à nos facultés de nous venir en aide en vue d'accéder au changement effectif, car tout progrès découle du pouvoir décisionnel.

Bien que la plupart du temps les réponses soient en nous, il nous arrive fréquemment de ne pas tenir compte de la valeur réelle de nos facultés intérieures, en réagissant d'une manière machinale. Vous connaissez sûrement l'expression: «Ne reste pas là assis à ne rien faire, *fais quelque chose.*» Et bien, la réflexion emprunte la voie opposée: «Cesse de bouger sans arrêt et *assied-toi.*» La réflexion nous permet d'exploiter nos capacités intuitives, rationnelles et spirituelles. Pour employer la terminologie propre à la neurolinguistique, la réflexion devient un «état de rupture» de première importance. Passer en toute conscience de l'état d'impasse à celui de rupture d'avec nos anciens schémas, nous amène à découvrir les occasions de nous améliorer. Le temps de la réflexion hâte notre éveil.

À partir du moment où nous nous dégageons des anciens modes de comportement, nous jouissons d'une plus grande liberté pour examiner de nouvelles possibilités. Quand nous acceptons de prendre nos responsabilités, nous sommes mieux armés pour contrôler la situation. Ce processus, conscient et délibéré, est d'abord déclenché par le temps d'arrêt propice à la réflexion, avant de se poursuivre par l'analyse des questions suivantes:

ATTENTION!

- Dans mon existence, à quoi est-ce que je refuse de faire face, et à quoi est-ce que je résiste?
- Que me faut-il apprendre?
- Qu'est-ce que je veux vraiment?
- Qu'est-ce que je peux faire ou dire dans l'immédiat qui apportera un changement positif?

Il faut une grande conscience, un engagement ferme et la volonté de prendre des risques pour se débarrasser de ses habitudes et de ses anciens modes de comportement. Coincé dans l'impasse, il est plus simple de condamner les éléments extérieurs que de faire face à ses responsabilités. Mais l'accès à la zone de développement individuel nécessite davantage l'auto-analyse que l'analyse des «autres». Pour vous aider à faire l'expérience de la croissance réelle, suivez les techniques de rupture décrites ci-dessous:

- Apprenez à observer un temps de réflexion au moment d'une prise de décision, et à puiser dans vos ressources intérieures, car les réponses sont là.
- Déterminez ce que vous voulez créer dans votre existence et mettez par écrit des objectifs de comportement précis.
- Faites ressortir les mérites et les principes qui seront les plus aptes à guider vos choix au moment de la prise de décision.
- Faites part de vos objectifs à une personne en qui vous avez pleinement confiance et à qui vous pourrez demander, de temps à autre, de vous aider, et qui en outre vous transmettra ses réactions quant à vos progrès comportementaux.
- Tenez un journal intime de vos choix face aux états d'impasse et de rupture. En effet, le cerveau traite différemment une information selon qu'elle est écrite ou qu'elle procède de choix possibles qui se bousculent dans la pensée. Sans compter que votre journal peut se révéler d'un excellent recours pour constater vos progrès.
- Remplacez «Je suis comme ça», par: «Jusqu'à présent...» ou «Désormais, je décide de...». Cette sage manière de procéder renforce le pouvoir de réflexion au moment de la prise de décision et stimule la conscientisation.
- Réexaminez vos choix une fois par semaine, afin de fêter vos succès et d'apporter des corrections au besoin. Ne soyez pas trop sévère envers vous-même: cette technique vous aide à vous corriger, et non à vous rendre parfait.

Nous ne subissons pas la vie, nous la créons.

Mike Wickett

J'avais tout juste quinze ans lorsque, en 1959, se présenta une prise de décision qui se révéla l'un de mes plus importants enseignements. À l'époque, je faisais mes études dans un immense collège de la Californie du Sud. Le corps étudiant, environ 3200 personnes, était composé d'un mélange de races dont un tiers comprenait des Afro-Américains, un tiers des Latino-Américains et le dernier tiers se partageait entre des Blancs et des Asiatiques. C'était un milieu d'une grande violence. Il était fréquent, sur le campus, de voir apparaître diverses armes, tels des couteaux, des matraques, des chaînes de vélo, des coups-de-poing américains, et même parfois une arme à feu de fabrication artisanale. Il ne se passait pas une semaine sans qu'il y ait des bagarres ou des règlements de compte entre bandes rivales.

À l'automne 1959 donc, alors qu'en compagnie de ma petite amie je quittais les gradins à la fin d'un match de football, et marchais sur le trottoir parmi une foule nombreuse, je reçus un coup de pied par derrière. En me retournant, je me trouvai face à une bande armée de coups-de-poing américains, qui se faisait appelée Los Lobos (les Loups). J'eus le nez cassé dès le premier assaut, attaque que je n'avais en rien provoquée, puis plusieurs os fracturés au cours de l'échauffourée. J'étais encerclé et les coups pleuvaient de toutes parts. Aux multiples fractures sont venus s'ajouter un traumatisme crânien et une hémorragie interne. L'une des blessures qu'on m'avait infligées a d'ailleurs nécessité une intervention chirurgicale. Le praticien qui m'avait soigné m'informa que si j'avais reçu un coup supplémentaire à la tête, je serais mort.

Les autorités scolaires ont finalement mis un terme aux matches de football du vendredi soir, car les bandes organisées s'en étaient pris à de trop nombreuses personnes. Dans ce milieu profondément stressant, plusieurs élèves manifestaient des comportements d'impasse, en relation directe avec la question conflictuelle provoquée par le mélange racial. Étant donné que cette population répétait sans cesse des schémas qui de toute évidence n'étaient pas les bons, la tension allait croissant.

À la fin de ma convalescence, quelques amis vinrent me trouver pour me proposer: «Viens, on va aller voir un peu ces gars-là!» C'était de cette manière que l'on «résolvait» les problèmes. Après une agression, il était essentiel d'égaliser les points, de sorte que le cycle de violence n'en finissait plus. On m'offrait la possibilité d'exercer la loi du talion et quelque part en moi je me disais «Oui!». La douce saveur de la vengeance représentait à ce moment particulier un choix tout à fait légitime.

D'un autre côté, la réflexion m'amenait à déclarer: «Non!» La revanche ne sert à rien. Puis les faits ont clairement établi, à maintes et maintes reprises, que dans ce collège la vengeance n'avait d'autre résultat que d'encourager et d'intensifier la discorde. L'escalade des hostilités ne sert qu'à renforcer le cycle d'impasse et à engendrer les mêmes résultats négatifs. Il nous fallait réagir d'une autre manière. Nous avions besoin que quelqu'un interrompe la réaction en chaîne des éléments qui perturbaient la marche normale de l'existence.

Bien forcé de prendre rapidement une décision, je me demandai si je devais me conformer à la règle ou innover en usant d'une nouvelle tactique, et je choisis enfin de m'engager «hors des sentiers battus». En compagnie de membres de divers groupes ethniques, je formai un «Comité de la fraternité», organisation qui s'engageait à améliorer les relations entre les races. Je fus étonné de voir à quel point les élèves étaient enthousiastes à l'idée de construire un avenir plus sain, d'autant plus que cela se passait bien avant le mouvement généralisé à l'échelon national qui réclamait l'égalité pour tous. Les jeunes furent de plus en plus nombreux à se joindre à la cause et à conjuguer leurs efforts pour parvenir à une solution efficace.

Deux ans plus tard, tout en poursuivant mon action pour une meilleure entente entre les étudiants, je posai ma candidature au poste de président du campus. Deux de mes amis s'étaient eux aussi présentés — l'un était une des vedettes de l'équipe de football et l'autre un «personnage de marque» de la vie collégiale —, mais en dépit de leur popularité, j'obtins la majorité des 3200 voix. Selon toute vraisemblance, on avait choisi de me suivre en vue de faire les choses autrement. Je n'affirmerai pas que les problèmes raciaux furent résolus, loin de là, cependant, nous avons obtenu des résultats significatifs en jetant des ponts entre les diverses cultures, en apprenant à communiquer et à agir avec les autres races, en aplanissant les différends sans avoir recours à la violence, et en nous appliquant à faire régner la confiance dans des conditions particulièrement difficiles.

Chaque instant qui passe et chaque cas sont tout nouveaux. L'agression dont j'avais été victime s'était transformée en l'un de mes plus riches enseignements, et cela en dépit de la brutalité de l'expérience. Étant donné que mon choix s'était porté vers la réflexion puis vers une réponse mûrie au lieu d'une réaction réflexe, cela avait modifié ma propre façon de vivre et, par ricochet, influencé mon entourage. J'ai donc découvert très jeune que nous sommes le fruit de nos choix et non celui des situations extérieures, et qu'en prenant des décisions en toute conscience et en connaissance de cause, nous nous donnons les moyens de faire pression sur les événements qui nous touchent.

Les choix auxquels nous procédons nous rapprochent ou nous éloignent chaque fois de quelque chose. Où vos décisions vous mènent-elles? De quelle façon vos comportements indiquent si vous acceptez ou refusez telle ou telle chose? Même si vous n'êtes pas essentiellement responsable de votre situation, vous décidez de votre vie présente et à venir. Vous êtes libre tant que vous n'avez pas choisi, mais vous devenez le fruit de votre prise de décision dès l'instant où elle a lieu. Étant donné que tout progrès dans l'existence provient de la force de nos choix, prenez le temps de la réflexion et examinez toutes les possibilités avant d'agir. Au moment de prendre une décision, consultez vos ressources intérieures, de cette façon vous serez en état de maîtriser la situation plutôt qu'être victime des circonstances.

En d'autres termes, la prise de décision nous offre l'occasion, soit de réagir par réflexe, soit de répondre délibérément. Quand nous optons pour la réaction, le «bouton» de répétition de notre réveil reste en position «marche». Si bien que nous réitérons nos anciens comportements, même si les résultats ne nous ont jamais rien apporté. Par contre, en fournissant une réponse, la réflexion consciente nous permet de «remettre le bouton à zéro», de corriger le tir et de poursuivre notre apprentissage. En assumant nos prises de décision et en nous corrigeant, nous activons le processus transformationnel qui nous amène à quitter l'état de somnambulisme pour choisir l'état d'éveil. Plus les phases de prises de conscience sont nombreuses, plus nous nous développons, de même que nous connaissons une vive satisfaction et un plein épanouissement. Alors, n'hésitez pas à transformer vos signaux d'alarme en enrichissements.

CHAPITRE QUATRE

La résistance

UNE RICHESSE DÉGUISÉE

*En maintes occasions au cours de l'existence
nous nous retrouvons sous une multitude de déguisements.*

CARL JUNG

Tant et aussi longtemps que nous persistons à faire des reproches «vers l'extérieur», nous restons coincés dans l'impasse. De même, à partir du moment où nous sommes persuadés que la cause nous est étrangère, nous limitons notre croissance. Et l'histoire recommence, faisant ressortir de façon encore plus prononcée notre situation embourbée. Si bien que la même leçon nous sera répétée, jusqu'à ce que nous l'ayons apprise.

Il faut beaucoup de courage et une conscience aiguë pour prendre en main ce à quoi vous opposez une forte résistance. Toutefois, le processus d'introspection vous permet de définir où vous en êtes, où vous voulez en venir et comment y arriver. Quand vous choisissez de vous occuper d'un obstacle, c'est que vous préférez un résultat positif, aussi bien pour vous-même que pour vos rapports avec les autres.

À quoi résistez-vous dans la vie? Dans vos relations? Dans votre vie professionnelle? Quels sont alors les concepts que vous opposez machinalement? Lorsqu'une personne envers laquelle vous n'éprouvez pas beaucoup d'estime avance une idée, comment réagissez-vous? À quel point êtes-vous prompt à découvrir la faille dans les conceptions émises par autrui? La résistance se manifeste dès qu'il est question d'espace vital.

Il se peut que vos principales occasions d'apprendre et de vous développer proviennent des secteurs où vous offrez le plus de résistance. Cette défense est susceptible de se révéler un excellent *feed-back,* en même temps qu'un cadeau déguisé. Appliquez-vous à rechercher ce cadeau. Portez une extrême attention à vos points de résistance car les sonneries de réveil y foisonnent! Les cas d'opposition les plus fréquents ont trait à la vie intime, à la confiance, à la peur de prendre des risques, de se sentir vulnérable, d'être «présent», de changer d'avis, de confier ses sentiments et de se montrer spontané. Pour la plupart, les individus créent des situations qui les incitent à se maintenir dans les limites d'une zone de sécurité, laquelle à son tour entrave la croissance. Il vous faut abaisser vos défenses pour vous permettre de croître.

Lors de séminaires, afin de démontrer la justesse d'un principe, il m'arrive souvent de proposer un exercice aux participants, les priant de se choisir un partenaire. L'un des deux s'appellera «A» et l'autre «B». Ils se tiennent face à face, les mains paume contre paume, et je demande à toutes les personnes «A» d'exercer une pression, mais sans violence, sur les paumes des «B». Et que font alors les «B»? Ils opposent automatiquement une résistance, bien qu'aucune instruction ne leur ait été donnée en ce sens.

La résistance à la pression est une réponse propre à l'être humain. Lorsqu'elle rencontre ce frein, la personne «A» pousse simplement un peu plus, ce qui est aussi une réaction caractéristique. Et en fin de compte celle qui a poussé le plus fort a «gagné», du moins c'est ce qu'elle croit.

Observez bien les attitudes défensives. Si les autres résistent face à la direction que vous voulez prendre, ou à l'idée que vous désirez exploiter, la tactique habituelle consiste à pousser davantage, jusqu'à ce qu'«ils» renoncent. Toutefois, leur consentement apparent n'est qu'un camouflage typique de leur résistance intérieure. Et ce sont *eux* (pas vous, bien sûr) qui comptent les points! Ils ont bonne mémoire! Ce qu'il advient, en règle générale, c'est que le score est mis à égalité, ou encore *nivelé.* Et trois mois plus tard, quand vous vous présentez avec une autre idée, on joue la politique d'obstruction totale! N'oubliez pas que la dernière fois vous avez «gagné»; aujourd'hui c'est leur tour.

La résistance provenant de sources extérieures peut vous fournir des renseignements précieux qui vous aideront à identifier les situations qui méritent que vous vous y arrêtiez. Soyez attentif aux attitudes de défense, car elles vous permettront assurément d'acquérir de la perspicacité, de trouver rapidement des solutions de rechange, d'accroître votre sensibilité à percer les sentiments des autres et d'apprendre de nouveaux moyens d'instaurer l'harmonie dans vos rapports. Considérer la résistance en tant que facteur potentiel fera apparaître de nouvelles perspectives et des choix concrets.

Pensez à quelqu'un avec qui vous êtes fréquemment en conflit, ou qui vous crée des ennuis. Selon vous, à quoi cette personne résiste-t-elle? Et quel comportement devrait-elle adopter pour accroître son efficacité ou améliorer notablement vos relations de travail? Il est toujours tellement plus facile de voir ce que les *autres* devraient faire, tandis que cette évidence, nous l'appliquons rarement quand il s'agit de nous-mêmes.

Ce à quoi vous résistez persiste

Maintenant, dites-moi de quelle façon *vous* résistez? Par l'*attaque* ou la *fuite*, sont les réponses caractéristiques de l'être humain. Et ces tactiques, même si elles ne marchent pas toujours très bien, sont les plus souvent utilisées. En négligeant les sonneries d'alarme, nous nous maintenons dans l'ignorance des occasions propices à l'innovation. Comme l'humain est un être étrange! Les autres créatures du règne animal, douées d'un tant soit peu d'intuition, captent les signaux et agissent en employant tous les moyens dont elles disposent pour sauvegarder leur propre intérêt. Quant à nous, nous faisons tout le contraire!

Par contre, dans la pratique des arts martiaux, la résistance fait partie d'une force stratégique positive. Au judo, par exemple, on associe à des gestes gracieux l'opposition de l'adversaire pour en retirer un avantage significatif. Une autre façon de profiter de la force adverse consiste à nager *dans* le sens du courant plutôt qu'à *rebours*. Depuis des millénaires, on reconnaît tous les côtés positifs de la résistance. Nous n'en continuons pas moins, pourtant, à nous débattre face à ce concept.

«Ce à quoi vous résistez persiste.» Ce message n'a cessé de poser un défi à l'humanité depuis des siècles. Il sous-entend que le même problème se présente, encore et encore, tant que vous n'aurez pas retiré l'enseignement. La leçon ne se répétera pas si vous l'avez «comprise».

Pendant cinq dimanches consécutifs, un ministre du culte avait prêché le même sermon. Après la troisième fois, alors qu'ils retournaient à leurs voitures, les fidèles discutèrent de cet étrange phénomène. À la fin du quatrième sermon, les anciens se réunirent pour débattre de la situation. Et enfin, après le cinquième, une délégation convoqua le ministre à une réunion extraordinaire, afin qu'il leur fournisse des explications. «Je suis heureux que vous l'ayez remarqué! fit le pasteur. D'ailleurs, je compte bien répéter ce sermon chaque dimanche, jusqu'à ce que vous l'ayez saisi!» Quelquefois, nous évitons tout bonnement d'entendre les sonneries de réveil, ce qui ne nous empêche pas de nous demander pourquoi «il nous arrive toujours» les mêmes choses.

En parcourant cet ouvrage vous ne manquerez certainement pas d'éprouver de la résistance face à certaines conceptions ou techniques expérimentales qu'il contient. Plus vous vous battez, ou plus vous refusez de faire face, et moins vous vous donnez de chances de connaître les bienfaits de l'enseignement. Mon propos n'est pas de vous voir tomber entièrement d'accord avec le contenu de ces pages, d'ailleurs je ne le souhaite pas, mais de vous encourager à vous connaître. Il existe sûrement une bonne raison pour que vous lisiez cet ouvrage, aussi je vous invite à y rechercher le cadeau qui vous concerne.

Mais plutôt que de vous lancer à l'attaque des messages ou d'éviter les sonnettes d'éveil, je vous recommande simplement de faire une pause pour réfléchir, de reconnaître les domaines où vous résistez, et d'accepter de rechercher l'enseignement. Imaginez la résistance tel un mur qui vous sépare d'une connaissance essentielle. Alors, au lieu de vous jeter à l'assaut du mur ou de vous en détourner, pratiquez une ouverture et passez au travers. En explorant ce qui se trouve de l'autre côté, vous ferez l'expérience de votre plus belle croissance.

La résistance est une richesse déguisée. Traversez donc ce mur pour découvrir l'enseignement, et vous trouverez un cadeau.

CHAPITRE CINQ

Les échappatoires

FUIR LES RESPONSABILITÉS

*Il faut d'abord s'engager dans l'introspection
si l'on veut accroître sa conscience.*

WILL SCHUTZ

Prendre ses responsabilités, cela signifie que, pour obtenir des résultats encore plus satisfaisants, il convient de faire appel à ses propres capacités et à utiliser les possibilités qui existent en nous. La responsabilité joue un rôle direct et délibéré sur les conséquences engendrées par une nouvelle situation, en nous donnant le pouvoir de déclarer: «Que puis-je faire dans l'immédiat qui provoquera un changement concret?» Un comportement réfléchi vous permet d'assumer à part entière vos idées, vos sentiments et vos actes, afin de vivre d'une manière parfaitement épanouie, indépendamment des agissements de ceux qui vous entourent.

Se soustraire à ses responsabilités — ce que de temps à autre nous faisons tous de manière plus ou moins équivoque —, peut se produire de façon consciente ou inconsciente. La liste des échappatoires figurant ci-dessous énumère de quelle façon «on» fuit les responsabilités. Il va de soi que cela n'est pas *votre* cas!

1. Je n'avais pas le choix!
2. J'étais hors de mes gonds!

3. Je ne sais pas!
4. J'ai oublié!
5. Je vais essayer!
6. Si..., alors...!
7. Personne ne me l'a dit!
8. Ce n'est pas de ma faute!
9. Cela ne me concerne pas!
10. Je ne peux pas!
11. Je suis comme ça!
12. On verra bien!

1. «Je n'avais pas le choix!»

Alors que j'animais un séminaire regroupant un grand nombre d'étudiants brillants, un jeune homme déclara: «J'ai pris de la drogue, mais je n'avais pas le choix. Tout le monde le faisait.» À partir du moment où l'on rejette la possibilité de prendre une décision, on s'écarte indéniablement de ses responsabilités. Vous avez *toujours* le choix, même si les conséquences ne vous plaisent pas outre mesure. Par exemple, au moment de payer vos impôts: cependant, si vous décidez de *ne pas* acquitter vos impôts, les suites seront lourdes de conséquences.

En 1986, au lendemain de l'attaque lancée contre la Libye par les États-Unis, le président Reagan annonçait: «Nous n'avions pas d'autre choix que de bombarder la Libye.» Comment, pas d'autre choix? Bien au contraire, nous avions justement le choix. Puis il a poursuivi son discours, en affirmant qu'avant d'en arriver à cette mesure extrême, on avait tout d'abord épuisé toutes les autres possibilités. Toutefois, nous n'étions, à l'époque, même pas en pourparlers avec la Libye, car les échanges diplomatiques avaient été interrompus depuis déjà fort longtemps quand fut prise la décision d'user de la force armée. Le bombardement fut d'ailleurs commandé en manière de représailles, à la suite d'un attentat terroriste — dans lequel la Libye était soi-disant impliquée — survenu dans une discothèque, en Allemagne, où des militaires américains avaient trouvé la mort. Nous apprenions plus tard que la Libye n'avait rien à voir avec cet attentat. Toutefois, il faut bien comprendre qu'il n'est pas ici question de l'irresponsabilité de la Libye en quelque autre domaine; mon propos a été d'employer cette image à seule fin d'insister sur notre propre absence de responsabilité.

Il nous est possible d'influencer la responsabilité chez les autres, mais sans pour autant la contrôler en aucune manière, alors que nous avons pleins pouvoirs sur nos responsabilités. Et du moment que nous décidons d'être intrinsèquement responsables, nous pouvons, dans la majorité des cas, agir sur les autres de manière positive.

2. «J'étais hors de mes gonds!»

«J'étais possédé du démon.» Voilà, pour échapper à nos responsabilités, une excuse dont la portée est considérable. Si, en effet, vous êtes véritablement possédé, alors là, c'est une tout autre paire de manches! Citons le cas d'un couple marié, surpris au beau milieu d'une scène de ménage. Les injures volent dans tous les sens, et les deux époux, fort en colère, «ne se maîtrisent plus». Le téléphone sonne: ah, c'est le pasteur! Vous remarquerez comme le ton du conjoint qui prend l'appareil change tandis qu'il bavarde avec calme et gentillesse avec l'ecclésiastique. Mais sitôt la communication terminée, le récepteur est brutalement reposé sur son socle et la querelle reprend de plus belle. À nouveau, ils sont «hors de leurs gonds». Ne se contrôlent-ils vraiment plus? Non, je ne crois pas! Ce genre de comportement dispose de la maîtrise de soi à son gré et fait de la colère un instrument redoutable. Le simple fait de déclarer «j'étais hors de mes gonds» décline toute responsabilité.

3. «Je ne sais pas!»

On distingue ordinairement deux sortes de «je ne sais pas»: l'une est factuelle, l'autre irraisonnée. À titre d'exemple, prenons le fait que je ne parle pas russe. Ce qui s'est révélé particulièrement évident lorsque je me suis rendu dans l'ex-Union soviétique, dans le cadre de mon travail, et que j'ai dû faire appel à des interprètes pour pouvoir communiquer.

La deuxième espèce de «je ne sais pas» relève, elle, de l'irresponsabilité flagrante. Il nous arrive parfois de déclarer que nous ignorons quelque chose, alors qu'au fond de nous-mêmes nous le savons parfaitement. C'est quand nous ne sommes pas en mesure, ou quand nous refusons de nous occuper d'un problème particulier, que nous avons recours à la tactique du «je ne sais pas», à dessein de préserver notre tranquillité d'esprit. Par exemple, j'avais été pris par «surprise» au moment où ma première femme m'avait annoncé qu'elle me quittait. Comment? Après quinze ans de mariage elle décidait de partir comme cela, sans prévenir, sans en discuter, sans même faire quelque effort que ce soit pour raccommoder nos relations! Et pendant un certain temps, non seulement je me suis persuadé, mais j'ai aussi convaincu mon entourage, qu'elle avait agi sur un coup de tête. Mais c'était faux! Tout au fond de moi, je savais depuis des années que notre union battait de l'aile. Mais à cette époque, et compte tenu de mon stade d'évolution, j'étais d'un côté réticent, et d'un côté incapable de traiter avec efficacité de graves problèmes relationnels. La solution de facilité commandait de les ignorer. Quelle inconséquence!

Une autre forme d'irresponsabilité se présente aussi quand nous déclarons savoir, cependant que ce n'est pas le cas. Parfois encore, nous affirmons de quelqu'un qu'il éprouve tel ou tel sentiment, alors que nous n'en savons rien. Ou bien, nous allons jusqu'à dire que nous comprenons très bien alors que nous croyons que notre interlocuteur vient d'une autre planète! Prétendre ne rien savoir quand c'est l'inverse, ou au contraire déclarer connaître ce que l'on ignore, participent du même phénomène qui nous enfonce encore davantage, alors qu'il vaudrait mieux s'abstenir de creuser ce trou plus profondément.

Le dialogue avec des individus qui lancent à tout propos des «je ne sais pas», devient vite irritant. C'est pourquoi, à maintes reprises, j'ai demandé à des personnes de ce genre: «Et si vous saviez, que répondriez-vous?» Chose étonnante, dans quatre-vingts pour cent des cas, ces mêmes individus me fournissent une ou plusieurs réponses propres à résoudre leur problème, alors que peu auparavant la solution semblait totalement inaccessible. Faire le choix d'ignorer dénote une attitude irresponsable.

4. «J'ai oublié!»

Il existe une nette différence entre l'oubli véritable et la décision que l'on prend de ne pas se rappeler! L'un de mes fils, encore adolescent, oubliait fréquemment de remplir ses tâches, mais il se souvenait de façon infaillible du jour où il devait toucher son argent de poche, et le montant exact de l'allocation! J'étais fort surpris de voir qu'il se rappelait ces deux derniers éléments mais qu'il omettait de faire son travail. Pour l'aider à «mémoriser», nous avons instauré une nouvelle procédure de paiement. Nous ne lui en versions systématiquement qu'une partie, le reste lui étant remis en fonction de la qualité de ce qu'il avait à faire et selon que le tout était mené à bonne fin. De plus, il devait estimer par lui-même de l'excellence de ses obligations et juger s'il méritait ou non la somme globale. Et je peux vous dire que cela fonctionne très bien parce que l'on se fonde sur le sens des responsabilités.

Affirmer que l'on a oublié alors qu'on a décidé de ne pas se souvenir, dénonce un manque de sérieux certain. Une variante sur le même thème consiste à s'occuper, en y mettant beaucoup d'ardeur, de choses qui à nos yeux sont extrêmement pressantes, alors que nous «oublions» de penser à ce qui est essentiel pour les autres.

5. «Je vais essayer!»

Pour expliquer ce point, j'ai demandé à une participante, lors d'une séance de travail, d'«essayer» de prendre un stylo que j'avais dans la main. Elle s'est avancée et s'est emparée de l'objet. «Non, lui dis-je, vous me l'avez enlevé. Ce que je vous avais demandé, c'était d'*essayer*.» Après avoir compris la règle du jeu, elle s'efforça et maugréa en «essayant», mais sans succès, d'attraper le stylo. Conclusion: ou bien nous prenons le stylo, ou nous ne le prenons pas. Tant que nous n'avons pas l'intention d'aller jusqu'au bout, toute tentative est vaine.

Que penseriez-vous d'un couple que vous invitez à dîner et qui vous répondrait: «Eh bien, on tâchera de venir.» Qu'est-ce qu'ils entendent par là? Qu'ils vont tourner en rond dans votre quartier pour *essayer* d'arriver jusque chez vous? Ou ils acceptent l'invitation, ou ils la déclinent. Cela vaut également dans le cas d'une tâche qui nous est confiée. Lorsqu'on vous déclare «Je vais essayer de le faire», prenez le temps de réfléchir pour élucider la question. Qu'est-ce que cela signifie, au juste? Que votre interlocuteur a l'intention d'accomplir ce que vous lui demandez de faire, ou de remettre la chose indéfiniment? Ce qu'il faut, c'est une réponse nette, un oui ou un non ferme. En fait, il y a beaucoup plus de gens qu'on ne le croit qui sont prêts à accepter un «non» définitif, plutôt qu'une réponse vague comme «je vais essayer». Non seulement une réponse irréfléchie sème la confusion et crée de la tension dans les rapports avec autrui, mais en outre elle discrédite celui qui la formule. Et l'irresponsabilité se paie très cher.

6. «Si..., alors...!»

Un jeune contremaître m'a dit un jour: «Si on me payait mieux, alors je travaillerais davantage et j'aurais un meilleur rendement.» À votre avis, quelle chance a-t-il de mériter une augmentation de salaire? Zéro! Pour quelle raison un patron rémunérerait-il un peu mieux un employé qui freine la productivité et lésine sur la qualité de son travail? Et si au contraire la même personne décidait de s'investir et d'exécuter une meilleure besogne, que se passerait-il? À long terme, ses efforts se verraient largement récompensés.

Quelqu'un d'autre m'a confié: «Si j'avais des amis, alors je serais heureux.» Mais qui désire se lier d'amitié avec une personne malheureuse? Pourquoi rechercherait-on la compagnie de quelqu'un de triste en voulant la ou le rendre heureux à tout prix? Ce qui prouve bien que cette tactique ne réussit pas très bien. Une approche nettement plus concrète voudrait que l'on *soit* heureux, ce qui augmenterait d'autant les chances de nouer une belle amitié!

La stratégie du «si/alors» établit des conditions entre nous et nos objectifs, et ces conditions nous tiennent à l'écart des visées recherchées. Mais nous attachons peut-être plus d'importance aux conditions qu'à la cible elle-même, ou encore, les objectifs que nous nous sommes fixés ne nous conviennent pas réellement; ce qu'au fond nous souhaitons, en pareil cas, c'est trouver le moyen de ne pas quitter notre zone de confort. «Si vous agissez de telle façon, alors j'aurai confiance en vous», est un énoncé très courant, et qui sert ni plus ni moins à dresser des barrières que les autres doivent surmonter. Mais une fois l'obstacle franchi, leur accordons-nous pour autant notre confiance? Peut-être que oui, ou peut-être que non. Dans ce genre de situation, il est toutefois caractéristique de voir s'élever de nouveaux obstacles.

Si vos objectifs sont sérieusement définis, laissez donc tomber le conditionnel. Allez droit au but, ne faites plus qu'un avec lui! Un moyen déguisé de se soustraire à ses responsabilités, consiste justement à poser des conditions. Pourquoi ne pas tout simplement vous assumer et faire ce qui vous tient à cœur? Et comme le dit le slogan de Nike, «Just do it».

7. «Personne ne me l'a dit!»

Peter, mon fils aîné, est rentré un jour du collège, passablement déprimé. «Papa, dit-il, on a eu un examen sur le calcul différentiel aujourd'hui, et personne ne me l'avait dit.» «Pete, lui demandai-je, les autres étaient-ils au courant, eux?» «Mais oui, ils le savaient tous. Mais on ne m'avait rien dit!»

À maintes reprises j'ai entendu des gens déclarer: «Je n'ai pas la moindre idée de ce que pense mon patron de mes résultats. À vrai dire, cela fait des années que je n'ai pas eu d'évaluation de mon travail.» Il est absolument crucial, pour votre développement, pour votre avancement et pour l'avenir de votre carrière, de connaître votre rendement. Alors, si vous ignorez en quelle estime votre employeur tient vos résultats professionnels, dépêchez-vous de le découvrir! Faites d'abord votre propre évaluation, puis prenez rendez-vous avec votre patron pour discuter de vos points forts et des moyens de vous perfectionner. Vous ne pouvez vous permettre d'ignorer ce genre de chose. C'est pure irresponsabilité que de se limiter à récriminer à propos du manque de *feed-back*. Quittez votre zone de sécurité et allez chercher l'information dont vous avez besoin. Votre carrière en dépend. Pensez-y et passez à l'action.

Après avoir conseillé à des milliers de cadres supérieurs d'utiliser cette méthode d'auto-évaluation et de *feed-back* auprès de la direction de leur entreprise, j'ai pu constater des résultats prodigieusement positifs. Pour la plupart, les patrons apprécient grandement qu'un de leurs collaborateurs prenne l'initiative et la responsabilité de son propre bilan, ce qui, par la même occasion, simplifie les échanges de *feed-back*. En d'autres termes, si vous ne connaissez pas le point de vue de votre employeur sur votre rendement, prenez la responsabilité de le découvrir rapidement!

Tout ce que l'on peut perdre, en se déplaçant tel un somnambule dans les méandres de sa vie et de ses relations, en n'étant pas entièrement présent et en omettant d'écouter chaque fibre de son corps, c'est le contact avec la réalité. C'est alors que de façon tout à fait irréfléchie nous déclarons: «Personne ne me l'a dit!» Invitez périodiquement votre conjoint ou votre partenaire à vous communiquer ce qu'il ou elle pense de votre relation, ou encore, demandez à votre patron de vous faire part de ses remarques concernant vos aptitudes professionnelles; ainsi, vos relations personnelles et professionnelles fonctionneront mieux, et vous n'aurez plus aucune raison de déclarer: «Personne ne me l'a dit.»

8. «Ce n'est pas de ma faute!»

Tant que nous accusons les autres pour quelque erreur que ce soit, nous nous privons d'apprendre. Nous empêchons des informations essentielles à notre développement de parvenir jusqu'à nous, et par le fait même, acceptons de nous laisser gouverner par des énergies extérieures, cependant que nous ne savons toujours pas de quelle manière nous avons contribué à créer la situation dans laquelle nous nous trouvons. Bien entendu, il arrive que dans certains cas nous n'y soyons strictement pour rien. Mais en rejetant constamment la faute sur les autres, nous nous enfonçons dans l'état d'impasse, et notre amour-propre finit par en pâtir.

Dans la plupart des prisons, quantité de cas illustrent le «ce n'est pas de ma faute!» poussé à l'extrême. Selon une étude de comportement menée auprès des pensionnaires de centres de détention, trois pour cent seulement d'entre eux admettent être responsables de leurs actes. Lorsqu'on demandait aux prisonniers la raison de leur incarcération, chacun y allait de son refrain, en expliquant, bien sûr, que «ce n'était pas de sa faute». Le récit suivant est caractéristique en son genre: «Un jour on a fait un casse dans une banque, et moi, je devais dévaliser la chambre forte. Mon copain, lui, faisait le guet. On avait chacun un émetteur-récepteur. Quand la police est arrivée, il s'est sauvé. Alors c'est pas de ma faute si je suis derrière les barreaux, c'est parce que mon copain m'a laissé tomber.» Toujours accuser les autres démontre notre refus d'endosser nos responsabilités, en même temps que cela nous permet de tenir les problèmes à l'écart. Alors, au lieu de chercher à tout prix à vous dégager de toute responsabilité, demandez-vous «quelle leçon puis-je en tirer?». Ou encore, posez-vous cette question que pose Anthony Robbins dans ses séminaires *Personal Power*, «Qu'est-ce qui n'est pas *encore* parfait?».

9. «Cela ne me concerne pas!»

Il y a de cela plusieurs années, j'ai participé à un séminaire dirigé par Ken Blanchard, coauteur de *The One Minute Manager*, ayant pour thème la performance de pointe, auquel j'avais convié Darrel Hume, l'un des vice-présidents de la société Nordstrom. L'hôtel où se déroulait la séance d'étude était en pleine faillite. Le service était médiocre. Au moment du déjeuner, qui était présenté à la façon d'un buffet scandinave, je m'aperçus qu'il n'y avait pas de cuiller de service près de l'énorme bol de vinaigrette. Étant donné que je ne me sentais pas de taille à saisir un récipient contenant plus de quatre litres d'assaisonnement pour en verser une petite quantité sur ma salade, je décidai de faire appel à l'un des serveurs, pour lui demander de s'occuper de la question. L'un d'eux, appuyé contre un mur à quelque distance du bol de vinaigrette, me parut tout indiqué pour résoudre le problème. Je le mis donc au courant de la situation, et réclamai son aide. Les bras croisés sur sa poitrine, il me toisa en déclarant: «Cela ne me concerne pas!» Il n'était pas en charge des ustensiles du service. «Très bien, dis-je, le fixant à mon tour. Il n'y a donc rien d'étonnant à ce que l'établissement soit en pleine déconfiture!» Il ne sembla même pas saisir ce à quoi je faisais allusion.

«Cela ne me concerne pas» n'est certainement pas une assertion que l'on serait susceptible d'entendre prononcer chez Nordstrom, IBM, Honda d'Amérique ou Federal Express. Pour tout ce qui a trait au service à la clientèle et à la qualité du produit, les membres de ces sociétés semblent, au contraire, considérer que cela relève aussi de leur compétence et la tendance irait plutôt dans le sens de: «Cela me concerne!» Pour s'en rendre compte, il suffit de voir les résultats significatifs que ces firmes ont enregistrés à long terme.

Qu'est-ce qui, au travail ou chez vous, n'est pas du domaine de vos compétences? Êtes-vous enclin à vous cloisonner, et à cloisonner les autres, en affirmant que «cela ne me concerne pas»? Et cette limitation, que vous rapporte-t-elle dans l'avancement de votre carrière et dans la qualité de vos relations? Et si, dans votre vie personnelle et professionnelle, vous laissiez tomber les restrictions, pour faire en sorte que les choses tournent rondement?

10. «Je ne peux pas!»

Henry Ford a un jour déclaré: «Si vous croyez que vous pouvez, ou si vous croyez que vous ne pouvez pas, vous avez raison!» C'est ainsi qu'en de nombreuses occasions nous présumons de la suite des événements, et agissons par la suite de façon à valider nos prédictions.

Il nous arrive même de dire «je ne peux pas», quand en fait cela signifie «je ne veux pas». Ce rejet de vos responsabilités laisse les autres songeurs quant à la crédibilité qu'ils peuvent vous accorder. Il vaut mieux réfléchir avant d'affirmer «je ne peux pas», autant en votre for intérieur que face à votre interlocuteur. Est-ce que vraiment vous ne pouvez pas, ou serait-ce plutôt que vous ne voulez pas? «Je ne peux pas tenir un chéquier à jour: les chiffres, c'est du chinois pour moi.» «Il m'est impossible d'assumer notre relation.» «Je ne peux pas faire de l'exercice trois fois par semaine.» «Je ne peux pas accepter la mission de première importance que me confie mon patron.» Pour tenir bien en main les rênes de votre existence, il faut définir avec exactitude vos prises de décision.

Il est également assez fréquent d'entendre des cadres supérieurs se plaindre de ce qu'ils n'«ont pas pleins pouvoirs pour mener à bien leur travail». Mais bien qu'ils ne le déclarent pas ouvertement, dans la grande majorité des cas ils détiennent bel et bien toute l'autorité voulue. En se réclamant de l'absence de «pouvoir» nécessaire pour mener une tâche à bonne fin, cela reflète plus souvent qu'autrement un simple manque de cran pour accomplir ce qui doit l'être. De sorte qu'en ces occasions ils s'abritent derrière un écran de fumée au lieu d'assumer leur pouvoir en prenant des risques mesurés. Grace Hopper, une femme énergique qui a le grade d'amiral dans la marine américaine, a déclaré: «Il est beaucoup plus simple de réclamer de l'indulgence que des permissions.» De toute évidence, elle ne parvenait pas à comprendre que de jeunes officiers puissent affirmer «je ne peux pas».

11. «Je suis comme ça!»

«Oyez! Oyez! Je suis un être complet. J'ai achevé mon instruction. Je n'ai nullement besoin de me développer ni de m'épanouir davantage. Je suis comme je suis!» Cette attitude insensée justifie le refus d'abandonner son opinion et fait porter sur les autres la responsabilité d'instaurer le changement. On ne peut être que vert et vigoureux, et donc en pleine croissance, ou alors un fruit mûr en passe de dépérir. «Je suis comme ça», signifie en fait que l'on est déjà mort sur la branche. C'est aussi de cette manière que sont prédéfinis notre philosophie de la vie, nos gestes, nos comportements et nos perspectives d'avenir. Et au bout du compte, au lieu de travailler main dans la main avec les autres, nous ne sommes plus que des obstacles qu'ils doivent contourner. Cette position ferme coûte très cher à tout le monde.

12. «On verra bien!»

Lors de séminaires organisés à l'intention de dirigeants d'entreprises, j'ai eu l'occasion de remarquer quelques participants qui, d'entrée de jeu, occupaient le dernier rang de la salle, bras croisés, et dont l'attitude clamait sans équivoque possible, «attendons, on verra bien ce que vaut cet atelier de travail». (Soit dit en passant, cette façon d'agir révèle plutôt le «suiveur» que le «meneur».) Dans un cas semblable, l'entière responsabilité repose sur quelqu'un d'autre — en l'occurrence, moi — de faire en sorte que le séminaire soit une réussite. Ces individus ont parfois tendance à appliquer cette même approche à d'autres secteurs de leur vie. «On verra bien si cette relation évolue dans le bon sens.» «On verra comment réussit mon nouvel employeur.» «On verra ce que la vie me réserve.» Ces personnes, qui se sont elles-mêmes désignées en tant qu'observateurs murés dans leur scepticisme, recherchent et finissent par trouver des imperfections, si bien qu'on ne peut attendre d'eux aucun soutien, pas plus que leur concours. Et si les choses prennent une mauvaise tournure, ce qui arrive parfois, ils s'empressent d'annoncer autour d'eux, avec une certaine satisfaction, «je vous l'avais bien dit!»

Puisque vous ne pouvez échapper à vos problèmes, pourquoi ne pas les transformer?

Dans la vie, nous sommes maîtres de nos propres expériences et, en règle générale, nous trouvons ce que nous cherchons. Les responsabilités reléguées au bon vouloir des autres, afin que ces derniers puissent satisfaire nos attentes non formulées, sont très évidentes dans les échappatoires énumérées ci-dessus. Et quand les résultats sont négatifs, les adeptes du «on verra bien» décortiquent la situation avec une minutie toute chirurgicale et dénoncent les erreurs de parcours, avant de reprendre leur place au dernier rang.

Avez-vous tendance à exiger que d'autres créent pour vous l'existence que vous aimeriez vivre? Si tel est le cas, cette démarche vous prépare à connaître de nombreuses déceptions. Dans le vaste monde des affaires, rares sont ceux qui se dévoueront à satisfaire vos besoins au détriment des leurs. Si vous attendez des *autres* qu'ils provoquent à votre intention un changement effectif, vous risquez d'attendre très longtemps. Sans compter que cette façon d'agir vous donne fort peu de chances de voir vos désirs satisfaits.

Bien qu'il existe une multitude de moyens plus créatifs de se soustraire à ses responsabilités, la liste d'échappatoires recense les plus courants. Quels sont celles que vous utilisez volontiers? Soyez franc, vous avez assurément eu recours à l'une d'elles, ou à plusieurs, à un moment ou à un autre. Il faudrait peut-être même ajouter de nouveaux éléments à la liste, tel «je n'ai pas le temps». Le temps! Mais oui, vous l'avez. En fait, chacun de nous dispose exactement de la même période de temps, soit vingt-quatre heures par jour. Toute la question repose sur la *manière* dont nous décidons d'employer notre temps. Une autre échappatoire pourrait s'intituler: «Je n'ai pas fait exprès de...» Cette piètre excuse n'aurait pas lieu d'être si nous choisissions de nous préoccuper un peu plus des autres.

Toutefois, les efforts, conscients ou inconscients, que nous déployons pour éviter de prendre nos responsabilités peuvent déboucher sur une sonnerie de réveil de type personnel ou professionnel. Mais ces signaux d'alarme se font moins fréquents lorsque vous décidez d'être responsable de vos idées, de vos sentiments et de vos gestes.

ATTENTION!

- En quelles circonstances avez-vous tendance à vous soustraire à vos responsabilités?
- Si vous-même n'êtes pas responsable, qui le sera à votre place?
- Si vous considérez que le moment n'est pas propice, quand vous déciderez-vous à passer à l'acte?
- Quelle est la leçon à retenir?

CHAPITRE SIX

Nouvelle adresse, même impasse!

*Exploitez toutes les ressources de votre imagination,
pas vos expériences passées.*

STEPHEN R. COVEY

Il y a quelques années, je possédais une voiture sport que peu de mécaniciens pouvaient entretenir, faute de connaissances suffisantes. Cependant, des amateurs me donnèrent l'adresse d'un ouvrier talentueux qui travaillait dans une petite station-service. Après lui avoir demandé de s'occuper de ma voiture, je fus enchanté du résultat. Son affaire prit rapidement une telle expansion, au fur et à mesure que l'on se passait le mot sur la qualité de son travail, qu'il devint extrêmement difficile d'obtenir un rendez-vous.

Au bout de quelques mois, je revins à son atelier pour des révisions de routine, et il m'apparut évident qu'il ferait mieux de changer sa façon de procéder. Il y avait partout des voitures à réparer. Dans le petit garage, il y avait en permanence quatre automobiles coincées dans un espace où normalement on ne pouvait en loger que deux. Dans l'allée conduisant à l'atelier, les véhicules étaient alignés par deux et d'autres encore, attendant les soins du mécanicien, étaient garées dans les rues avoisinantes.

Un peu plus tard, je reçus par le courrier l'annonce de son déménagement. Il avait loué un entrepôt pour y installer son garage et il disposait d'un local plus spacieux. En arrivant à sa «nouvelle» adresse, j'éclatai de rire. Des voitures, en plus grand nombre, encombraient l'atelier, alors que désormais il y en avait *quatre* de front dans l'allée, sans oublier toutes celles stationnées autour du bâtiment. Il avait eu beau changer de site, la situation restait identique!

Plutôt que de quitter les lieux, attaquez-vous au problème

À combien de reprises avons-nous «changé d'adresse», avant de nous rendre compte que les «problèmes» passés nous avaient suivis jusqu'à notre nouvelle destination? C'est ainsi qu'un jour, une femme mariée à un alcoolique décide qu'elle en a assez et demande le divorce. Puis elle épouse un autre homme, pour découvrir bientôt qu'il est lui «aussi» alcoolique. Dans un autre cas, un homme, découragé parce qu'on ne lui manifeste aucune marque de considération dans l'emploi qu'il occupe, quitte celui-ci pour se lancer à la recherche de meilleures conditions de travail. En quelques mois, il voit le même phénomène dans son «nouveau» poste. Et enfin, un adolescent, entraîné par un groupe de voyous, change d'établissement scolaire pour repartir sur de nouvelles bases. Bien entendu, vous devinez la suite. Une autre école, mais toujours la «même» bande.

Le comédien Rodney Dangerfield a déclaré: «On ne me respecte pas.» Peu importe où il fait un spectacle, l'audience réagit de la même manière, c'est-à-dire sans «respect» à son endroit. Mais tandis qu'il s'est enrichi et est devenu célèbre, nous ne pouvons, de notre côté, miser sur les mêmes résultats.

Nous avons généralement tendance à traîner à notre suite les mêmes vieux schémas issus de notre passé et à les reproduire dans de nouvelles conditions ou relations. Ce qui ne peut que nous faire revivre des situations similaires.

Il est rare de pouvoir s'attaquer vraiment aux problèmes en se contentant de changer sa position géographique. En pareil cas, la tâche intérieure qui réclame notre attention est simplement remise à plus tard. Tous les changements significatifs sont opérés grâce à notre prise de conscience, mais ne résultent nullement de notre situation extérieure. Par conséquent, cette tâche intérieure doit affronter le contexte, ou encore les questions profondes, et y accomplir son œuvre. Retoucher l'ordre des choses, soit les problèmes qui se situent à l'extérieur de nous, use notre temps et notre énergie, sans pour autant traiter les causes chroniques et sous-jacentes. Certes, nous pouvons toujours déplacer les transats sur le pont d'un «Titanic» en plein naufrage, mais une telle attitude ne règle pas le problème.

C'est en agissant sur nous-mêmes, et non sur notre situation, que nous accroissons notre efficacité et par conséquent influençons de manière positive les conditions dans lesquelles nous nous trouvons. Au lieu de dépenser notre énergie et nos efforts pour fuir la situation ou pester contre elle, nous obtenons de meilleurs résultats si nous allons droit aux points auxquels nous offrons de la résistance. C'est le seul *débouché*!

Les situations ne définissent pas qui vous êtes ou ce que vous faites, elles révèlent votre être intérieur. Quand vous décidez de répondre en toute conscience, non seulement vous influez matériellement sur les circonstances environnantes, mais vous accumulez aussi des résultats positifs.

> *Les problèmes sont des dons que le ciel nous envoie.*
>
> SAGESSE ORIENTALE

Les problèmes qui nous sont envoyés sont des cadeaux et certains d'entre nous en reçoivent énormément! Car une même difficulté ne cessera de revenir jusqu'à ce que nous ayons compris la leçon. Cependant, quand nous pensons à un niveau supérieur, nous pouvons même considérer les difficultés comme des moyens de découverte. Et à partir du moment où nous prenons le temps de réfléchir, que nous recherchons les enseignements et mettons en pratique ce que nous avons appris, alors, le problème n'a plus lieu de se présenter à nouveau. Bien que l'apprentissage en lui-même puisse se révéler ardu, la recherche consciente de la leçon à tirer nous offre l'occasion de provoquer un changement concret. Le fait de se donner un peu de peine pendant une brève période, afin de s'assurer un bénéfice à plus long terme, fait souvent partie intégrante de l'apprentissage et du processus de croissance.

En fermant les yeux sur votre «problème», vous vous apprêtez à traiter les circonstances environnantes plutôt que la véritable question. Ainsi, l'élément auquel vous opposez de la résistance ne peut que persister et parfois même s'intensifier. Imaginez un bref instant qu'un éléphant vient d'entrer dans votre salon. Il frappe les lampes au passage, «s'oublie» sur la moquette, et se heurte contre les murs. Puis, imaginez les membres de votre famille, installés dans la même pièce, qui prétendent ne pas s'apercevoir de la présence de l'animal. Tous savent parfaitement que l'éléphant est là, ils en subissent eux aussi les désagréments, pourtant, aucun ne veut admettre sa réalité. C'est donc en niant les problèmes qui cherchent à capter notre attention que nous maintenons le statu quo. Et bien entendu, il arrive que la situation ne fasse qu'empirer. Croyez-vous qu'un «éléphant» soit en ce moment dans votre «salon»?

À situation nouvelle, réflexion et moyens nouveaux.

ABRAHAM LINCOLN

Rappelez-vous l'expérience de biologie portant sur la grenouille. Au début de l'épreuve, la grenouille est placée dans un récipient d'eau froide. Puis, au fur et à mesure que l'on chauffe l'eau, elle décide de rester en place, si bien que petit à petit elle meurt ébouillantée. La faible augmentation de la température passe tout d'abord inaperçue, jusqu'au moment où il est trop tard pour réagir.

Combien d'institutions hospitalières et bancaires, de compagnies d'assurances, d'églises, d'universités, d'aciéries, de fabricants automobiles, sans oublier des individus comme vous et moi, réagissent comme le fait la grenouille? Ils ne se réveillent qu'après que le reste de l'univers les a dépassés. La compétition a beau bouillonner tout autour d'eux, ils n'en continuent pas moins de sommeiller en se calfeutrant dans leur zone de confort. À l'intérieur des églises et des temples, les bancs sont «subitement» inoccupés. Les usines automobiles américaines «découvrent» un jour que leur part de marché a chuté au profit des voitures de marques étrangères. Des banquiers, qui se présentent à neuf heures et demie un beau lundi matin, se retrouvent face aux scellés apposés par les autorités fédérales sur la porte de leur établissement. Et certains individus se demandent toujours pourquoi — alors que c'est la troisième fois — ils ne font pas partie de la nouvelle promotion. Que choisir, les sonneries de réveil ou les grenouilles au court-bouillon?

«Depuis seize ans, l'endroit n'a plus rien d'enthousiasmant», m'a un jour rapporté un cadre, à l'occasion d'une rencontre d'évaluation organisationnelle. Âgé de quarante-deux ans, il se préparait à prendre sa retraite. Mais retraité, il l'était déjà sur son lieu de travail, et j'avais la nette impression qu'il y allait uniquement pour toucher son salaire. Dépourvu de toute passion ou créativité, il invoquait une multitude de raisons et d'excuses, et il avait laissé la situation se détériorer jusqu'à ce que son moral tombe à zéro. Très tôt, il avait accepté l'inacceptable, baissé les bras et abandonné son sort au gré des circonstances.

Mais dites-moi, pourquoi quiconque voudrait conserver à tout prix un emploi dans lequel il ne se plaît pas? La vie est trop courte. À ce propos, la mise en garde de Brian Tracy est des plus opportunes pour ceux qui n'aiment pas suffisamment leur travail pour y exceller: il conseille de «fuir cet état de choses insatisfaisant, comme on le ferait d'un immeuble en flammes». En effet, pourquoi hypothéquer votre vie pour une cause qui draine votre énergie, alors que les possibilités de faire autre chose existent en si grand nombre? Je conçois parfaitement que vous puissiez avoir de bonnes raisons pour demeurer où vous êtes; cependant, si votre argumentation repose sur le fait que vos choix sont limités, alors vous ne pouvez rien espérer d'autre que ce que vos propres limites vous imposent. Car, si au lieu d'exiger ce qu'il y a de mieux on se contente de moins, la vie sera moindre. Et comme disait le regretté révérend Jack Boland, «le bien est l'ennemi du mieux».

À votre avis, que se passerait-il si vous proposiez à un enfant de quatre ans de lui donner, aujourd'hui, une boule de crème glacée, ou bien deux boules s'il attend jusqu'à demain? De façon systématique, l'enfant choisira d'avoir une boule le jour même. Mais si l'offre s'adresse à un adulte, la réponse différera. «Je ne suis pas si bête que ça, se dira-t-il, car si j'attends demain, j'aurai droit à deux fois plus!» Donc, l'adulte reporte son plaisir au jour suivant. Pensez aux gens qui ont déclaré: «Je commencerai vraiment à vivre quand je serai à la retraite.» Et ces mêmes individus sont décédés à peine quelques mois plus tard. Là encore, des grenouilles au court-bouillon.

Ce n'est qu'à partir du moment où nous acceptons d'étudier attentivement nos peines, nos peurs et nos erreurs de parcours, que s'annonce la guérison. Dans la grande majorité des cas, nous trouvons réponse à nos questions en nous-mêmes. D'ores et déjà, nous savons ce qu'il nous faut savoir, de même que nous disposons des moyens propres à régler notre problème. Mais il nous arrive assez souvent de nous laisser prendre au piège de l'impasse, et donc de reproduire des schémas qui ne nous mènent nulle part. Ces modèles s'immiscent dans notre situation présente et assimilent celle-ci à l'égal du passé.

C'est ce qui permet à des schémas destructifs et contraires à nos objectifs d'être remis au goût du jour à notre «nouvelle adresse», cependant qu'une part de nous-mêmes sait très bien que, de cette façon de faire, il ne résultera rien de bon! D'un autre côté, en apprenant à réfléchir et à exploiter nos richesses intérieures, nous nous donnons les moyens de prendre en charge tous les aspects de notre existence, et aussi d'acquérir des connaissances, de nous développer et de nous transformer d'une manière concrète.

Il peut toutefois arriver qu'en de très rares occasions vous ne disposiez pas des réponses ou des forces intérieures propres à résoudre tel ou tel problème. Dans ces circonstances, la sagesse veut que l'on reconnaisse ses limites et que l'on ait recours à des moyens extérieurs qui serviront de stimulants pour accomplir la tâche intérieure qui requiert notre attention. Cependant, et même si quiconque ne peut se charger à votre place de rendre votre vie plus constructive, des professionnels compétents sont à même de vous aider à faire tomber les barrières, à prendre vos responsabilités, à vous ouvrir à de nouvelles possibilités et à vous prodiguer des encouragements pour vivre à un niveau encore plus satisfaisant. Étant donné qu'il ne vous est pas possible d'échapper à vos problèmes, pourquoi ne pas les métamorphoser?

Mais soyez très prudent quant aux «moyens» extérieurs auxquels vous faites appel, car si vous n'êtes pas suffisamment équilibré et accompli, la tentation peut être grande de combler les vides par la drogue, l'alcool ou la fréquentation de personnes perturbées. En quel cas vous risquez de tomber dans la toxicomanie ou la sujétion, et le trou s'approfondira encore davantage. Comme l'a déclaré Ian McIver lors d'un séminaire, «quand vous êtes au fond du trou, cessez donc de creuser».

Chaque défi représente une chance qui, en règle générale, est nettement plus importante que le problème en soi. Il se peut en effet que la situation elle-même ne serve qu'à affiner nos talents, en vue d'exigences à venir plus considérables encore. Et si nous ratons cette occasion, c'est que nous décidons de ne voir que l'obstacle. D'ailleurs, c'est en transformant l'obstacle en ressource appropriée que se manifestent les plus beaux succès. Et c'est également quand on s'attaque aux problèmes qui doivent impérativement être résolus que la leçon est bel et bien apprise et que, par conséquent, nous remontons dans notre estime.

L'avenir n'est pas forcément comparable au passé.

ANTHONY ROBBINS

Le passé peut bien avoir quelque influence sur votre avenir, il n'en détient assurément pas le contrôle, à moins que vous ne soyez consentant! Vous n'êtes certainement pas responsable de vos origines, cependant, c'est à vous qu'il revient de prendre en charge votre avenir. D'abord par les choix que vous faites dès à présent et qui, non seulement façonneront l'avenir, mais sont également susceptibles de jouer un rôle important dans toutes les circonstances de votre existence. «Nous ne sommes pas responsables de la direction d'où souffle le vent, mais rien ne nous empêche de régler les voiles.»

ATTENTION!

- À quoi refusez-vous de faire face?
- Avez-vous tendance, plutôt que de traiter ce qui en vous réclame votre attention, à essayer de transformer les situations extérieures?
- Acceptez-vous l'inacceptable, ce qui petit à petit détruit votre spontanéité?
- Est-ce que vous changez de situation en retombant toujours sur les mêmes vieilles histoires?
- Quelle est la leçon à retenir?

Au lieu de modifier les situations, attaquez-vous aux problèmes, c'est le meilleur débouché.

CHAPITRE SEPT

Le somnambulisme ou l'éveil

VERS UNE PLUS GRANDE CONSCIENCE

Je veille.

BOUDDHA

Aucun manuel d'instruction ne nous a été fourni à notre naissance. Face à cette situation, nous avons le choix entre deux types d'apprentissage. L'un consiste à exploiter ses ressources intérieures, alors que l'autre fait appel à des sources initiatiques extérieures. Mais dans les deux cas, nous sommes aussitôt confrontés à un dilemme. En effet, il arrive parfois que nos ressources intérieures n'aient pas été développées à un degré suffisant pour nous soutenir efficacement dans les méandres de l'existence, de sorte que nous commettons maintes erreurs. Quant aux sources extérieures — les parents, les amis ou le conjoint —, leur niveau d'éveil n'est pas toujours aussi élevé qu'il le faudrait, si bien qu'en se fiant de temps à autre à leur perspicacité ou à leurs conseils, nous nous retrouvons dans une situation qui ne fournit pas de meilleurs résultats, et à nouveau les erreurs s'accumulent.

Cependant, si nous prenons la décision d'accroître sciemment notre conscience, nous nous donnons les moyens d'utiliser au mieux nos facultés intérieures et extérieures. Car la conscience est un choix en soi. Mais quand on a fait ce choix, cela signifie une pleine et entière honnêteté, tant vis-à-vis de nous-mêmes qu'envers notre entourage, si nous voulons que nos options soient profitables. Sans compter que plus nous sommes éveillés, plus nos possibilités sont nombreuses et à l'inverse, plus nous sommes endormis, plus nos choix sont limités.

Certains individus optent pour le somnambulisme dans leurs relations, dans leur carrière ou encore dans d'autres domaines de leur existence. Et, bien sûr, à force de répéter les anciens scénarios, ils passent à côté de la connaissance. Alors, les mêmes conséquences se reproduisent inlassablement, et ils sont tout étonnés de ce qu'il «leur arrive toujours la même chose». Si seulement ils réfléchissaient un bref instant pour assimiler la leçon, mais non, ils s'entêtent à rationaliser, à se justifier, à défendre leur point de vue et à tâcher de sauver la face. Et l'état d'impasse qui s'ensuit brûle une fabuleuse quantité d'énergie, de même qu'il neutralise les occasions d'approfondissement.

> *Ce n'est pas l'état des choses qui m'importe,*
> *mais les jugements des hommes relatifs aux choses.*
>
> ÉPICTÈTE

Nous sommes bien davantage influencés par le *jugement* que nous portons sur une chose, que par ce qu'est la chose véritablement. C'est notre perception de la réalité qui dirige notre comportement plus que la réalité elle-même. Et quand nous apprenons à porter notre attention sur ce qui nous entoure, nous créons l'occasion de passer de l'état de conscience passif à l'état actif.

Afin de connaître votre état de conscience et votre degré de perception, répondez aux questions suivantes en observant les éléments de la figure correspondante:

1. Combien de carrés y a-t-il dans la case A?
2. Que lisez-vous dans le triangle de la case B?
3. Combien de lettres «T» y a-t-il dans la case C?
4. Que voyez-vous dans la case D?

ATTENTION!

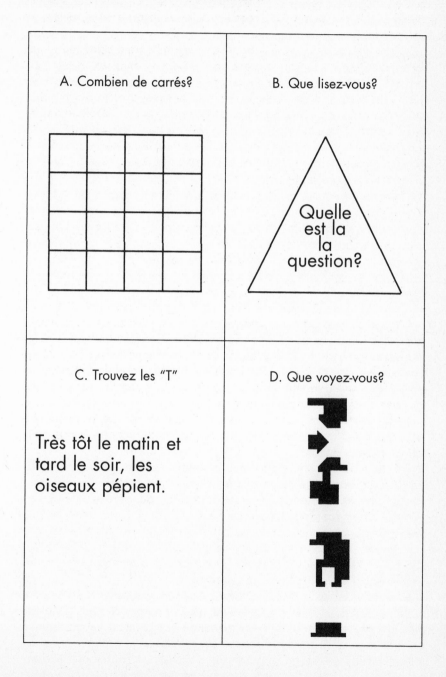

A. Combien de carrés?

B. Que lisez-vous?

Quelle est la la question?

C. Trouvez les "T"

Très tôt le matin et tard le soir, les oiseaux pépient.

D. Que voyez-vous?

Ce n'est pas parce que nous voyons le monde sous un certain angle qu'il existe obligatoirement sous cette forme. Nos opinions, notre parti pris dans une discussion, nos sentiments, la qualité de nos relations et même celle de notre vie, reposent sur la base de nos perceptions. L'observation attentive des niveaux de conscience et de représentations de l'esprit contribue au changement concret dans notre vie et dans celle des gens qui nous entourent. Au fur et à mesure que nous passons du somnambulisme à l'état d'éveil, nous ressentons de la crainte, de l'exaltation et parfois aussi un véritable épanouissement. En appréhendant les choses différemment, nous les pensons, les éprouvons et les faisons différemment. Le cheminement vers une plus grande conscience peut devenir plus important que le point de destination lui-même. Voyons un peu comment les perceptions sont formées.

Dans la case A, la plupart des gens parcourent rapidement la figure du regard et comptent seize carrés, voire dix-sept. Les deux réponses sont exactes! Il y a en effet seize carrés de un centimètre sur un. On peut à la rigueur considérer le quadrilatère extérieur comme le dix-septième. Cependant, un observateur méticuleux en relèvera trente au total, par l'addition des neuf carrés de deux centimètres sur deux et des quatre de trois sur trois.

Pour la grande majorité, ceux qui pour la première fois sont confrontés à cette figure se concentrent sur ce qu'ils voient, et concluent hâtivement qu'il y a seize ou dix-sept carrés. Dès lors, ils interrompent le processus créatif. Il est vrai que depuis la plus tendre enfance on nous a formés à rechercher une «réponse unique». Nos professeurs nous ont enseigné qu'une question est ou bien vraie ou bien fausse, ou que si elle possède des données multiples, elle n'en a pas moins qu'une seule «bonne» réponse. Et si nous persévérons dans cette voie de la «bonne réponse» pour les autres aspects de l'existence, il va de soi que nous ratons maintes options.

Prenons le cas d'une personne qui veut avoir toujours raison: elle s'enfermera dans la solution des seize carrés et rejettera les quatorze autres. Elle refuse tout net d'envisager quelque autre possibilité que ce soit, même si dans son entourage on tente de lui faire partager une vision différente. Sans prendre la peine d'écouter ce qu'on lui dit, elle prépare sa réfutation pour quand viendra son tour de parler. Cette personne, qui ne veut pas abandonner ses partis pris et s'ouvrir aux idées émises par d'autres, restreint sa conscience.

Selon certaines données, Albert Einstein aurait quitté l'école parce que ses professeurs ne partageaient pas sa façon de voir. Il ne fait aucun doute que si on lui avait demandé combien de carrés figurent dans la case A, il aurait répondu «trente». Mais l'enseignant, qui lui n'en percevait que seize, lui aurait signifié: «Albert, vous vous êtes trompé, encore une fois!» Du fait qu'il avait une autre approche de l'univers, une perception des choses fort différente, ses maîtres lui donnaient de mauvaises notes. Déclarons-nous «erronée» une façon de voir qui diffère de la nôtre? Et combien de fois attribuons-nous de «mauvaises notes aux autres», simplement parce qu'ils agissent ou perçoivent les choses autrement?

Vous lirez sans doute dans la case B: «Quelle est la question?» Cela semble relativement simple, pourtant, ce ne l'est pas. Relisez à nouveau la phrase qui figure dans le triangle, mais pour vous aider, commencez par le dernier mot. Remarquez-vous autre chose? En règle générale, moins de dix pour cent des lecteurs se rendent compte que la véritable interrogation est: «Quelle est la la question?» Bien que l'article «la» soit répété, la plupart des gens ne le remarquent pas. Notre sens des réalités nous semble juste, toutefois la phrase de la case B remet en cause cette hypothèse. Pensez à toutes les fois où vous, et quelqu'un qui vous est proche, avez perçu une même chose sous un angle différent. Forts de votre propre point de vue, vous avez tous deux réagi en somnambules face à un événement de votre vie.

Dans la case C, le défi consiste à trouver les T. Regardez attentivement et comptez-les bien. Certains en trouveront trois, d'autres cinq, et quelques rares personnes trouveront les neuf! D'après votre propre perception, combien en avez-vous trouvé? Ceux qui en comptent quatre se concentrent sur le corps de la phrase et oublient le titre, qui en contient deux. Et les observateurs qui découvrent les neuf, voient d'abord les deux T du titre et les sept autres répartis dans le texte. Si vous êtes toujours sceptique, considérez les T muets dans *tôt, et* et *pépient*, ce qui vous donne trois T supplémentaires.

Un angle mort nous empêche parfois de repérer la présence de certaines choses. Il ne faut donc pas s'étonner si des dissensions naissent entre deux individus, selon que l'on s'appuie sur ses propres perceptions tout en réfutant les autres possibilités. Ce n'est pas parce que nous voyons le monde d'une manière particulière qu'il existe exclusivement de cette manière.

On observe aussi un autre phénomène intéressant lié à la diversité des perceptions. Par exemple, quand on explique la présence des «T» ou des «trente carrés» à des groupes de personnes, lesquelles reçoivent au même moment les mêmes informations, les interprétations des individus aboutissent invariablement à des conclusions divergentes. La diversité des points de vue peut aussi bien enrichir les relations que déclencher la discorde entre les personnes.

Les perceptions, passées au crible de facteurs tels le passé, la culture, les valeurs, les désirs, l'éducation et le degré de conscience, influencent tout le cours de notre vie. Quand on tient compte de ce système de «filtrage», cela nous amène à une meilleure compréhension de la raison pour laquelle les gens se débattent tant pour saisir le sens des

réalités. Les conflits entre des individus ou diverses organisations naissent le plus souvent des différences de perception. C'est en comprenant
ce dilemme que nous nous donnons les moyens d'une plus grande tolérance envers le point de vue d'autrui.

La case D constitue l'exercice le plus difficile, pour la grande majorité des observateurs, lesquels concentrent leur attention sur les figures
en noir, et par conséquent négligent les espaces blancs. Cela vous
donne-t-il un indice? Sinon, faites pivoter la page d'un quart de tour
dans le sens des aiguilles d'une montre et fixez la partie *blanche* entre
les dessins noirs. Désormais, vous pouvez sans doute lire le mot «FLY»
en capitales d'imprimerie.

C'est en changeant la perspective, ou en observant l'illustration
sous un autre angle que nous en venons à découvrir quelque chose qui
à présent nous semble d'une remarquable évidence. Ce processus délibéré qui consiste à visualiser une même situation sous des perspectives
variées et que l'on appelle «recadrage», peut se révéler un puissant
instrument propre à accroître le degré de conscience. Maintes occasions de recadrage nous sont offertes tout au long de notre existence,
tant à la maison qu'à notre lieu de travail. Ce qui nous permet de
découvrir un univers parfaitement neuf, à la condition d'être ouvert à
l'enseignement, prêt à reconsidérer notre position et à voir les choses
sous une autre optique. Quel avantage pourriez-vous retirer en vous
recadrant?

> *On ne peut résoudre les problèmes essentiels auxquels*
> *nous sommes confrontés en nous situant au niveau de*
> *pensée qui était le nôtre au moment où nous les avons créés.*
>
> ALBERT EINSTEIN

De récentes leçons dans l'histoire contemporaine illustrent ce principe. Rappelez-vous l'ex-président Ronald Reagan lorsqu'il faisait allusion à l'Union soviétique, en l'appelant l'«Empire du mal». La première
rencontre au sommet qu'il eût avec Mikhaïl Gorbatchev, secrétaire général du Soviet suprême, fut stérile et sembla plutôt renforcer l'opinion qu'il
avait d'abord nourrie. Cependant, lors de l'entrevue qui se déroula à
Washington en décembre 1987, les deux chefs d'État *écoutèrent* ce que
l'autre avait à dire, et finirent par se découvrir des intérêts réciproques.
Si bien qu'ils changèrent leur façon de voir et s'ensuivit une plus grande
sécurité mondiale.

À la suite de cette rencontre, Gorbatchev avait déclaré devant la presse
internationale qu'il était persuadé que désormais les deux pays devaient
lutter contre «les émotions longtemps retenues et les stéréotypes». Et le

président Reagan suivit la même démarche en ajoutant: «Nous avons apporté la preuve que des adversaires, en dépit de philosophies de base des plus différentes, peuvent s'adresser l'un à l'autre avec respect et en toute franchise, et qu'à la longue ils peuvent trouver un terrain d'entente.» C'est par l'ouverture d'esprit à d'autres points de vue et des rapports d'entente mutuels que s'opèrent des miracles, tant sur le plan personnel qu'international. La fin de l'Union soviétique et du communisme démontre clairement le pouvoir catalytique de la conscience à faciliter le changement, mais un changement transformationnel.

Plus nous sommes conscients, plus nous avons de choix devant nous. L'inverse est également vrai. Lorsqu'à l'occasion un individu déclare: «Je n'ai pas le choix», il se place dans une situation qui restreint le niveau de conscience et les options comportementales. Nous avons *toujours* le choix, même si dans certains cas les *conséquences* ne sont pas nécessairement à notre goût. Comme je l'ai déjà mentionné, si nous décidons de ne pas payer nos impôts, cela entraînera des conséquences pour le moins désagréables. Le niveau de conscience du monde dans lequel nous évoluons est plus ou moins comparable à la sélection d'une station radiophonique. De multiples fréquences radioélectriques assaillent notre périphérie inconsciente en tout temps. Toutefois, nous ne percevons les messages qu'à partir du moment où nous allumons notre poste récepteur. Et même alors, quand nous choisissons d'écouter une chaîne en particulier, nous manquons ce que les autres diffusent. Il s'agit bien sûr d'une métaphore, mais qui s'applique remarquablement aux domaines relationnel et professionnel et à d'autres faits relatifs à notre existence. Nous ne recevons que les messages qui passent sur les ondes que nous avons sélectionnées. Sans oublier que ces informations elles-mêmes sont à leur tour filtrées par nos limites sensorielles.

Pensons à Helen Keller: elle aurait fort bien pu se contenter de vivre en somnambule. Sourde et aveugle, il lui était extrêmement difficile d'avoir des échanges avec les autres. Cependant, elle avait la volonté de communiquer avec le monde extérieur, d'en être un membre à part entière et, surtout, de ne pas se laisser claquemurer derrière ses «limites». Pour capter les messages en provenance de notre monde intérieur, et aussi de celui de l'extérieur, nous devons 1) posséder l'équipement récepteur, 2) le mettre en marche et, 3) l'écouter. Le matériel, nous l'avons déjà. Quant aux prises de décision, c'est-à-dire la mise en marche de l'appareil et la sélection de ce que l'on va entendre, elles nous servent de tremplins pour passer du somnambulisme à l'éveil.

Le problème réside dans notre façon de l'aborder.

STEPHEN R. COVEY

Trois éléments composent notre «réalité»: la conscience, les éclipses et les distorsions. «Ce qui existe», voilà la définition la plus concise de la *réalité*. L'un des moyens d'ouvrir davantage sa conscience est d'observer les faits réels. Et quand ces derniers s'harmonisent avec ce qui existe, nous devenons en parfait accord avec nos mondes intérieur et extérieur. Pour illustrer ce phénomène, la réalité est représentée dans le diagramme ci-dessous par la partie ombrée, alors que la ligne en pointillés symbolise sa «propre» réalité. À partir du moment où ces deux figures se chevauchent — ce qui est grandement souhaitable! —, la partie commune correspond à l'état de conscience dans lequel nous évoluons par rapport à ce qui existe. Et plus la superposition est importante, plus la conscience est ouverte.

Nous avons parfois tendance à compartimenter notre psychisme. Dans certains secteurs de notre vie, une saine superposition est manifeste entre ce que nous percevons et ce qui est réellement, mais il se peut qu'il n'y ait aucune imbrication en ce qui concerne d'autres aspects. Prenons, par exemple, le cas d'un policier qui exerce sa profession dans un quartier où le taux de criminalité est très élevé; il sera particulièrement attentif aux signaux de danger qui lui parviendront pour tout ce qui touche à son travail, cependant qu'il ne se rendra pas compte que son fils, adolescent, est en train de succomber à la toxicomanie. Ou encore cette jeune femme, cadre supérieur, qui se montre d'une finesse exemplaire quand vient le moment de prendre rapidement des décisions pertinentes au sein de l'entreprise qui l'emploie, mais qui se conduit en somnambule dans sa vie privée. Quant à vous, quels sont les domaines où vous cloisonnez vos aptitudes à la connaissance? Et quels sont les secteurs dans lesquels votre ouverture d'esprit pourrait profiter d'un état de conscience accru?

LA RÉALITÉ: Ce qui existe

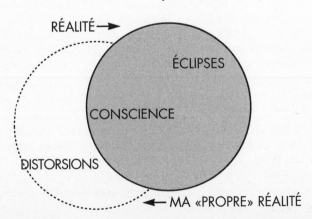

Les *éclipses* font partie de «ce qui existe» et à côté desquelles nous passons. Quand nous sommes à l'écoute d'une certaine fréquence, les autres stations, qui voudraient attirer notre attention, sont laissées pour compte. Il se peut que dans les figures du début de ce chapitre vous n'ayez compté que seize carrés au lieu de trente, que dans «Quelle est la la question» la répétition de l'article vous ait échappé, ou que vous n'ayez pas retrouvé toutes les lettres «T» de la case C. Que nous ne soyons pas en mesure de percevoir quelque chose ne signifie pas pour autant que ladite chose n'existe pas. Notre système de filtrage peut très bien oblitérer des informations ou des sentiments de première importance, ce qui nous conduit vers «l'engourdissement» pour ce qui touche à notre vie et à nos relations.

Quant aux *distorsions*, malgré que nous soyons convaincus du contraire, elles n'entrent pas dans la réalité! Ce qui ne nous empêche pas de les considérer pour réelles et d'agir en fonction d'elles. Nous présumons parfois ce que les autres pensent, ressentent ou veulent, et nous nous fondons sur ces facteurs pour prendre une décision ou passer à l'acte. Si nous présupposons que nous ne plaisons pas beaucoup à quelqu'un, par exemple, nous réagissons conformément à cette hypothèse. Les relations que nous entretenons avec notre belle-famille, avec les enfants issus d'un autre mariage et avec notre patron sont, la plupart du temps, à l'image de celles que nous avons avec notre conjoint ou notre partenaire, composées d'un réseau de distorsions.

L'effet «cornes-auréole» que l'on apprend dans les cours de psychologie est directement lié aux distorsions. Les individus auxquels nous attribuons des «cornes» ne peuvent rien faire de bien, alors que ceux qui portent l'«auréole» ne sauraient mal agir, selon notre jugement faussé.

Les éclipses et les distorsions rivalisent avec la conscience. Tout au long de notre vie, le défi consiste à rehausser nos niveaux de conscience, jusqu'à ce que notre tableau des réalités coïncide avec ce qui existe vraiment. C'est ainsi que le processus d'éveil, d'apprentissage et de découverte se révèle primordial dans notre voyage existentiel. Alors, demanderez-vous, par quel moyen accroître sa conscience? Quitte à simplifier à outrance, on peut dire que deux stratégies d'éveil s'offrent à nous: la *traumatique* et la *volontaire*.

Afin de percevoir les choses différemment, certains d'entre nous doivent y être contraints par un facteur émotionnel percutant, ou sonnerie d'alarme. Les façons particulièrement traumatisantes d'attirer notre attention se produisent au moment d'un divorce, d'une grave maladie, d'un licenciement, de la perte d'un gros client, ou quand nous sommes recalés à un examen important. Ces moyens sont peut-être des «cadeaux» que la vie nous envoie pour nous forcer à apprendre, à croître et à s'autocorriger. Aussi douloureux soit-il, l'événement qui provoque cette intense réaction affective peut représenter le catalyseur qui nous permettra de choisir la voie qui deviendra, pour nous et pour ceux qui nous entourent, la plus propice. Que croyez-vous pouvoir tirer de cette leçon?

Il ne faut pas non plus perdre de vue qu'en choisissant, en toute connaissance de cause, de vivre en état de veille, vous accomplissez un pas supplémentaire vers une plus grande conscience. C'est d'ailleurs probablement pour cette raison que vous lisez cet ouvrage. Et si vous vous engagez sciemment à développer votre conscience, vous en retirerez de toute évidence des résultats concrets, surtout si vous mettez en pratique les techniques suivantes:

STRATÉGIES DE CONSCIENTISATION

Demeurer inconscient	ou	Une conscience accrue
Rester sur mes positions	ou	Envisager d'autres possibilités
Parler	ou	Écouter
Ne pas quitter ma zone de confort	ou	Accepter de prendre des risques
Ne pas abandonner mon territoire	ou	Rechercher de nouveaux terrains de chasse
Défendre un ancien point de vue	ou	Explorer de nouvelles idées
Avoir «raison» à tout prix	ou	Se demander «que se passerait-il si...?»
Se faire protecteur	ou	Accepter sa vulnérabilité
Tout garder pour soi	ou	Partager
Reproduire ses comportements	ou	Adopter de nouveaux comportements
Empêcher le *feed-back*	ou	Encourager les réactions
Accuser	ou	Se livrer à l'introspection
«Pourquoi est-ce que ça m'arrive?»	ou	«Quelle est la leçon à retenir?»
Prétendre ignorer	ou	Questionner
Faire comme si on savait	ou	Rechercher des éclaircissements
Présumer	ou	S'enquérir
Réagir	ou	Réfléchir

Parmi ces modes de comportement, quels sont ceux que vous adoptez volontiers? Quels résultats cela vous apporte-t-il?

Le fait d'abandonner vos positions peut se révéler l'une de vos plus puissantes stratégies de conscientisation, en particulier si vous y ajoutez l'écoute. En quelles circonstances ne découvrez-vous que «seize carrés»? Si vous persévérez dans cette attitude et vous fermez au *feed-back*, personne ne réussira à vous démontrer le bien-fondé d'une approche différente. Par contre, si vous prenez le temps de réfléchir, puis de demander qu'on «vous en dise davantage» et surtout, d'écouter, il est fort probable que votre vision de la case A s'en trouvera transformée. À quelle occasion en venez-vous à vous recroqueviller prématurément? Et à quelle autre refusez-vous de changer d'opinion? Que gagneriez-vous à utiliser sciemment les stratégies de conscientisation?

La vie existe-t-elle avant la mort?

ALAN COHEN

OPÉRER UN CHANGEMENT:
Une stratégie en trois temps

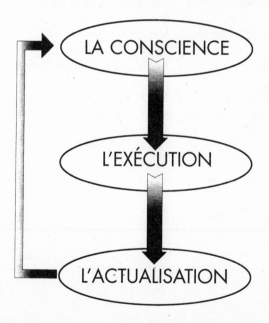

La figure de la stratégie en trois temps illustre les principales conditions pour parvenir à la transformation: *la conscience, l'exécution* et *l'actualisation*. C'est la réciprocité entre les éléments qui facilite le processus évolutif. Ainsi, en dépit de leur niveau de conscience, les gens ont beau faire du mieux qu'ils peuvent, l'effet sera annulé si n'y entre pas l'action. Nous connaissons tous des individus à l'esprit ouvert qui disent ce qu'il faut faire, mais qui ne le font pas. La conscience est un premier pas essentiel, toutefois c'est uniquement quand on passe à l'acte, en faisant appel à des comportements concrets et spécifiques, qu'elle prend toute son ampleur. Demandez-vous ce que vous devez faire, en ce moment, pour opérer un changement significatif.

Quant à l'actualisation, elle est en concordance directe avec la phase active. Que les conséquences se révèlent efficaces ou inefficaces, elles n'en constituent pas moins des occasions propres à parfaire l'apprentissage. Il faut ensuite prendre le temps d'évaluer les résultats pour accéder à un autre palier de conscience et se resituer en vue d'atteindre le succès. Puis le cycle recommence.

La mise en application de la stratégie en trois temps procède d'un engagement délibéré à se développer et à se renouveler. Ce procédé représente un grand pas en avant pour passer de l'état de somnambulisme à celui d'éveil, du frémissement à l'ébullition!

L'auteur Alan Cohen, qui est un de mes amis, prend pour point de départ des individus qui ont approché la mort de très près. L'expérience de mort imminente a soulevé un intérêt considérable et on a fait l'étude de milliers de cas répertoriés. De son côté, Cohen a envisagé, non sans un certain humour, de fonder un institut de recherche qui s'occuperait du cas de ceux qui, au contraire, sont passés «à deux doigts de la vie». Entre autres sujets dignes d'être analysés, on pourrait inclure les zombis, les «engourdis», ceux qui se contentent de «survivre», de remettre la vie à plus tard, les somnambules, les «légumes» qui vivent avachis et ceux qui ont coupé leur alarme plutôt que de rester attentifs à une sonnerie de réveil. Ce n'est pas parce que vous exercez une quelconque activité que vous vivez pour autant. D'où la question de Cohen: «La vie existe-t-elle *avant* la mort?»

La conscience procède d'un choix

Certains d'entre nous ont commencé à pratiquer l'école buissonnière depuis la maternelle et finissent par vivre leurs relations, leur carrière et les divers événements marquants de l'existence en somnambules. Car nous pouvons être inconscients et sourds aux enseignements et à ceux qui sont susceptibles de nous les prodiguer. De plus, dans cet état d'impasse, nous avons toutes les chances de rater les joies et l'épanouissement que nous dispense la vie. Il va sans dire que ces conditions sont très favorables au déclenchement de sérieuses sonnettes d'alarme, lesquelles nous offrent la possibilité de convertir la conscience passive en une autre, active. Mais cette même conscience est neutralisée sans l'apport de la phase d'exécution. Tout au long de la vie, une partie du défi à relever implique que les connaissances acquises se transmutent en résultats efficaces et situés à un niveau supérieur, tant pour soi-même que pour les autres. Le but n'est pas d'atteindre la perfection, mais de s'ouvrir à une plus grande conscience et de s'autocorriger.

Les décisions prises par le passé ont une influence certaine sur notre destin, cependant elles ne le dominent pas, car pour façonner notre avenir, nos choix antérieurs ont moins de poids que ceux du moment présent. Les signaux d'alarme sont légion, aussi, accordez votre préférence à l'éveil plutôt qu'au somnambulisme. Prenez l'engagement de transformer les instants d'apprentissage en réussites et de tenir les rênes de votre destinée pour la mener à un niveau supérieur.

ATTENTION!

- Dans quel domaine vous conduisez-vous en somnambule?
- Dans quelle situation avez-vous intérêt à opérer un changement en étant plus éveillé et en passant à l'action?
- Comment freinez-vous votre développement?
- Vous serait-il nécessaire de guérir d'une blessure, psychologique, physique, spirituelle ou émotionnelle?
- Le fait de pardonner — à quelqu'un ou à vous-même — vous apporterait-il un réconfort?
- À quel moment vous sentez-vous bloqué ou incomplet?
- Pour connaître la paix, que devez-vous abandonner?
- Quels dons ou talents aimeriez-vous acquérir ou développer?
- De quelle façon entendez-vous rendre votre vie plus heureuse et épanouie?
- Qu'est-ce qui est sur le point de se produire pour vous?
- Quelle est la prochaine étape de votre développement?
- Quelle est la leçon à retenir?

Deuxième partie

Se prendre en charge

CHAPITRE HUIT

La responsabilité

ÊTRE DÉTERMINÉ OU MALLÉABLE

Je ne renoncerai pas à la responsabilité
de ma vie et de mes actes.

JOHN POWELL

Woody Allen a déclaré un jour: «Quatre-vingts pour cent du succès réside dans le simple fait de paraître.» À vrai dire, quatre-vingts pour cent de la *vie* consiste à se faire voir. Cependant, certains d'entre nous ne font acte de présence que dans les limites de ce quatre-vingts pour cent, d'autres se manifestent à quatre-vingt-dix, et d'autres encore à cent pour cent! Et vous, quel est le pourcentage dans lequel vous vous situez?

Combien d'entre vous, invités à une soirée, se sont d'abord demandé: «J'espère que ce sera réussi.» Répondez en toute franchise. Quand vous vous posez ce genre de question, à qui attribuez-vous la responsabilité de faire en sorte que la soirée soit en effet une réussite? Manifestement à tous les autres à l'exception de vous-même. Et que se passe-t-il si les invités ne sont pas de ceux dont la compagnie vous plaît particulièrement? Ce sera à coup sûr une soirée ennuyeuse.

D'un autre côté, vous pouvez vous engager en vous disant: «On va sûrement s'amuser, parce que *je serai là*!» Cette fois-ci, sur qui repose la responsabilité du succès? Sur vous, évidemment. Car vous ne pouvez vraiment compter que sur vous-même. Et c'est lorsque vous vous portez personnellement garant des résultats que vous mettez toutes les chances de votre côté pour connaître une expérience satisfaisante.

La responsabilité exige que vous exploitiez vos capacités et vos ressources pour obtenir des résultats encore plus probants. Cela implique que vous alliez au-devant de nouvelles situations avec la volonté délibérée de mettre au point, dès à présent, la manière d'agir qui entraînera un changement positif. C'est en prenant vos responsabilités que vous détenez les commandes de vos opinions, de vos sentiments et de vos actes, indépendamment de ce que font les autres «invités» et que par une succession de choix, vous créez votre propre réalité.

En tant que stratégie décisive, le fait de s'assumer entièrement provoque une transformation. Lors de mes rencontres avec des personnes ou des organismes à la fine pointe de la performance, j'ai découvert que si dans sa vie quotidienne et ses comportements, on intègre le sens des responsabilités, celui-ci devient un facteur fondamental pour profiter d'une meilleure qualité de vie. Ces mêmes personnes prennent leur existence en main et recherchent les solutions en elles-mêmes plutôt qu'ailleurs. Elles endossent leurs responsabilités, tant en ce qui concerne leurs succès que leurs «échecs», de sorte qu'ils ne sont pas un effet de la situation, mais bien la cause.

C'est de l'intérieur que surgit tout changement significatif

Les personnes qui prennent leurs responsabilités en toute connaissance de cause, ne sont pas pour autant à l'abri des coups durs que nous réserve l'existence. Comme vous et moi, elles connaissent aussi des hauts et des bas. Cependant, cette responsabilité consciente réduit considérablement l'impact au moment où se produit un conflit, un choc émotionnel, des «malheurs» et des représailles.

Quand on se prend en charge de façon consciente, on accorde à nos ressources *intérieures* la possibilité de servir utilement à notre quête pour une vie plus épanouie. Souvent ces facultés internes se révèlent plus puissantes que les forces extérieures, surtout lorsqu'elles sont soigneusement entretenues. Et grâce à l'autodéveloppement, vous vous disposez à répondre efficacement à un large éventail de possibilités. Mais d'un autre côté, si vous autorisez les forces *extérieures* à transférer vos capacités et votre contrôle aux personnes qui vous entourent et aux circonstances, vous ne serez plus qu'une marionnette dont on tire les ficelles.

Au lieu de prendre leurs responsabilités, beaucoup de gens déclarent: «Décidez pour moi de mes relations, de mon employeur, de ma carrière, de mes revenus, de ma santé, de ma vie. Mais ne venez pas m'embrouiller l'esprit. Ne me demandez pas de regarder en moi et

n'attendez pas de moi que je sois responsable.» Ainsi, si vous ne prenez pas la peine de façonner votre propre destin, d'autres se chargeront de vous imposer leur volonté.

Face à une dure épreuve, examinez les deux possibilités suivantes:

1. Des *comportements irresponsables*: «Pourquoi est-ce que c'est
    toujours à moi que ça arrive?» Ou bien: «Dans la situation pré-
    sente, à qui revient la faute?»
2. Des *attitudes responsables*: «Quelle leçon puis-je en tirer?» Ou bien:
    «Qu'est-ce que je peux faire pour changer les choses pour le
    mieux?»

Remarquez la différence avec laquelle l'esprit analyse les deux possibilités. La première sape notre estime de soi de même que celle des autres
à notre égard. Nous ne profiterons pas de la leçon tant que nous nous limi-
terons à faire des reproches, aussi bien aux autres qu'à nous-mêmes. Rejeter
toute responsabilité ou se figer dans l'auto-accusation nous maintient en état
d'impasse, d'autant plus que nous ne savons toujours pas quel rôle nous
avons joué pour en arriver là, et nous nous apprêtons à revivre ultérieurement la même situation.

Un choix fait en toute responsabilité permet à l'intellect d'explorer
de manière créative les diverses possibilités d'apprentissage et de nous
entraîner plus avant dans le processus de croissance. Chaque fois que
l'on m'a critiqué, par exemple, et même si cette critique s'avérait «injuste»,
j'ai constaté qu'une importante leçon se trouvait au bout du chemin. En
règle générale, à la condition de faire le calme en soi et de s'ouvrir à
l'enseignement, on découvre une fleur rare qui n'attendait que d'être
cueillie.

Rappelez-vous un moment de votre existence où vous avez été victime, ou manipulé, où l'on s'est servi de vous, ou alors qu'on vous a fait
subir quelque injustice. Quels sentiments avez-vous éprouvés à l'égard
de l'autre? Et qu'avez-vous ressenti vis-à-vis de vous-même? Prenez le
temps d'y penser.

À présent, préparez-vous à revoir l'événement en question, mais en
observant la situation d'un autre œil. Regardez-la du point de vue de
quelqu'un qui est *responsable à cent pour cent*! (Ne vous contentez pas
d'être responsable à cinquante pour cent seulement, car cela vous prédispose à jouer le rôle de victime la moitié du temps. Au contraire, prenez sur vous d'endosser à cent pour cent vos opinions, vos sentiments
et vos attitudes.) Qu'avez-vous fait, *vous*, pour provoquer cette situation?
Que ressentez-vous, dans ce cas particulier, à l'égard de votre force, de
votre maîtrise de vous, de votre amour-propre et de votre dignité?
Qu'auriez-vous dû dire ou faire qui aurait entraîné une issue positive?

Nul ne peut vous blesser sans votre consentement.

Eleanor Roosevelt

Je me rappelle une situation dans laquelle j'ai été la victime. Cela s'est passé il y a quelques années, alors que je travaillais à l'administration d'un établissement hospitalier. À cette époque, je devais faire face à un problème d'ordre social, à savoir de quelle manière traiter le cas de gens «emmenés dans le panier à salade» par les policiers. Ces individus — des urgences psychiatriques — étaient considérés dangereux, tant envers eux-mêmes que pour les autres, par les forces de l'ordre. Après les avoir appréhendés, les agents les conduisaient directement aux urgences. Cependant, les urgentologues s'intéressaient davantage à réduire les fractures et à soigner les plaies, qu'à s'occuper des crises de démence. En général, ces patients étaient confiés à un psychiatre «de garde», que l'on appelait le plus souvent au beau milieu de la nuit. Mais ces praticiens n'avaient pas la moindre envie d'être tirés du lit pour dispenser des soins à des individus qui pouvaient leur causer des ennuis juridiques et qui ne pouvaient, la plupart du temps, couvrir les frais de leur traitement. Étant donné que ces personnes étaient parfois dangereuses ou destructrices, il était malvenu de les hospitaliser sous la seule garde des infirmières. Mais puisqu'il ne s'agissait pas de criminels, il n'était pas question de les jeter en prison. Les tribunaux, eux non plus, ne savaient de quelle manière statuer du cas de ces individus, car ils ne relevaient pas plus du domaine judiciaire que de la médecine générale.

Des efforts pour redresser la situation furent tentés en vain, et toute la procédure mise sur pied pour dispenser des soins à ces patients spéciaux s'effondra. C'est alors que les médias en firent quotidiennement leurs choux gras, et en profitèrent pour désigner à la vindicte publique la communauté médicale dans son ensemble, ainsi que le système judiciaire. Toutefois, les grands perdants de l'histoire furent ces pauvres bougres, car les agences de presse et les professionnels de l'information dépensaient plus d'énergie à incriminer les uns qu'à essayer de résoudre le problème des autres.

Compte tenu des circonstances, j'allai visiter nombre de centres hospitaliers pour étudier les méthodes qu'ils avaient mises en application dans le cadre des «urgences psychiatriques». Muni de plusieurs propositions fort recevables, je revins à mon poste et conjuguai les efforts en vue d'apporter une solution au problème. Toutefois, un personnage politique occupait une position-clé au sein de la communauté, et l'issue de mon entreprise dépendait de son aval ou de son opposition à mes projets. Je pris donc rendez-vous avec lui pour partager, avec enthousiasme, les idées neuves que j'apportais, et bien sûr lui demander son appui. «Allez de l'avant», déclara-t-il.

Fort de son soutien, je me présentai devant le conseil d'administration, l'autorité de tutelle et autres personnages importants pour mettre toutes les chances de mon côté. On me répondait, un peu partout, «Allez-y». C'est du moins ce que j'avais cru comprendre. Pendant ce temps, le politicien sabotait le programme derrière mon dos car, comme je l'appris par la suite, l'idée de départ ne lui plaisait pas outre mesure, mais il n'avait pas eu le courage de me le dire ouvertement. Si bien que toute l'affaire s'arrêta net. Et les médias ne manquèrent pas de redéclencher leurs impitoyables reproches. Mais en dépit du fait que l'homme politique avait réussi à interrompre temporairement la marche du processus, il n'en demeure pas moins qu'un peu plus tard nous avons solutionné la question, en adoptant cependant une formule légèrement différente.

Je me sentais victime des visées égoïstes du politicien. Pourquoi m'avait-il fait cela, à moi? Comment avait-il osé semer la discorde et se montrer si sournois? J'éprouvais le sentiment d'avoir été utilisé, dupé et traité injustement. J'étais furieux!

Imaginons maintenant un autre scénario dans lequel nous observerons cette situation, mais d'un point de vue *responsable*. Parce que je me concentrais sur des éléments extérieurs, je ne comprenais pas la leçon. Pour exprimer les choses clairement, disons que je suis seul garant de mes pensées, sentiments et comportements, cependant que le politicien l'était, lui aussi, mais des siens propres.

Comment ai-je pu susciter une telle situation et aboutir aux résultats que j'ai connus? Qu'aurais-je dû dire, ou faire, qui aurait entraîné une conclusion favorable? Quand j'ai déclaré que j'avais partagé avec le politicien mes idées de façon «enthousiaste», j'étais loin de la vérité. En fait, je me suis précipité dans son bureau comme une tornade, lui réclamant son appui *immédiat*. Pourtant, je savais très bien que c'était un homme à l'esprit analytique. Il avait besoin de temps pour que l'idée fasse son chemin dans sa tête, de temps aussi pour réfléchir et pour passer en revue les différentes possibilités. Si j'avais été plus conscient et plus responsable, j'aurais étudié avec lui les divers moyens, je lui aurais demandé de penser aux choix qui nous étaient proposés, et je l'aurais prié de consulter d'autres personnes pour faire le tour de la question. Nous aurions pu nous rencontrer à nouveau au bout d'une semaine et discuter de son point de vue.

De toute évidence, nous aurions pu conjointement arriver à un dénouement politiquement plus acceptable, nous épargner une énorme perte de temps, et nous séparer dans de meilleures dispositions d'esprit.

Vous vous dites que, rétrospectivement, cela mérite une note de vingt sur vingt, n'est-ce pas? Eh bien, pas du tout. Car vivre de nouvelles situations de façon responsable, cela comporte la décision d'être encore plus conscient, d'user des ressources disponibles à un niveau plus élevé et d'établir le lien entre la tête et le cœur. Cela se résume en quelque sorte à *choisir un changement positif*, dont les conséquences personnelles et professionnelles sont toujours gratifiantes.

Bien qu'un individu souhaite être responsable, il peut se trouver de temps à autre pris au piège sous le coup de l'émotion du moment et ne pas saisir l'enseignement. Pensez à une situation dans laquelle vous vous êtes retrouvé victime, mais en l'abordant du point de vue d'une personne responsable à cent pour cent. Quelle valeur attribuez-vous à la force, à l'estime de soi, à l'autorité et aux qualités dont vous avez fait preuve dans cette situation? C'est en recadrant une circonstance au cours de laquelle vous avez réagi de manière irréfléchie que vous pourrez bénéficier d'une excellente prise de conscience. Vous aurez alors toutes les chances de vous sentir mieux dans votre peau et, par la même occasion, de produire de meilleurs résultats.

Lors d'un séminaire s'adressant à des cadres d'entreprises, l'une des participantes avait manifesté une forte résistance à l'idée de resituer une mésaventure sous une optique entièrement responsable. D'une voix où perçait la colère, elle déclara: «Là, je ne suis pas d'accord! Un terroriste m'a tiré dessus. Qu'entendez-vous au juste quand vous affirmez que j'ai provoqué la chose? Je ne me promène pourtant pas avec un écriteau avec la mention *Abattez-moi!*» À la suite d'un fou rire général, les personnes présentes me regardèrent d'un air qui signifiait: «Très bien, Eric. Maintenant, faites-nous voir comment vous allez vous sortir de là!»

Je demeurai silencieux un instant, pour marquer une pause (c'est-à-dire faire le lien entre la tête et le cœur), avant de demander à la dame: «Où vous trouviez-vous, quand vous avez été victime d'un attentat?» «Au Moyen-Orient», répondit-elle. «À quel moment cela se passait-il?» «En pleine crise!»

La trame de l'histoire commençait à se développer. À l'époque où elle avait décidé de faire du tourisme au Moyen-Orient, son agent de voyage avait cherché à l'en dissuader, mais elle n'en fit qu'à sa tête. Et bien qu'on lui ait délivré un visa, celui-ci était accompagné de la mise en garde suivante: «Ce visa a été validé, toutefois, nous tenons à vous informer que vous ne devriez pas l'utiliser en ce moment. En effet, dans l'état actuel des choses, nous ne sommes pas en mesure d'assurer la sauvegarde et la sécurité des citoyens américains sur ce territoire.» Néanmoins, elle se rendit sur place, fut blessée par un terroriste, et affirma par la suite qu'elle était bel et bien une victime! N'est-ce pas là un intéressant signal d'alarme?

Quand vous choisissez une réponse face à une situation donnée, vous choisissez par la même occasion les résultats qui en découleront

Dans une infime proportion, il arrive que des êtres soient véritablement victimes des circonstances, sans qu'ils eussent provoqué d'aucune manière les conséquences qu'ils ont vécues. Je ne le nie pas. Cependant, dans la majeure partie des cas, les individus se forgent l'impression que leur propre histoire, qui selon eux échappe entièrement à leur contrôle, appartient à ce mince pourcentage. Rien n'empêche que, la plupart du temps, nous disposons d'une certaine marge de contrôle, aussi minime soit-elle. Et l'important se résume toujours à la même chose: réfléchir, assumer ses responsabilités et rechercher ce que nous avons encore besoin d'apprendre.

Ne plus rejeter le blâme sur les autres pour se faire des reproches à soi-même est une attitude tout aussi déraisonnable. Ce n'est pas en se condamnant que l'on devient responsable. Agir en étant conscient de ses responsabilités, cela signifie que nous devons intervenir dans des situations neuves en toute connaissance de cause, après avoir retenu les leçons de nos comportements passés. Ou encore, mettre en application dans les événements présents ce que nous avons appris auparavant. De cette façon, nous nous détachons complètement de notre vie passée pour maximiser notre existence actuelle.

Que ressentez-vous en compagnie de personnes irresponsables? Pour ce qui a trait à maints aspects de leur vie, certains choisissent de jouer le rôle de victime. Ce sont des «épouvantails». Vous les entendez constamment récriminer, râler, ronchonner et se plaindre. À un point tel que vous finissez vous-même par vous sentir vidé de votre énergie et désemparé. Comme si ces gens s'enlisaient dans les sables mouvants en essayant d'agripper les autres pour les entraîner à leur suite. Ce sont des zombis. D'abord, ils n'ont rien de réjouissant, et ensuite leur attitude est malsaine!

Un alcoolique désintoxiqué m'a un jour affirmé: «Quand j'ai *compris* ce que signifiait la responsabilité, j'ai abandonné soixante pour cent de mon vocabulaire.» C'est en analysant la teneur de ses propos et de ses échanges avec son entourage, qu'il en est venu à constater que la majorité des termes qu'il employait auparavant se rapportaient à des reproches ou à des menaces de représailles.

Cette attitude est en tout point comparable à celle de gens responsables, où le «je peux» prédomine. Pour ces individus, les «échecs» enregistrés sont considérés comme des revers passagers. Leur esprit alerte leur apporte force et courage, qualités qui rejaillissent sur ceux qui les côtoient. Ainsi tout un chacun se sent alerte, énergique et prêt à aller de l'avant, d'où ils en retirent une plus grande estime de soi et un afflux de créativité. Plutôt que de se rendre victimes des limites qu'elles se sont imposées, ces personnes ont décidé d'opérer un changement constructif.

> *Ce qui change tout, ce n'est pas tant ce qui vous arrive,*
> *mais ce que vous en faites.*
>
> W. Mitchell

L'histoire vécue de W. Mitchell renforce le concept de responsabilité[1]. C'était à l'époque un jeune homme heureux de vivre et il n'était

---

1. W. Mitchell, «It's Not What Happens to You; It's What You Do About It That Makes the Difference», *Insight* N° 92 (journal audio). Copyright 1990, Nightingale-Conant, Chicago. Reproduit avec autorisation.

pas peu fier le jour où pour la première fois il s'est retrouvé seul aux commandes d'un avion. Un peu plus tard au cours de cette même journée, il avait enfourché sa nouvelle moto pour parcourir les rues de San Francisco. C'est alors qu'il est entré en collision avec un camion de livraison qui n'avait pas marqué l'arrêt à un croisement. Bien entendu, c'est le poids lourd qui en est sorti vainqueur. Outre de multiples fractures, Mitchell a été grièvement brûlé après que le réservoir d'essence de son engin avait explosé et que le carburant enflammé s'était entièrement répandu sur lui. Son visage était presque entièrement carbonisé.

Au terme de nombreuses interventions chirurgicales et deux années de convalescence, il a recommencé à vivre, en dépit du fait qu'il était désormais défiguré. Voici son récit:

> À San Francisco, durant les deux années qui ont suivi l'accident, j'ai totalement oublié à quel point j'étais affreux à voir. J'ai oublié mon anomalie. J'ai oublié ma laideur. Et vous savez ce qui s'est passé? Les autres aussi l'ont oubliée. Voyez-vous, ce que j'ai appris pendant toute la période de mon rétablissement — réapprendre à m'habiller, à conduire et, cela vous surprendra, mais aussi à piloter —, c'est à me concentrer exclusivement sur ce que je possède. Donc, si je fixe mon attention sur mon malheur, ou sur mes erreurs, ou sur mes insuffisances, si je ne veux voir que ce que je suis incapable d'accomplir et à quel point le temps me fait défaut pour agir, ne croyez-vous pas que c'est là tout ce que je peux obtenir? Mais quand je pense que j'ai énormément de pouvoir, que je dois encore participer à tant de choses, que je peux contribuer à transformer la planète, alors, c'est ce que j'obtiens. Car voyez-vous, je constate à ce moment-là que ce qui compte n'est pas ce qui vous arrive, mais ce que vous en faites.

W. Mitchell est non seulement un homme extraordinaire, mais aussi un maître de grande valeur. Pourtant, ses mésaventures ne s'arrêtent pas là. Sa passion pour le pilotage refit surface. Aussi, quelques années plus tard il fut victime d'un grave accident à bord de son avion, à la suite duquel il fut paralysé des deux jambes. Tandis qu'il séjournait à l'hôpital, où il apprenait à manœuvrer son fauteuil roulant, il fit la connaissance d'un jeune homme qui avait une attitude négative. Cet ancien athlète de renommée internationale s'était effondré après avoir perdu lui aussi l'usage de ses jambes. Désormais cloué dans son fauteuil, il ne pouvait plus skier ni escalader les montagnes. Mitchell décida d'avoir un entretien avec lui:

Un jour, après avoir mûrement réfléchi afin de trouver des paroles susceptibles de l'aider à changer de comportement, je suis allé enfin le trouver. Je lui ai expliqué qu'avant d'être paralysé, il y avait bien dix mille choses que je pouvais faire. Depuis lors, je n'en avais plus que neuf mille. Évidemment, j'avais toujours la possibilité de ressasser le millier qui avait disparu, pour le cas où je déciderais de vivre de cette façon tout le reste de mon existence. Mais je pouvais également me concentrer sur les neuf mille qu'il me restait encore. Et s'il m'est donné, au cours de ma vie, d'en réaliser ne serait-ce que quelques centaines, je deviendrai l'un des personnages les plus remarquables de la planète. Ce qui importe, ce n'est pas ce qui vous arrive, mais ce que vous en faites.

W. Mitchell vit sa vie avec un regard toujours neuf. Il cherche toujours à apprendre. Par exemple, il a été candidat aux élections municipales de Crested Butte, dans le Colorado. Et en 1984, il s'est présenté pour devenir membre du Congrès. Bien que son concurrent ait obtenu la majorité des voix, Mitchell avait pour sa part remporté une autre victoire. Il apprit à se mieux connaître et en retira une expérience considérable. Il affirma, avec philosophie: «Les seuls perdants sont ceux qui n'entrent pas dans la course. Les seuls perdants sont ceux qui n'osent pas dire ce qu'ils pensent. Les seuls perdants sont ceux qui n'essaient même pas de changer.» Le sens de la responsabilité avec lequel W. Mitchell prend en charge son existence, et ce dans des circonstances exceptionnelles, représente un modèle dont on peut s'inspirer. En somme, il façonne son propre destin.

Toute l'eau de l'univers ne peut vous noyer,
à moins qu'elle ne réussisse à s'infiltrer en vous.

MARY MANIN BOGGS

Lorsque nous faisons de la responsabilité une stratégie fondamentale, nous nous donnons les moyens de connaître un niveau d'épanouissement plus grand. Pour accéder au changement, il suffit d'intégrer à nos pensées et à nos actes quotidiens le sens des responsabilités. Car nous ne sommes pas l'effet de nos comportements, mais bien la cause directe.

C'est en vous-même qu'il faut d'abord puiser pour animer votre vie. C'est à vous qu'il revient de choisir si vous préférez vous façonner vous-même ou vous laisser façonner. Et c'est maintenant qu'il faut vous décider.

ATTENTION!

- Dans quelle circonstance choisissez-vous d'être victime?
- De quelle manière cela gêne-t-il votre croissance?
- Au détriment de quoi acceptez-vous en ce moment d'être une victime?
- Comment pourriez-vous améliorer votre vie si vous choisissiez de recréer une situation en étant parfaitement responsable?
- Qu'êtes-vous prêt à faire autrement pour obtenir dans votre existence des résultats plus positifs?
- Quelle est la leçon à retenir?

CHAPITRE NEUF

Le pouvoir de la pause

LE LIEN ENTRE LA TÊTE ET LE CŒUR

Comparé à ce que nous possédons en nous-mêmes,
tout ce qui se trouve derrière ou devant nous est minime.

OLIVER WENDELL HOLMES

«**D**ans la vie, le trajet le plus long — celui qui relie la tête au cœur — ne mesure que quarante-cinq centimètres», m'a un jour confié un homme d'une grande sagesse. La tête et le cœur, pour adopter cette tournure métaphorique, sont nos ressources intérieures les plus importantes et les plus utiles. Et ces deux dimensions, lorsqu'elles sont cultivées par la conscience et reliées entre elles, nous permettent d'accroître nos compétences (la tête) et notre aptitude à aimer et à être aimé (le cœur). Quand nous employons de façon maximale ces deux ressources, nous visons un degré beaucoup plus épanouissant, mais il arrive fréquemment, chez nombre d'entre nous, que ces éléments ne soient pas en liaison, ce qui nous fait passer à côté de ce qui se produit ou nous empêche de l'interpréter de manière adéquate. En quel cas nous sommes prédisposés à recevoir, «par surprise», un signal d'alarme.

Ceux qui vivent en se servant exclusivement de leur intellect ont tendance à voir le monde au travers d'une lentille objective. Ils considèrent les choses selon une approche logique, systématique et rationnelle. Ce monde en noir et blanc que perçoit le cerveau gauche est, croient-ils, tout à fait tangible. L'objet de leur attention conditionne tout ce qui leur échappe. Et combien de lacunes engendre cette vision myope!

Quant à ceux qui ne vivent qu'avec le cœur, la perception qu'ils ont du monde passe par une optique subjective. Ils ressentent les événements d'une manière impalpable. L'accent est mis de préférence sur les sentiments, sur l'intuition et sur leur «voix intérieure». C'est alors le cerveau droit qui gère les jugements et les interprétations. Et là encore, tout ce qui leur fait défaut est caractérisé par l'objet de leur attention.

L'objet de notre attention caractérise ce qui nous échappe et, par défaut, conditionne notre devenir!

La tête et le cœur représentent des ressources intérieures primordiales et nécessaires pour régler les questions qui se posent au cours de l'existence. Si l'on souhaite vivre intensément, on ne peut se permettre d'ignorer l'une ou l'autre. Ce sont deux dimensions indispensables au maintient de l'équilibre; un peu comme si nous profitions de notre propre conseil d'administration, lequel nous guide à travers les écueils de la vie et les décisions à prendre.

Et le fait de marquer une *pause* nous ouvre l'accès à ces deux ressources que constituent l'intellect et le cœur. Car la pause n'est pas seulement un intermède dans le temps, mais un processus conscient qui nous amène à faire le calme en nous et nous permet de demander l'avis de nos conseillers privés. Ce mécanisme bouche temporairement l'accès aux stimuli extérieurs, de même qu'à nos bavardages intérieurs, pour favoriser la liaison entre la tête et le cœur.

Il se peut qu'au début les résultats nous semblent superficiels et sans grande portée, mais avec un peu de pratique et de persévérance, cette façon de procéder déclenchera vraisemblablement des conséquences profitables. Nous savons que l'être humain a tendance à n'utiliser qu'à peine dix pour cent du pouvoir de son cerveau. Toutefois, la réflexion intentionnelle nous permet d'accéder aux réserves encore inexploitées de celui-ci, et de les mettre à contribution dans notre vie. Ainsi, le processus de la pause consciente, pour peu qu'il soit pratiqué avec constance, développe littéralement des liens physiologiques entre le cerveau droit et le gauche, nous facilitant ainsi l'usage de notre potentiel latent.

La vie reflète la somme globale de nos choix. Mais nous nous renfermons parfois dans une séquence à court terme, qui n'est qu'une réaction à des nécessités immédiates, et par la même occasion, nous privons des profits à long terme qui auraient pu en résulter si nous nous étions placés dans une situation propre à traiter des questions plus importantes et prioritaires. L'introspection, pratiquée sciemment, contribue à créer un plus grand nombre de possibilités. Étant donné que nous représentons la somme de nos décisions, la réflexion périodique qui consiste à regarder où nous en sommes face à notre mission, à nos priorités, à notre degré d'épanouissement et aux résultats que nous avons obtenus, devient un procédé d'évaluation essentiel. Car nous ne pouvons perdre de vue que si nous nous abstenons de décider par nous-mêmes, d'autres s'en chargeront à notre place.

Cette liaison entre la tête et le cœur concerne autant les organismes de tout genre que les individus. Depuis plus d'une dizaine d'années, j'étudie de près les entreprises à haut rendement, dans le but d'apprendre les principes et les modes de conduite qu'elles mettent en œuvre pour obtenir à longue échéance de telles réussites. J'ai pu constater que leur engagement collectif à exiger l'excellence équilibre à la perfection les résultats et le facteur humain. Les sociétés qui connaissent un piètre rendement ne conservent un certain équilibre qu'en apparence, cependant que ceux qui remportent le succès à long terme se qualifient par des agissements et des comportements tangibles.

Les sociétés en déséquilibre mettent peut-être en valeur les résultats et la productivité, mais elles le font au détriment du facteur humain. En raison des conditions de travail, où les individus sont «exploités», il s'ensuit un fort taux d'absentéisme et un renouvellement constant du personnel. Les employés ne s'appliquent plus qu'à peaufiner leur *curriculum vitæ* et à rechercher ailleurs un autre engagement. Du fait que les êtres consacrent plus d'énergie à se préserver eux-mêmes qu'à servir les intérêts ou les clients de l'entreprise, il leur semble hasardeux de prendre des risques et l'ambiance stressante réprime toute créativité. Ils ont le sentiment d'être dupes, que l'on profite d'eux, et ils vont jusqu'à s'adresser à leur syndicat pour que celui-ci les aide à revendiquer leurs attentes insatisfaites. Et il arrive même que la productivité et les profits déclinent, car ces entreprises «tuent la poule aux œufs d'or». Elles fixent la tête et ne voient pas le cœur.

À l'opposé, certaines sociétés mettent en avant le facteur humain et négligent les résultats. Au départ, les employés se sentent bien dans ce type d'organisation, mais cela ne dure guère, car à la longue le manque d'attention porté aux bénéfices et à la productivité entraîne de sérieux problèmes, voire même la faillite, et l'insatisfaction se propage à tous les échelons. D'une manière générale, les individus ont besoin d'être convaincus de jouer un rôle efficace, mais au sein de ces entreprises, ils ne disposent d'aucun défi à relever pour accroître leur épanouissement personnel. Là, on se consacre entièrement à «prendre soin de la poule», si bien que la collecte des œufs d'or passe au second plan. Et dans ces conditions, on vise le cœur sans tenir compte de la tête.

Toutefois, dans certaines organisations on ne se préoccupe pas plus des résultats que du facteur humain. Non seulement elles accusent une évidente instabilité, mais en outre elles sont dépourvues de toute notion relative à une mission, aux objectifs, au service à la clientèle, ou simplement à l'amour-propre. Tels des zombis, les employés évitent de prendre des risques, ne pensent qu'à survivre et à parvenir sains et saufs à l'âge de la retraite. N'ayant plus ni fil conducteur ni esprit d'entreprise, ils vous demanderont «Quelle poule? Et quels œufs?»

De leur côté, les établissements à la fine pointe de la performance visent le juste équilibre entre la tête et le cœur. En dépit de périodes de récession économique, ils n'hésitent pas à investir dans leurs collaborateurs, afin de se garantir tous les moyens de réussir. Chez eux, les résultats (la tête) contrebalancent le facteur humain (le cœur). D'où l'engagement collectif à rechercher l'excellence, qui se retrouve à tous les échelons de l'entreprise. Sans être absolument parfaites, ces organisations se rectifient d'elles-mêmes si un déséquilibre se manifeste. Des sociétés telles Hewitt Associates, Les Schwab Tire Service, Delta Air Lines, Nordstrom, Alaska Airlines, Disneyland, Compri Hotel, IBM et d'autres encore, sont reconnues pour assurer un environnement stable. Elles ont aussi le courage, quand le besoin s'en fait sentir, de s'adapter, collectivement, pour maintenir l'équilibre. Ces organismes «prennent soin de la poule et... récoltent les œufs d'or».

Cultivez vos conseillers intérieurs et écoutez-les

La plupart d'entre nous déclarent leur volonté de vivre de manière équilibrée, cependant, rares sont ceux qui parviennent à mettre ce concept en pratique. Tandis que nous concentrons notre attention sur un domaine déterminé, un autre élément de notre vie pourrait bien essayer de se rappeler à notre bon souvenir. Et quand nous nous trouvons dans un état instable, il est plus que probable qu'une sonnerie de réveil se manifestera. Par exemple, si nous ne nous préoccupons que de notre carrière et omettons de voir ce qui se passe sur le plan familial, notre conjoint ou l'un de nos enfants risque de nous secouer par un signal d'alarme quelconque. Et même chose au travail, lorsque nous nous attachons davantage aux tâches à accomplir et négligeons les échanges relationnels. Et quand des employés organisent une grève surprise, cela représente une sérieuse sonnette d'éveil.

BILAN EXISTENTIEL

Degrés d'équilibre

Optique cœur	1	2	3 (équilibre)	2	1	Optique tête
	1	2	3	2	1	
Passif						Actif
Spirituel						Physique
Sociabilité						Compétence
Individus						Productivité
Amabilité						Capacité
Intention						Action
Loisirs						Travail
Comportement						Aptitude
Cerveau droit						Cerveau gauche
Intuition						Intelligence
Les autres						Moi
La famille						La carrière
Créativité						Logique
Donner						Recevoir
Facteur humain						Résultats

Examinez les entrées dont il est question dans le bilan existentiel, et notez votre point d'équilibre en regard de chaque ligne. Si vous attribuez un 3 aux éléments correspondant au cœur et à la tête, cela signifie qu'ils se compensent et qu'à cet égard ils fonctionnent parfaitement dans votre vie. Mais s'ils penchent vers le 2, ou même le 1, vous avez des risques élevés de faire face à du stress, à des problèmes et à des sonnettes d'alarme périodiques!

Observons d'abord les questions évaluées à 3 points, celles que vous considérez bien balancées:

- Quels profits retirez-vous de leur équilibre?
- Par quels moyens spécifiques parvenez-vous à conserver cet état de stabilité?
- Comment ressentez-vous cet équilibre?
- À long terme, quels sont les résultats d'un tel équilibre?

Maintenant, examinons les données en déséquilibre, celles auxquelles vous avez accordé 1 ou 2:

- Qu'est-ce qui se prépare dans votre vie?
- Cette instabilité, à quel prix la vivez-vous?

- Que pourrait-il se produire de pire, si vous décidiez de compenser cette inégalité?
- Et que pourrait-il vous arriver de mieux, si vous rétablissiez l'équilibre?
- Que se passera-t-il si vous ne faites rien à ce sujet?
- Qu'êtes-vous prêt à faire pour obtenir un changement positif?

Au même titre que la santé, l'équilibre est un état normal. Notre corps, notre moi profond et tout ce qui nous entoure aspirent à l'équilibre et en tirent avantage. Mais lorsque l'équilibre fait défaut, la condition anormale qui s'ensuit déclenche les signaux internes qui nous enjoignent de rétablir les deux plateaux de la balance ou, alors, d'en supporter les conséquences. La maladie est parfois un moyen qu'utilise le corps pour attirer l'attention, nous signifiant par là qu'il est temps d'agir autrement pour recouvrer la santé. Les sociétés, à l'exemple de l'organisme humain, sont elles aussi susceptibles d'éprouver des troubles quand elles se trouvent en déséquilibre.

Vos choix et vos comportements ne dépendent que de vous. Si dans votre vie un quelconque facteur réclame que vous vous en occupiez, prenez le temps de marquer une pause pour établir la liaison entre votre tête et votre cœur. Analysez les nombreuses possibilités que vous propose votre conseil d'administration intérieur, et écoutez ses avis. Les prises de décision n'attendent plus que votre bon vouloir, alors découvrez le pouvoir de la réflexion.

CHAPITRE DIX

Les zones de confort, d'expansion et de maladresses

OPTER POUR LA CROISSANCE

*L'esprit humain, dès qu'il s'étend à une nouvelle notion,
ne peut plus retourner à sa dimension originale.*

OLIVER WENDELL HOLMES

Nous recherchons tous le confort. Pour la plupart, nous refusons l'inconfort et donc, nous évitons les circonstances matérielles et émotionnelles sujettes à l'engendrer. À cet effet, nos maisons et les édifices où nous travaillons disposent de contrôles thermostatiques propres à nous assurer un environnement de bien-être. Si la chaleur ambiante s'élève un peu trop, l'appareil à air climatisé se met en marche et, à l'inverse, le chauffage démarre dès que le froid se fait sentir. Le thermostat, dispositif automatique de régulation de la température, entretient le statu quo dans des limites raisonnables.

L'être humain jouit lui aussi d'un mécanisme de régulation automatique. Nous définissons notre aire de confort comportementale en fonction des critères de performance reconnus et selon la perception que nous avons de nous-mêmes. Le fait de déterminer les frontières dans lesquelles se situe notre zone de confort définit par la même occasion ce que nous sommes.

En chacun de nous existent deux côtés: un côté qui appelle le changement et un autre qui le rejette. Déjà, la décision que vous avez prise de lire ce livre laisse à penser qu'une partie de vous-même aspire à changer, à croître et à apprendre. Et ces deux parties, la consentante et celle qui s'oppose, interviennent simultanément, de sorte que les messages «Je veux! Je ne veux pas!» sèment la confusion, tant chez nous que chez les autres.

Reportez-vous, par exemple, au moment où vous avez décidé de vous marier. D'un côté, vous vous apprêtiez à foncer tête baissée, de l'autre, un nouveau mode de vie vous incitait peut-être à résister. Dans le même ordre d'idée, rappelez-vous la première journée où vous avez occupé de nouvelles fonctions. Votre côté «aventureux» était enthousiaste, tandis que l'autre, celui qui tablait sur la «sécurité», avait du mal à être entièrement présent. Quelle partie de vous-même est habituellement «victorieuse»? L'aventurière, ou celle qui recherche la sécurité?

La zone de confort

Tant que nous restons cantonnés entre les frontières de notre zone de confort, nous nous empêchons de grandir. Nous persistons dans la répétition des mêmes choses: opinions, sentiments, idées et comportements. Alors qu'en certaines occasions le statu quo peut se révéler une stratégie opportune, en temps normal il limite nos possibilités. Et plus la zone de confort est étroite, plus les options se font rares, cependant que le nombre de ces dernières augmente au fur et à mesure que la zone s'élargit. Et l'on peut agrandir cette aire en y introduisant ce que nous apprenons dans les zones d'expansion et de maladresses.

Mais à la longue, aussi paradoxal que cela puisse paraître, rester dans sa zone de confort peut entraîner l'inconfort. Et si, en voulant à tout prix le bien-être, nous négligeons des questions essentielles de l'existence, nous accumulons les tensions internes. Parfois, au plus profond de notre être, nous ressentons la nécessité d'apporter des transformations dans l'évolution de notre carrière, de nos relations, de notre condition physique, de notre sécurité matérielle, ou encore de nos élans spirituels. De plus, lorsque les pressions internes et externes se manifestent encore et encore pour nous inciter au changement, la «zone de confort» cesse de nous être d'une quelconque utilité.

Toutefois, la zone de confort peut se révéler havre de repos et source de régénération. Même si en l'occurrence cet état ne favorise aucune croissance, l'aire de sécurité nous procure un répit pendant lequel nous sommes à même de réfléchir, de nous délasser et de nous mettre en condition pour un développement ultérieur.

ZONE D'EXPANSION
Votre marge de croissance

ZONE DE CONFORT

ZONE DE MALADRESSES
Ce n'est pas un échec, mais un *feed-back*

La zone d'expansion

Il existe une nette démarcation entre le point où vous vous situez présentement et celui auquel vous désirez avoir accès. Pour passer à cette nouvelle aire, vous devez d'abord quitter votre zone de confort et vous élargir. La zone d'expansion, que l'on appelle aussi *marge de croissance*, provoque autant de crainte que d'exaltation.

Pensez à une occasion où vous vous êtes dépassé, soit sur le plan personnel, soit sur le plan professionnel. Un moment où vous avez accompli quelque chose de grandiose. Vous étiez fantastique, rien ne pouvait vous arrêter! Repensez aux propos que vous teniez alors. Selon toute vraisemblance, ils se rapprochaient de: «Le monde m'appartient. Je suis extraordinaire! J'ai réussi! Je suis le meilleur! C'est merveilleux!» Écoutez bien ces voix rassurantes.

Mais chez de nombreuses personnes, des voix qui chantent une autre chanson font surface dans l'aire d'expansion: «Ça ne me ressemble pas. Jamais je ne pourrai tenir le même rythme. Je sens que je vais me dégonfler! Je ne crois pas pouvoir continuer. Il faut être réaliste!» Et nous nous mettons à résister. Donc, notre système d'air climatisé se déclenche pour nous refroidir et nous ramener vers notre zone de confort! Il est assurément difficile de nous imaginer en train d'évoluer sans relâche dans la zone d'expansion. Nous dressons des barrières encore plus hautes et réajustons notre comportement pour revenir dans la position qui correspond le plus étroitement à l'image que nous avons de nous-mêmes, et ainsi, nous réintégrons la zone de confort. C'est ce que l'on appelle «le repli en terrain connu».

Par contre, si pendant un certain temps nous acceptons l'inconfort dans le but d'expérimenter, de tenir bon, quitte à commettre quelques erreurs, nous nous donnons les moyens d'opérer un changement dans notre vie et dans celle de ceux qui nous entourent. Et une fois atteinte l'aire d'expansion, nous élargissons par la même occasion celle de confort en lui ajoutant un niveau fonctionnel supplémentaire. Rappelez-vous la première fois où vous avez pris la parole en public. Vous ne vous sentiez pas très à l'aise, n'est-ce pas? Cependant, après avoir prononcé plusieurs allocutions, vous avez étendu votre zone de confort pour y inclure cette activité et gagné un niveau plus élevé de compétence et de confiance en vous.

La zone de maladresses

Au fur et à mesure de notre croissance et de notre évolution, nous faisons des fautes, ce qui nous conduit dans la zone de maladresses, où l'échec n'est pas considéré comme un échec à proprement parler, mais plutôt comme un *feed-back*. Un fait qui a eu lieu au sein de la société IBM illustre parfaitement ce point. On raconte qu'un jeune vice-président aurait commis une erreur qui a coûté dix millions de dollars à la compagnie. Étant donné que la somme était assez considérable, le président en poste, Thomas Watson fils, avait convié le jeune homme dans son bureau pour discuter de la situation. (Supposez que vous devez vous présenter dans le bureau du président de votre entreprise, pour expliquer une maladresse qui s'élève à dix millions de dollars! Et comment vous sentiriez-vous, si vous aviez cette bévue sur votre *curriculum vitæ*?) «Je présume que vous attendez que je remette ma démission», déclara calmement le jeune collaborateur. «Vous plaisantez! répliqua M. Watson. Nous avons investi dix millions de dollars dans votre formation!» Imaginez à quel point le jeune homme est désormais engagé envers IBM. Il lui a sûrement fallu quatre jours entiers pour trouver des idées propres à faire rentrer cette somme dans les caisses de la compagnie.

Alors que récemment je questionnais à ce sujet un employé en poste chez IBM depuis neuf ans, il m'a fourni l'explication suivante: «Nous n'appliquons pas de sanctions à l'égard des individus qui commettent des impairs. En pareil cas, ils n'oseraient plus prendre de risques, et cela, nous ne pouvons nous le permettre.» Il ne s'agit donc pas d'échecs, mais de revers passagers. Pourtant, certains tentent de trouver des coupables pour les montrer du doigt. Mais, poussé à l'extrême, le fait de rechercher les défauts chez les autres incite ces derniers à prendre des risques moindres et à canaliser leur créativité pour protéger leurs arrières plutôt que d'accroître leur performance.

Ce n'est pas un échec, mais un simple *feed-back*. Thomas Edison n'aurait jamais réussi à créer l'ampoule électrique si, au cours de ses expérimentations, il avait baissé les bras devant les milliers «d'échecs» qu'il a connus. Bien au contraire, car chaque essai lui a fourni des réactions en retour qui, petit à petit, l'ont rapproché de la réussite. De son côté, et à un âge déjà avancé, le colonel Harland Sanders a rejeté plus d'un millier de compositions avant de trouver pour son poulet la recette désormais célèbre. Quant au produit de nettoyage Formula 409, il aura fallu... 408 tentatives «infructueuses» pour arriver à le commercialiser. Pour conclure, disons que les gens qui réussissent accumulent davantage «d'échecs» que les ratés.

> *Si vous désirez accroître votre pourcentage de succès,*
> *doublez vos échecs en proportion.*
>
> THOMAS WATSON PÈRE,
> FONDATEUR D'IBM

Ménagez-vous un territoire dans lequel vous et les autres pourrez commettre des erreurs en toute impunité, et transformez ces maladresses en motifs d'apprentissage. Et au lieu de vous demander «Pourquoi est-ce toujours à moi que cela arrive?», changez la question en: «Quelle leçon puis-je en tirer?» Remontez ensuite le mécanisme du signal d'alarme et recherchez de quelle façon vous pouvez transformer les éléments de la zone de maladresses en connaissances nouvelles et gratifiantes.

Car c'est en quittant la zone de confort que nous profitons d'un plus grand nombre d'occasions d'apprendre. Nos qualités personnelles et professionnelles se trouvent enrichies lorsque nous délaissons la zone trop sûre. Ajoutons que les aires d'expansion et de maladresses sont nos alliées cachées, et ceux qui osent puiser à leurs sources font l'expérience de nouveaux domaines de croissance. En dépit des risques encourus lorsque l'on élargit ses horizons, de plus grands périls sont à craindre à long terme si l'on s'enferme dans sa zone de confort.

ATTENTION!

- Dans quels secteurs de votre vie choisissez-vous le confort de préférence à la croissance?
- Si vous décidiez de vous aventurer encore plus loin dans votre zone d'expansion, de quelle façon votre vie en serait-elle grandie?
- Quelle est la leçon à retenir?

Alors, dès à présent, il faut être à l'écoute des sonneries d'éveil et prendre les décisions qui s'imposent.

Pour que vos rêves se réalisent, réveillez-vous.

PAUL VALÉRY

CHAPITRE ONZE

Les petits risques valent les grands

DES AVANTAGES ACCRUS EN PRENANT DES RISQUES

> À la longue, il n'est pas plus sûr d'essayer de fuir le danger
> que de s'y exposer carrément. La vie est soit une
> aventure hardie, ou elle n'est rien du tout.
>
> HELEN KELLER

Prendre des risques, cela implique de passer à l'action sans savoir quel en sera le dénouement. Quand vous pensez au risque, qu'est-ce qui vous vient à l'esprit? Une menace? La peur? Un défi à relever? Une bonne affaire à conclure? Mais il faut d'abord sortir de la zone de confort si l'on veut disposer d'un plus vaste champ de possibilités et ne pas craindre de s'aventurer en vue de récolter des gains sous une forme ou une autre. Bien sûr, le risque de pertes, d'inconvénients, ou le prix à payer nous font souvent hésiter face à l'inconnu. Mais il arrive aussi parfois, quand on n'ose pas, que les coûts, les pertes ou les inconvénients soient plus importants que les risques eux-mêmes.

> Ramassez les tas pendant qu'ils sont encore petits.
>
> AUTEUR INCONNU

Nous recherchons le confort et la sécurité. Et pour éviter de tomber dans l'inconfort, nous nous efforçons d'esquiver toute entreprise aventureuse. Toutefois, le refus de se voir incommodé pendant une courte période est susceptible d'entraîner un plus grand malaise à long terme. Sans compter que dans tous les domaines où l'on élude sa responsabilité, ou lorsqu'on se retient de faire face à la situation, les sonnettes d'éveil ont de fortes chances de se manifester. Voyons à ce sujet un exemple concret.

Il y a quelques années, un chef de service, amer et très en colère, se présenta dans mon bureau afin d'obtenir mon feu vert pour congédier sur-le-champ un employé qui fournissait de piètres performances. Il m'expliqua que cet individu, qui occupait le même poste dans son service depuis plus de cinq ans, n'avait jamais fourni un travail vraiment efficace. En fait, toujours selon le responsable du bureau, des erreurs graves venaient régulièrement court-circuiter le rendement déjà médiocre de l'employé en question. Et au cours de la semaine précédente, deux impairs de taille avaient incité le chef de service à sévir.

Quand je lui demandai si l'employé était au courant de ses faibles résultats, le responsable me répondit: «Il ne peut pas l'ignorer! Il travaille pour nous depuis cinq ans.» Peu satisfait de la réponse, je réclamai les bilans annuels. Ensemble, nous avons étalé dans l'ordre les cinq évaluations de l'employé pour en examiner les résultats. Sur chacun d'eux, on avait inscrit des mentions qui allaient de «satisfaisant» à «remarquable». «Je ne comprends pas, dis-je. Alors que vous déclarez vous-même que le rendement de cet employé est pitoyable depuis le début, comment se fait-il que ces bilans soient aussi flatteurs?» Le responsable se tut un long moment avant de me répondre, tout simplement: «Je ne voulais pas le blesser.» Je crois que cette histoire nous a servi de leçon à tous deux.

Pour avoir omis de s'attaquer dès le début aux maigres résultats de l'employé et de réviser le plan de carrière de celui-ci, le chef de service avait préféré minimiser les risques (c'est-à-dire demeurer dans sa zone de confort). Et en taisant la vérité, il avait laissé les problèmes de rendement prendre des proportions incontrôlables. Car c'est lorsque l'on essaie d'amoindrir les inconvénients que l'on débouche, à la longue, sur une situation à haut risque. Gardez-vous sous silence certains sujets de première importance, relatifs à votre vie personnelle ou professionnelle, qui mériteraient cependant que vous vous en occupiez sérieusement?

Le fait de «ramasser les tas pendant qu'ils sont encore petits» se révèle une excellente façon d'entretenir de saines relations, tant au travail que chez soi. Quelquefois, nous avons tendance à laisser les tas grossir, au point qu'il devient quasiment impossible de les déplacer. Devant des petits tas, nous sommes tentés d'éluder le ramassage parce

que cela nous ennuie. Puis, quand l'amoncellement a pris trop d'importance, nous fuyons devant la tâche parce qu'elle exigerait de gros
efforts. Mais à force de laisser en plan les questions à traiter, nous
encourageons ni plus ni moins l'accumulation de toutes ces «montagnes» qui minent notre énergie et enveniment les relations.

Le plus grand danger qui menace votre existence,
c'est de vouloir prendre trop de précautions.

ALFRED ADLER

En affirmant que «des risques minimes équivalent à de grands
risques», on peut à l'opposé déclarer que «de grands risques valent des
risques minimes». Car, si dès le départ on prend un «risque», cela peut
produire à longue échéance un résultat à moindre risque. Chacun sait
que pour établir de saines relations, la communication doit être directe,
franche et honnête. Même s'il nous semble aventureux de partager sans
restriction nos sentiments, nos désirs et nos pensées, il n'en demeure pas
moins que c'est là le meilleur moyen de créer des relations profondes et
durables. Et c'est aussi en nous engageant à ramasser les tas pendant
qu'ils sont petits — ou encore à parler avec franchise — que nos échanges
relationnels évolueront sur tous les plans.

Après avoir exposé ce concept lors d'un séminaire qui avait pour
thème la croissance des dirigeants, une participante du nom de Jane est
venue me trouver au moment de la pause. «Je ne suis pas du tout d'accord avec ce concept! déclara-t-elle. C'est exactement ce que j'ai fait
pendant vingt ans et malgré tout, mon premier mariage est tombé à
l'eau. Je faisais entièrement confiance à mon mari, mais cela ne l'a pas
empêché de sortir et d'avoir une liaison. Et enfin, ce fut la rupture.
Dommage pour votre théorie "des hauts risques qui en valent des minimes!"»
J'avais devant moi une femme exaspérée, blessée, bouleversée. En
effet, elle avait placé toute sa confiance en un être qui l'avait trahie. Elle
avait agi conformément à ce que j'avais expliqué et l'avait chèrement
payé. Par conséquent, dans son cas le concept n'avait pas fonctionné.
Il va sans dire que l'erreur étant humaine, toute formule dynamique n'est
pas immanquablement efficace. En fait, certaines recettes réussissent
mieux que d'autres, mais aucune n'est infaillible.
Pour savoir de quelle manière cet événement avait affecté sa vie et,
plus particulièrement, ce qui en résultait dans ses rapports avec les
hommes, je fis avec Jane le tour de la question. À propos de ses fré-
quentations, sa réponse se résumait à un seul mot: «superficielles». En

effet, depuis son divorce, elle avait eu, l'une après l'autre, six liaisons sans importance. Et puis, selon Jane, «on ne peut pas faire confiance aux hommes». «Qu'attendez-vous donc, au juste?» lui demandai-je. «Je veux vivre une relation profonde, fondée sur l'amour et la confiance réciproques», déclara-t-elle après un moment de réflexion. «Dans quelle mesure vous fiez-vous aux hommes, sur une échelle de 0 à 10?» lui demandai-je encore. «Deux!» affirma-t-elle sans hésiter.

Poussons un peu l'analyse de cette situation. Quand vous concédez deux dixièmes de votre confiance à quelqu'un, quel degré croyez-vous être en droit de réclamer en retour? Deux sur dix, ou *même moins*. Pourquoi vous donnerait-on plus que vous n'accordez vous-même? Les gens sont partagés entre deux tendances générales: faire confiance, ou bien se protéger. Et plus vous vous empêchez de vous montrer vulnérable, communicatif et sincère, plus vous vous méfiez. Par conséquent, lorsque les autres ressentent votre retenue, ils en font autant. Et que se produit-il alors? La confiance mutuelle décroît et chacun, afin de vérifier la fiabilité de l'autre, reste sur ses gardes. Et du manque de confiance résulte habituellement une réponse d'autosatisfaction.

Comment construire alors une relation basée sur la confiance, surtout si vous avez été trahi après avoir fait confiance à quelqu'un? À quel point vous fierez-vous à l'autre? Très peu? Moyennement? Beaucoup? Et quels sont, dans chaque cas, les avantages et les inconvénients? D'après vous, sur quoi débouchera une telle relation?

Maintenant, comment s'extraire d'un cycle dans lequel on fait très peu confiance à l'autre? Certains préconisent la prudence et conseillent de se tenir sur ses gardes, selon l'argument à l'effet qu'il vaut mieux observer le comportement de l'autre avant de définir sa propre ligne de conduite. Et, comme on peut s'y attendre, votre vis-à-vis ajustera son attitude sur votre réserve, et vous demeurerez tous les deux coincés dans une impasse! Jane s'était construit un modèle répétitif dans lequel elle n'accordait que très peu de confiance à ses partenaires, de sorte qu'elle attirait à tout coup des pauvres types. Elle recevait la contrepartie de ce qu'elle donnait. Rien d'étonnant si le manque de confiance va croissant. Rien d'étonnant non plus pour que dans ces conditions les individus éprouvent tant de difficultés à s'entendre.

D'autres proposent un niveau moyen, ni trop élevé ni trop bas, de sorte que l'on puisse vérifier où en est la relation et se retirer sans trop de mal si l'on abuse de notre «confiance». Et c'est à l'autre qu'incombe la charge de démontrer en premier sa fiabilité, pour que nous décidions ensuite de notre manière d'agir. Mais cette façon de faire indique clairement que la relation sera placée sous le signe de la domination.

Quand nous reculons devant la vie,
la vie recule devant nous.

Mary Manin Boggs

Vers la fin de mon mariage, je fis personnellement l'expérience de ce concept, alors que je consultais un conseiller matrimonial. Étant donné que j'inclinais à faire une absolue confiance aux autres, ce dernier me dit: «Eric, vous êtes fou de vous fier aux gens à un tel point. Il vaudrait mieux ne leur accorder que cinq dixièmes. De cette façon, si eux vous en donnent davantage, c'est tout bénéfice, mais s'ils vous font moins confiance, vous n'aurez pas trop perdu.»

Quand un psychologue déclare que vous êtes fou, il est grand temps de l'écouter! Peut-être devais-je me ranger à son avis! Et parce que je suis d'une nature confiante, son conseil fit vibrer chez moi une corde particulièrement sensible. Mais après plusieurs mois de réflexion, je décidai de ne pas suivre sa recommandation.

Car à partir du moment où vous n'accordez aux autres qu'un crédit de cinq sur dix, vous ne pouvez vous attendre en retour qu'à l'équivalent, ou même moins. Et je ne souhaite nullement établir avec autrui des rapports basés sur une confiance modérée. Je réclame bien davantage. Si j'attends des autres une réponse qui se situe à 8, 9 ou même 10 sur 10, j'ai tout intérêt à donner autant que ce que j'entends recevoir. D'ailleurs, la vie ne nous enseigne-t-elle pas qu'en règle générale on récolte ce que l'on a semé? Et si la moisson n'est pas de notre goût, alors il nous faut regarder de plus près les semailles que l'on répand.

Bien entendu, des gens ont profité de ce que je leur faisais entièrement confiance. Et comme l'affirmait le psychologue, certains en ont profité pour se servir de moi. Cependant, les fois où cela s'est produit au cours de ma vie, je peux les compter sur les doigts d'une seule main. Mais si l'on considère l'inverse, c'est-à-dire les avantages que j'ai retirés après avoir accordé ma confiance sans restriction, ceux-là ont été si nombreux, et pas seulement pour moi, que je ne peux même pas envisager d'en faire le décompte. Et lorsque j'en viens à comparer les profits aux pertes, je reste convaincu qu'il est plus simple de se fier grandement aux autres.

Toutefois, n'allez surtout pas croire que j'entends vous voir prendre des risques inconsidérés ou dangereux. Par exemple, je ne laisserais pas ma voiture bourrée d'objets de valeur, dans un quartier malfamé, sans la fermer à clé. Je ne prêterais pas non plus de l'argent à un criminel évadé en m'imaginant qu'il me le rendra. Ce que je vous propose plutôt, c'est de multiplier l'habitude de prendre des risques en vue d'acquérir plus de tranquillité d'esprit, de joie et de relations satisfaisantes. Des risques minimes équivalent à de grands risques, et de grands risques valent des risques moindres.

Quelle serait votre réponse face à quelqu'un qui vous ferait une absolue confiance? Dans la plupart des cas, nous répondons par la réciproque. Et à l'inverse, si l'on se méfie d'eux, les individus réagissent en se méfiant aussi. C'est ce que l'on appelle la *loi de la réciprocité*, dont voici un exemple.

Un nouveau client m'avait invité à venir travailler avec eux pour améliorer la communication, la confiance et le moral dans l'ensemble de l'entreprise. Cette société d'envergure avait un lourd passif de conflits avec les employés, de griefs et de modèles de comportement de type «ne mélangeons pas les serviettes avec les torchons». Aux débuts de ma collaboration avec ce nouveau client, j'eus de nombreux entretiens et j'étudiai la politique de l'entreprise en matière de ressources humaines. Le document que l'on remettait à chaque nouveau candidat, entre autres, était particulièrement révélateur. Sur la première page du document, formel et assez épais, étaient énumérées huit raisons pour lesquelles un contrat d'embauche pouvait être résilié! Un document qui commence par une pleine page de présentation où l'on donne le détail des motifs de renvoi! Aucun mot de bienvenue, aucune déclaration propre à motiver ou à encourager le personnel. Tout au plus une introduction qui sonne comme une déclaration de guerre entre le patronat et la main-d'œuvre.

En tant que nouvel employé, comment vous sentiriez-vous si l'on vous présentait dès le départ un manuel de réglementation qui stipule clairement qu'on ne vous fait pas la moindre confiance? Dans un cas semblable, quelle serait votre attitude? Quels comportements prendraient le dessus: les meilleurs ou les pires? Si l'on compare la façon d'agir de cette entreprise à celle de Jane, il en ressort que dans les deux cas (organisationnel et personnel), on entend obtenir une confiance absolue, mais sans réciprocité.

Si vous ne vous investissez pas à fond, alors la défaite vous
importe peu et la victoire n'a rien d'exaltant.

Dick Vermeil,
entraîneur de
la Ligue nationale de football

Examinons encore plus attentivement le concept de confiance en matière d'échanges relationnels. Quand nous ne sommes pas sûrs des rapports que nous entretenons avec quelqu'un, la réaction caractéristique consiste à ne prendre que des risques minimes, ou encore à s'abstenir d'en prendre. Et lorsque la relation ne marche pas, nous sommes en droit de penser: «J'ai eu raison de me tenir sur mes gardes. J'aurais pu gaspiller tout ce qu'il y a de bien en moi et il ne serait rien resté pour l'être d'exception qui se présentera par la suite!» Cependant, nous ne saurons jamais si l'échec vient de notre retenue, ou de l'incompatibilité des deux personnes dans la relation.

À présent, voyons les choses en termes d'expansion. Si vous n'êtes pas certain de votre relation, je vous encourage fortement à vous investir à cent pour cent. À vous donner pleinement et sans condition. Alors, il y a de fortes chances pour que tout se déroule à merveille. Si par contre tout va de travers, au moins vous saurez que l'échec n'est pas dû à un manque d'engagement de votre part, mais bien parce qu'il n'y avait pas d'entente possible. De grands risques équivalent des risques minimes.

Vous vous demandez sans doute: «Pourquoi serait-ce à moi de prendre tous les risques? Et l'autre, dans tout cela?» Parce que vous êtes responsable de vos sentiments, de vos convictions et de vos actes. Et par la même occasion vous apprenez aux autres comment se comporter à votre égard. Puisque vous ne pouvez pas les changer, il vous faut les influencer par vos attitudes et vos actes. Car c'est en surpassant le modèle de ce que vous attendez des autres que vous recevrez ce que vous voulez.

> *Il n'y a pas de progrès sans risque; vous ne pouvez voler*
> *le deuxième but et garder en même temps un pied sur le premier.*
>
> FREDERICK WILCOX

Le président d'une compagnie avec laquelle j'ai travaillé déclara à son équipe de direction: «Je veux bien que vous preniez des risques, mais gare à la moindre erreur!» Quelle notion cherchait-il à inculquer à ses collaborateurs? Ce genre de message contradictoire ne pouvait entraîner qu'un manque d'assurance et de soutien pour aller de l'avant. Dans des conditions semblables, les gens préfèrent en général rester dans leur zone de confort et... ne prendre aucun risque. Et au fil du temps, les individus, comme l'entreprise d'ailleurs, se sont acheminés vers l'échec. Si on récompense exclusivement les initiatives heureuses, alors on décourage quiconque de prendre le moindre risque. Et ce sont les concurrents qui empochent les profits!

Un autre de mes clients organise chaque année un banquet en l'honneur de ses collaborateurs dont les risques, encourus avec prudence, ont fourni de bons résultats, et aussi en l'honneur de ceux dont les initiatives n'ont rien rapporté de concret! Dans cette société, on encourage et gratifie l'esprit d'innovation des employés, et ils sont disposés à quitter leur zone de confort pour prendre de l'expansion. Dans ce cas, grâce à la profusion d'idées neuves, l'entreprise peut se permettre d'offrir des produits et des services de qualité supérieure, et les employés et l'organisation en sortent vainqueurs. Dans une telle ambiance, il n'est donc pas étonnant que les individus n'éprouvent aucune crainte de s'aventurer.

Les risques relèvent de nombreuses catégories: physique, interpersonnelle, professionnelle, financière, sociale, et même spirituelle. Pour certains individus, il peut sembler tout naturel de s'exposer physiquement au danger, alors qu'ils hésitent à partager leurs sentiments. D'autres feront part de leurs émotions avec une grande facilité, alors qu'ils seront paralysés à l'idée de s'exprimer en public. Nous avons tous nos zones d'expansion. Mais nous faisons tous preuve de retenue en ce qui concerne certains domaines de notre vie, et ces mêmes domaines où nous offrons tant de résistance représentent fréquemment nos meilleures occasions d'apprendre et de nous développer. En vue de votre croissance personnelle, je vous invite à essayer de vivre en prenant des risques qui, d'une façon ou d'une autre, entraîneront des changements positifs dans votre existence, mais qui ne feront nul tort à quiconque. Dans les domaines suivants, quels profits retireriez-vous en prenant des risques?

- Risques relatifs au conjoint ou partenaire (afin de partager vos désirs, vos sentiments et vos pensées);
- Risques dans l'amitié (échanges d'opinion, s'occuper d'un différend non résolu);
- Risques rattachés à la carrière ou au monde professionnel (demander de l'avancement, changer d'emploi);
- Risques financiers (mettre au point un projet de retraite considérable, investir);
- Risques se rapportant à l'instruction (s'inscrire à des cours dans un domaine totalement différent du sien, obtenir un diplôme);
- Risques physiques (faire de l'alpinisme, se joindre à une équipe sportive);
- Risques touchant la spiritualité (prendre un engagement religieux, faire une retraite);
- Risques matériels (acheter une voiture ou une maison, se permettre des «excès»);
- Risques émotifs (s'attaquer à des problèmes qui n'ont pas encore été réglés, faire une introspection).

ATTENTION!

- Dans les domaines énumérés ci-dessus, quels sont ceux où vous vous sentez le plus à l'aise pour prendre des risques? Et dans quelles catégories offrez-vous le plus de résistance?
- Quelle est la leçon à retenir?

Afin de créer de nouvelles opportunités, vous devez d'abord quitter votre zone de confort. De l'autre côté de ce mur de résistance, la vie vous réserve de nouvelles dimensions. N'oubliez pas que des risques minimes équivalent à de grands risques et que de grands risques valent des risques minimes.

CHAPITRE DOUZE

Pour fermer la boucle

DE NOUVEAUX DÉPARTS

Des affaires à régler, des situations qui épuisent notre énergie. Chacun de nous a dans sa vie une question qui réclame de l'attention; toutefois, tout en sachant fort bien ce qui devrait être fait, nous avons parfois tendance à tergiverser jusqu'à ce qu'il soit trop tard. Et bien souvent la passivité requiert plus d'énergie qu'il n'en faudrait pour traiter le problème en question! Voyons maintenant quelle est la relation entre ce qui se passe «à l'extérieur» et vos ressources intérieures.

Votre corps se sert de moyens subtils et parfois moins subtils, pour vous signaler qu'un élément particulier mérite que vous vous y arrêtiez. Tel un instrument ultrasensible prévu pour dépister le *feed-back*, il vous livre une information de première importance, et quelquefois de façon inattendue, qui requiert votre attention. Par exemple, recherchez dans quelle partie de votre corps vous éprouvez une certaine tension. Elle peut se situer au niveau des épaules, au bas du dos, à la mâchoire, ou encore se présenter sous la forme d'une migraine. Imaginez que vous êtes sur le point de cacher à quelqu'un un renseignement important. Où ressentez-vous une tension? Dans la poitrine? À la base de la nuque, peut-être? Et qu'advient-il si vous mentez délibérément? Est-ce que votre gorge ou vos mâchoires se serrent? Si, de deux à quatre heures du matin vous ne cessez de tourner dans votre lit, au lieu de profiter d'un sommeil réparateur, c'est sans doute que votre corps veut vous dire quelque chose. «Réveille-toi! Réveille-toi! dit-il. Tu as des questions en suspens qu'il faudrait étudier de plus près.»

Le «langage du corps» mérite qu'on l'écoute. Il ne vous raconte pas d'histoire. En établissant des liens étroits avec les signaux internes émis par votre corps, vous vous donnez les moyens d'apprendre à marquer une pause pour réfléchir, dès qu'un «avis» d'une question irrésolue vous parvient. Quand votre corps vous fait signe, écoutez-le.

ATTENTION!

- Quel message mon corps essaie-t-il de me transmettre, en ce moment?
- Qu'est-ce que j'évite?
- Au lieu d'être éveillé et conscient, est-ce que je ne suis pas en train d'agir machinalement?
- Me suis-je engagé sur une voie qui ne me convient pas?
- Qu'est-ce que je devrais laisser tomber que je n'ai plus de raison de traîner derrière moi?
- Que puis-je entreprendre, sur-le-champ, qui aboutira à un changement positif?
- Quelle est la leçon à retenir?

Les progrès de croissance significatifs, tant personnels que professionnels, se produisent lorsque nous sommes attentifs aux messages que notre corps nous livre et que nous agissons en conséquence. N'allez pas croire qu'il s'agit là de procédés mystiques, que seuls des gourous illuminés pratiquent dans quelque caverne de haute montagne, car on peut quotidiennement, au travail ou chez soi, appliquer de façon pragmatique les qualités intuitives. Il y a quelques siècles, les individus doués d'intuition étaient soupçonnés de sorcellerie et on les condamnait au bûcher. Mais désormais, cette même intuition fait partie de ce que l'on exige en premier des dirigeants de sociétés efficaces. Par exemple, les entreprises faisant partie du groupe Fortune 500 recherchent des présidents qui possèdent à la fois un sens judicieux des affaires et qui ont la faculté intuitive d'évaluer et d'agir en fonction d'éléments impalpables. Chaque fois que j'ai eu l'occasion de travailler avec des dirigeants particulièrement performants, j'ai constaté qu'ils affinaient sans cesse la qualité de leur jugement et de leurs décisions en se mettant à l'écoute de leurs ressources intérieures.

Libérez-vous de vos questions irrésolues

Voyons de quelle façon nous pouvons appliquer le concept de langage du corps à un élément déterminant de notre vie: les *questions irrésolues*. Une question irrésolue, c'est tout ce qui vous sape de l'énergie quand vous y pensez. Ce signal interne vous signifie qu'une chose inachevée requiert votre attention. Votre corps vous indique qu'il faut prendre une décision. À ce moment, vous avez la possibilité de réagir, donc répéter une même situation, ou de répondre, en quel cas vous agirez différemment pour obtenir des résultats concrets. En répondant sciemment nous développons des possibilités de prendre un nouveau départ.

Non seulement toutes ces questions irrésolues tarissent nos forces vives, mais elles diminuent en outre notre faculté de connaître l'épanouissement dans d'autres domaines de notre vie. Elles dressent aussi des barrières qui nous empêchent d'exprimer librement notre créativité et nous retiennent de sortir d'une situation «verrouillée». Parfois le prix à payer pour ces questions irrésolues est très élevé.

Peut-être qu'un petit voyage dans le temps vous aiderait à retrouver des éléments qui, dans votre vie, restent inachevés. Pensez à une personne avec laquelle vous avez des affaires non réglées (des problèmes non résolus, par exemple, un pardon qui n'a pas été accordé, ou des critiques non formulées). Représentez-vous bien cette personne et, tandis que vous vous concentrerez sur ce qui n'est pas achevé, remarquez la quantité d'énergie que cela vous fait dépenser. Depuis combien d'années cette histoire traîne-t-elle, sans encore avoir été réglée? Et que vous en coûte-t-il, à tous points de vue, de laisser aller les choses ainsi?

Au cours de mes séminaires, j'ai rencontré des gens qui vivaient depuis des dizaines d'années en traînant derrière eux des affaires non réglées. Leur mode de comportement reproduisait les mêmes attitudes usées, et ils ne progressaient en aucune manière. Si bien que l'état d'impasse qui résulte de ces situations brûle une quantité considérable d'énergie interne. Un peu comme l'eau d'un robinet qui fuit, les ressources gaspillées pourraient remplir un étang. Et ces ressources perdues ne représentent sans doute qu'une petite partie qui masque toutes les autres questions irrésolues.

Imaginez maintenant que, au retour du travail, vous mettez la voiture au garage. Il reste à peine assez de place pour l'automobile parmi un tas de vieilleries de toutes sortes, de boîtes en carton, dont vous entendez vous «occuper un de ces jours». Encore une négligence.

Puis, lorsque vous pénétrez dans le salon, vous passez près d'un canapé bleu-vert, style méridienne. Bien qu'à une certaine époque ce genre de meuble fût en vogue, il se range désormais au rang des horreurs! Et le simple fait de l'avoir sous les yeux vous dérange. Vous ne pouvez plus voir ce canapé depuis plusieurs années, pourtant, il est toujours là. Cela aussi relève des questions non réglées.

À présent, vous vous rendez dans votre chambre pour vous changer. En ouvrant les portes de la penderie, vous constatez que, pour une bonne part, les vêtements qui s'y trouvent n'ont pas été portés depuis plus d'un an. Vous les avez gardés en vous disant qu'ils redeviendraient à la mode un jour ou l'autre. Quoi qu'il en soit, vous ne voudriez pour rien au monde porter ces guenilles. Mais il n'empêche qu'elles occupent beaucoup de place dans votre armoire et qu'elles grugent votre énergie.

Passez en revue votre vie personnelle et professionnelle. Quels domaines inachevés sont en train d'épuiser vos forces intérieures? Chez certains d'entre nous, les causes de tarissement peuvent être nombreuses. Les diverses catégories de questions qui suivent vous seront sans doute de quelque secours pour vous permettre d'identifier les vôtres. Il peut s'agir, entre autres, d'affaires relationnelles inabouties avec votre conjoint, vos enfants, vos parents, votre employeur, des amis, des collègues, votre plus proche voisin, votre ex-conjoint, ou encore l'avocat de ce dernier.

Les relations

- Avoir un conflit non réglé;
- Se montrer indifférent;
- Ne pas accorder son pardon;
- Ne pas exprimer ses sentiments profonds;
- Être incapable de communiquer ses désirs;
- Refuser de présenter des excuses;
- Dire un mensonge;
- Avoir du mal à faire la connaissance de nouvelles personnes;
- Ne pas renoncer à des relations malsaines;
- Ne pas s'engager dans une relation intime avec une personne qui vous est particulièrement chère;
- Vous dire: «J'aimerais cette personne, si...»

L'honnêteté

- Ne pas respecter les termes d'un accord;
- Vous comporter différemment en dehors de la présence d'un être avec qui vous avez conclu un arrangement;
- Dénaturer la valeur d'un produit ou d'un service;
- Ne pas communiquer un renseignement essentiel.

La carrière

- Opter pour un emploi sans avenir;
- Négliger de cultiver vos aptitudes et vos compétences;
- Ne pas profiter des occasions de vous instruire;
- Avoir un rendement minimum.

Les questions financières

- Laisser traîner des dettes;
- Ne pas préparer son plan de retraite;
- Ne pas épargner;
- Ne pas prévoir un montant pour les études des enfants;
- Ne pas rembourser un emprunt hypothécaire.

La santé physique

- Ne pas suivre un régime alimentaire équilibré;
- Ne pas faire régulièrement de l'exercice;
- Ne pas cesser de fumer;
- Ne rien faire pour modérer sa consommation d'alcool.

Le côté matériel

- Qu'en est-il de cette maison de vos rêves?
- Ou de la nouvelle voiture?
- Ou encore de remettre les vêtements usagés à un organisme sans but lucratif?

Les questions personnelles

- Différer sans arrêt la décision d'avoir un enfant;
- Décider d'avoir un enfant alors que vous n'en voulez pas;
- Éviter de se fixer des objectifs ou de mener à terme une activité prédéterminée;
- Rester dans l'imprécision quant à sa vocation personnelle ou ses valeurs véritables;
- Se dire: «Je m'aimerai, quand...»

Le domaine spirituel

- Remettre à plus tard tout engagement religieux;
- Écarter tout conseil spirituel, le considérant sans importance, alors qu'une voix intérieure vous invite, au contraire, à vous ouvrir à la spiritualité.

Bien que la plupart des gens ne soient pas disposés à l'admettre, les questions irrésolues ont une forte influence sur notre bien-être. Dans leur magnifique ouvrage, *L'amour lucide*, Gay et Kathlyn Hendricks avancent que la véritable transformation a lieu quand on cesse d'avoir l'œil rivé sur le rétroviseur pour regarder devant soi. Et ces questions irrésolues ont tendance à dévier notre attention vers le rétroviseur, c'est-à-dire le passé. De plus, le fait de rester accroché au passé restreint par la même occasion notre expérience du moment présent.

Comment rompre avec les histoires anciennes qui ont déjà absorbé une grande partie de notre énergie et de notre attention, et aller de l'avant? Si vous avez la ferme intention de faire les choses autrement, préparez-vous à l'introspection et à l'action. Vous devez prendre en considération deux facteurs essentiels: vos négligences et vos ressources. Tracez une ligne verticale sur une feuille de papier et inscrivez en tête de la colonne de gauche «Mes questions irrésolues», et au-dessus de celle de droite, «Mes ressources». Faites le calme en vous, pensez à vos histoires anciennes et notez tous les sujets qui drainent votre énergie. Relevez les catégories dans lesquelles se situent vos questions irrésolues. Sont-elles de nature relationnelle, ou ont-elles un rapport quelconque avec des tâches non terminées? Dans quel domaine opposez-vous le plus de résistance? Compte tenu du genre et de la teneur de vos questions irrésolues, quelle leçon pouvez-vous en retirer?

VERS UN CHANGEMENT EFFECTIF

Mes questions irrésolues   Mes ressources

_____   _____

_____   _____

_____   _____

_____   _____

_____   _____

_____   _____

Première étape: Notez toutes vos questions irrésolues, tout ce qui sape votre énergie, y compris celles qui ont trait aux domaines relationnel, de l'honnêteté, professionnel, financier, de la santé physique, matériel, personnel et spirituel.

Deuxième étape: Inscrivez les ressources intérieures ou extérieures susceptibles de vous aider à résoudre ces questions. Ajoutez vos talents personnels (au moins cinq), le nom de vos amis et des membres de votre famille, vos convictions religieuses et tout ce qui peut contribuer à améliorer la situation.

Troisième étape: Faites ressortir trois de vos questions irrésolues principales en leur accolant un astérisque. (Remarquez quels sont les modèles répétitifs. Relèvent-ils davantage du domaine relationnel ou des tâches à accomplir?)

Quatrième étape: Indiquez à l'aide d'un astérisque tous les moyens dont vous disposez pour mettre un terme à vos questions irrésolues principales.

Cinquième étape: Parmi les étapes précédentes, examinez celles que vous accepteriez de mettre en œuvre aujourd'hui même afin de procéder au changement. Engagez-vous à agir!

À présent, faites la liste de vos ressources disponibles, intérieures et extérieures. Prenez soin de mentionner vos talents, vos compétences et vos capacités. Énumérez au moins cinq des points forts que vous vous reconnaissez; ce n'est guère le moment de vous montrer modeste. N'oubliez pas d'inscrire les appuis extérieurs, et aussi les possibilités financières, matérielles et spirituelles.

Faites à nouveau le calme en vous afin de dégager vos trois questions irrésolues principales, et apposez dans la marge de votre feuille un symbole en regard de chacune. Revivez ce que cela vous coûte et le malaise ressenti pour ne pas vous être occupé de ces questions. Remarquez à quel point cet état vous est familier, car vous ressassez les mêmes émotions depuis un bon bout de temps.

Puis reportez-vous à la liste de vos ressources et placez un symbole vis-à-vis de chaque élément qui pourrait contribuer à régler ces questions de façon positive. Et s'il apparaît que vos ressources sont insuffisantes pour gérer tout ce qui n'a pas été achevé, recherchez des moyens extérieurs, comme par exemple un conseiller apte à vous assister dans cette démarche. Même si vous possédez les solutions en vous-même, il est parfois plus prudent de faire appel à une aide extérieure.

En pensant à vos questions irrésolues principales, réfléchissez aux points suivants:

ATTENTION!

- Qu'est-ce que je désire, quels sont mes intérêts?
- Que veulent les autres, quels sont leurs intérêts?
- Que peut-il se produire de *pire* si je règle cette question irrésolue?
  — Suis-je apte à gérer ce pire? Et sinon, à quel moyen extérieur puis-je avoir recours?
  — Si j'arrive à négocier le pire, alors je peux régler l'affaire.
- Que peut-il arriver en *mieux* si j'aborde de front cette question?
- Que se passera-t-il si je ne fais *rien*?
- Quel geste précis puis-je poser aujourd'hui même qui amènera un changement significatif?

Prenez le temps de faire une pause et de faire le calme en vous pour écouter votre «conseil d'administration privé», lequel vous dirige parmi les décisions à prendre. Réfléchissez attentivement aux six questions ci-dessus, et vous aurez un meilleur aperçu du mode d'opération qui changera vos questions irrésolues en sources d'épanouissement. Comparez plus spécialement la troisième question et la cinquième question. Qu'est-ce qui à la longue vous coûtera le plus: prendre la situation en main ou éviter d'y faire face? Parmi les milliers de personnes avec lesquelles j'ai travaillé, la majorité considère qu'il est plus avantageux de s'attaquer au problème que de le négliger.

Vous seul pouvez vous libérer.

WILHELM REICH

Il y a plusieurs années, lorsque je fus initié au concept des questions irrésolues au cours d'un séminaire de croissance individuelle, je fis ma propre liste. Celle-ci était fort longue, car à cette époque de nombreux sujets drainaient mon énergie. Ce processus se révéla une importante sonnerie d'éveil.

Une question majeure, le pardon, est ressortie de façon implacable. Deux êtres devaient être pardonnés: «Darrell» et «Eric». Darrell, un ami très cher, pasteur et conseiller matrimonial, me posait un grave problème. Au moment où mon ex-femme et moi-même en étions arrivés à prendre une décision particulièrement délicate à propos de notre relation, j'appelais souvent Darrell, par interurbain, pour discuter avec lui. Il était attentionné, bienveillant et d'un grand soutien.

Ma femme s'était mise elle aussi à téléphoner à Darrell, et il était pour elle attentionné, bienveillant et d'un grand secours. Leurs communications, de plus en plus fréquentes, se transformèrent bientôt en relation étroite. Et au bout du compte, elle prit l'avion pour aller passer un week-end prolongé avec lui. J'avais l'impression qu'on s'était moqué de moi et je me sentais bafoué. Ma femme avec l'un de mes meilleurs amis... je croyais que cela n'arrivait qu'aux autres! Nous venions tout juste de nous séparer, car jusque-là j'avais résisté au divorce. Mais ce rendez-vous m'a forcé à franchir le pas.

D'une manière générale, je ne suis pas d'un tempérament coléreux et je suis relativement pondéré. Toutefois, cet événement m'avait fait voir rouge. Dès le retour de ma femme, j'appelai Darrell pour «parler» avec lui de la situation. Mais je devrais plutôt dire «hurler»! Au cours de cet appel, qui était davantage un monologue, j'inventai de nouveaux jurons après avoir épuisé tous ceux de mon vocabulaire! Jamais encore je n'avais employé avec quiconque, et surtout pas avec un ami, un langage aussi «imagé».

Quand j'eus tout dit, je raccrochai violemment et conclus: «Voilà pour Darrell, je lui ai réglé son compte!» Par téléphone interposé, je venais de me venger d'un ami qui habitait à l'autre bout du pays. Cependant, j'étais loin de soupçonner ce qui m'attendait. En dépit de mon sentiment d'avoir été bafoué et abusé par Darrell, ce que je *lui* avais fait au cours de cette conversation ne me rendait pas très fier de moi. C'était un ami, et c'est *lui* que j'avais offensé. Je venais de créer un nouveau conflit. Même si aux yeux des autres mon attitude avait semblé justifiée, la façon dont je l'avais traité me procurait de la gêne.

Puis, pendant deux ans, chaque fois que je pensais à Darrell, je me vidais de mon énergie. Mon corps me transmettait pourtant des signaux très nets, mais à l'époque je ne savais pas les interpréter. J'ignorais aussi la manière de procéder pour marquer une pause, faire le calme en moi et comprendre la leçon. Je continuai à me conduire en somnambule malgré les sonneries de réveil, et de ne voir que «l'injustice» perpétrée par Darrell et mon ex-femme à mon endroit. Et à force de vouloir jouer à tout prix le rôle de la victime, je n'ai pas saisi la leçon. Je n'ai pas compris le besoin de mon ex-femme qui, pour connaître une relation harmonieuse, avait dû aller la chercher ailleurs. Je n'ai pas compris non plus en quoi j'étais responsable de l'échec de notre vie conjugale. Je gaspillais mon énergie en cherchant la cause à «l'extérieur», alors que j'aurais eu tout avantage à regarder en moi.

Quand je m'attaquai à mes questions irrésolues, lors du séminaire en question, je découvris que «Darrell» et «Eric» avaient tous deux besoin d'être pardonnés. En réfléchissant aux deux cas, je me posai les questions suivantes:

- Quel message mon corps tente-t-il de me transmettre en ce moment?
- Où se situe la leçon?
- Qu'est-ce que je cherche à fuir?
- Si je persiste dans cette voie, quelles seront les conséquences?
- Que puis-je faire, sur-le-champ, qui entraînerait un changement positif?

Pour ce qui est du conflit avec Darrell, le temps a fini par cicatriser les plaies, et petit à petit je compris qu'il n'avait rien à voir avec la fin de mon premier mariage. Le rôle qu'il avait joué était plutôt l'indicateur symptomatique d'un problème relationnel beaucoup plus vaste. Avec ou sans Darrell, il y aurait eu catalyseur. Tout compte fait, je pus enfin accorder mon pardon pour «l'outrage» que j'avais subi et, symboliquement, je rayai son nom de la liste.

Oui mais, le *mien* y figurait toujours. Pourquoi ne pouvais-je me résoudre à tirer un trait sur mon nom? Pourquoi étais-je incapable de le rayer de ma liste de questions irrésolues? J'écoutai attentivement mes signaux intérieurs. Quel message mon corps m'envoyait-il? Qu'est-ce que je fuyais? Étais-je responsable du départ de ma femme?

Bien que j'eus atteint le stade du pardon, pour Darrell d'abord, et pour moi en raison de ce que je lui avais fait, je n'en continuai pas moins à sentir une perte d'énergie. Pas une perte importante, mais une perte malgré tout. Je m'appliquai à faire davantage le calme en moi et le message m'apparut clairement. Je devais *parler* à Darrell. J'avais besoin de lui accorder mon pardon et de me faire pardonner. Alors seulement je pourrais connaître la plénitude face à cette situation.

Je ne lui avais pas adressé la parole depuis bientôt deux ans et demi, mais je décidai de l'appeler. Après quelques sonneries, son répondeur téléphonique se mit en route. Le message enregistré disait ceci: «Bonjour! Vous êtes bien chez Darrell. Je suis à la recherche d'amour, de vérité et de joie. Je vous rappellerai dès que ma quête sera exaucée!» Le message était déconcertant. Je pris la parole après le timbre sonore: «Darrell, c'est Eric. J'aimerais te parler, mais pas comme je l'ai fait il y a quelque temps. S'il te plaît, passe-moi un coup de fil.»

Environ six semaines plus tard, un certain soir, le téléphone sonna. Darrell s'est présenté d'une voix très calme. Nous avons discuté. Nous avons communiqué. Nous avons même pleuré. Et nous nous sommes mutuellement pardonnés. Chacun de nous avait fait d'un conflit non résolu un aboutissement.

Il va sans dire que notre profonde amitié n'a pas survécu à cette pénible épreuve, mais quoi qu'il en soit, j'ai pour ma part retrouvé ma tranquillité d'esprit et je suis persuadé qu'il en a été de même pour Darrell. Désormais, chaque fois que je pense à lui j'éprouve un sentiment de plénitude et n'ai plus aucune perte d'énergie. Quel changement! Au lieu de gaspiller ma créativité, de rejeter le tort sur les autres et d'empoisonner mes sentiments avec des idées négatives, j'ai découvert l'harmonie intérieure. C'est à ce moment que j'ai entrepris un nouveau stade de croissance.

L'issue est au-delà de l'obstacle

Après avoir réglé une question irrésolue, posez-vous la question suivante: «Quand je repense à cette situation, est-ce que je ressens encore une perte d'énergie?» Si votre corps vous répond *oui*, alors cherchez encore. Et si la réponse est *non*, célébrez votre paix intérieure! Célébrez le courage dont vous avez fait preuve pour faire face et venir à bout de ces conflits. Lorsque vous résolvez un problème, vous profiterez ensuite d'une grande tranquillité d'esprit.

Toutefois, il arrive que pour certaines questions, il n'existe pas de solutions. Dans le cas où, par exemple, on ne peut changer les conditions ou les circonstances, il est plus sage de les laisser de côté et de poursuivre son chemin. Le simple fait d'accepter «la fatalité» peut se révéler une ligne de conduite prudente. Une bonne stratégie pour surmonter ce que l'on ne peut contrôler consiste à s'y résigner sereinement. C'est d'ailleurs ce qu'exprime parfaitement la prière de la sérénité des Alcooliques anonymes:

Seigneur, accorde-moi la Sérénité d'accepter les choses que je ne puis changer, le Courage de changer les choses que je peux et la sagesse d'en connaître la différence.

Quel obstacle se dresse entre vous et votre idéal? Qu'est-ce qui porte atteinte à votre intégralité? Qu'est-ce qui vous interdit de prendre un nouveau départ? Il faut beaucoup de courage et une bonne dose de conscience pour transformer les questions irrésolues en source d'épanouissement. Le processus qui consiste à tirer au clair les conflits vous apporte l'énergie et vous donne la possibilité de vivre une existence des plus enrichissantes. Sans compter qu'il vous fait passer d'un état d'engourdissement à un état d'éveil. Et déjà, la prise de conscience d'un conflit est une sonnerie de réveil précieuse. Donc, décidez d'opter pour un changement vers le mieux, d'abord en évitant de créer de nouveaux conflits, et ensuite en vous attaquant sans tarder à ceux qui existent. Mais faites-le d'une manière gratifiante pour vous autant que pour les autres. Vous ne pourrez qu'illuminer votre existence et connaître la joie intérieure. L'issue est au-delà de l'obstacle.

Troisième partie

Parler en toute franchise

CHAPITRE TREIZE

Se mettre à l'écoute

UN MESSAGE PEUT EN CACHER UN AUTRE

Vous ne pouvez pas ne pas communiquer.

RICHARD BANDLER et JOHN GRINDER

«Nos vacances ne m'ont jamais plu!» avait affirmé ma première femme, alors que nous étions en villégiature au cours de notre douzième année de mariage. Le sens profond de ce message indirect m'avait totalement échappé. Comme je l'ai déjà expliqué dans le premier chapitre, la sonnerie de mon réveil était en position fermée et je n'ai donc pas perçu le signal d'alarme. Quand j'y repense, il y avait assurément plusieurs leçons à tirer de cette déclaration. Mais je m'étais mis sur la défensive au lieu de réfléchir, d'écouter et d'essayer de comprendre. J'avais affirmé inconsidérément: «Pourtant, nous avons toujours décidé en commun de nos lieux de vacances! Je ne vois pas pourquoi tu as attendu si longtemps pour me dire une chose pareille!»

Il faut non seulement être attentif au message lui-même, mais aussi au message caché

Lorsqu'ils s'adressent à vous, les gens vous communiquent un message (la formulation verbale), mais il arrive également qu'ils souhaitent vous en signifier un autre, caché derrière le premier (leurs sentiments véritables, leurs pensées profondes, leurs désirs). À l'époque, je croyais que ma femme parlait uniquement de nos vacances. J'avais tort! Le sujet réel concernait notre *relation*! En fait, c'est avec *moi* qu'elle n'avait aucune envie de passer ses vacances! Mais je ne pouvais alors «concevoir» la réalité qu'en termes de dénégations et de distorsions. Et bien entendu, je ne compris pas ce qu'elle voulait réellement me faire savoir. (Rappelez-vous: l'objet de votre attention caractérise ce qui vous échappe.)

Puis au cours de notre quinzième année de mariage (nous en étions toujours au même point), j'appris en rentrant un beau jour chez moi qu'elle partait en vacances... avec un de mes meilleurs amis! «Mais, dis-je, tu n'*aimes* pas les vacances!» Encore une fois, je n'avais rien compris. Je m'en tenais toujours à ce qu'elle affirmait, ignorant le message essentiel sous-jacent.

Pendant deux ans je rejetai sur elle l'entière responsabilité de notre divorce, qui à mon sens était survenu à l'improviste. Elle ne m'avait jamais *révélé* le fond de sa pensée. Tandis que de mon côté je projetais de célébrer avec faste notre quinzième anniversaire de mariage, elle se préparait à la séparation! Quel bel exemple de perte de contact! Depuis le début, je m'étais comporté en somnambule dans notre union. Mais quand en fin de compte j'entendis l'inéluctable signal d'alarme, elle était déjà partie! La surprise était de taille!

En vérité son départ n'avait rien d'étonnant. Elle m'avait bel et bien «dit», de mille et une manières, que notre relation ne lui convenait pas. Les messages étaient bien sûr émis sous forme d'allusions. Toutefois, si j'avais été prêt (ou simplement apte) à l'écouter, en établissant le lien entre ma tête et mon cœur, j'aurais été à même de saisir ce qu'elle désirait me faire savoir. Il en coûte énormément de vivre et d'entretenir des relations en se conduisant en somnambule. Car on a tout à perdre à somnoler indéfiniment!

Il y a un certain nombre d'années, des chercheurs de l'université Stanford étaient arrivés à une conclusion pour le moins déroutante à propos de la communication interpersonnelle. Il est apparu, au terme de cette étude menée avec la plus grande minutie, que les paroles prononcées — ce que l'on dit — ne représentent que sept pour cent de la communication. Par contre, quatre-vingt-treize pour cent de ce que l'on veut communiquer de nos sentiments intimes, est exprimé par le ton, le débit, le timbre de la voix et sa force, ainsi que par la physionomie et les gestes: notre *façon* de communiquer. En effet, l'aptitude à déchiffrer les signaux qui ne sont pas émis par le langage constitue la partie la plus importante des échanges concrets, professionnels ou personnels.

Nos manifestations extérieures sont, en général, le reflet de notre vie intérieure

Nous n'avons aucune certitude quant à ce que les autres pensent en leur for intérieur. Nous n'en percevons que leurs RIMC (réponses intérieures manifestées comportementalement), qui cependant nous fournissent des indices sur ce qu'ils ressentent. Et ces indices se présentent habituellement sous trois formes: visuelle, auditive et kinesthésique. En vous basant sur votre propre expérience, quelles pensées vous viennent à l'esprit à propos des différentes expressions énumérées ci-après? Il est intéressant de noter à quel point les signaux dévoilent bien davantage que les mots.

RIMC visuelles

Des yeux vitreux ou un regard pétillant
Un air renfrogné ou un sourire
Les bras croisés ou une attitude ouverte
Un souffle court ou une respiration profonde
Un teint livide ou un visage rosé
Des pupilles dilatées ou des petites prunelles
Des yeux fixes ou fuyants ou un regard franc

RIMC auditives

Un débit rapide ou un débit mesuré
Une voix aiguë ou une voix grave
Parler fort ou parler doucement
Des propos insinuants ou un discours franc
Un langage simple ou un discours guindé
Des mots pesés ou un flot de paroles

RIMC kinesthésiques

Des mains froides et moites ou des mains chaudes et sèches
Un baiser glacial ou un baiser tendre
Des manières distantes ou des manières chaleureuses
Une contenance froide ou une attitude d'aisance

Richard Bandler et John Grinder concluent leur ouvrage sur la programmation neurolinguistique en affirmant qu'«il est impossible de *ne pas* communiquer». En effet, vous renseignez et influencez constamment les autres, d'abord par vos RIMC, puis par vos propos. Toutefois, selon les résultats que vous recherchez, c'est vous qui décidez de la *manière* dont vous souhaitez transmettre votre message.

Le fait d'être parfaitement attentif à l'ensemble du processus de transmission, en tenant compte du message verbal et comportemental, entraîne des conséquences majeures, tant au travail que chez soi. Et plutôt que de conclure hâtivement quant au sens des RIMC, observez les signaux émis afin de parfaire votre interprétation dans les échanges avec vos interlocuteurs.

Afin de mieux comprendre et d'améliorer nos relations, nous devons d'abord apprendre à décoder les RIMC. La première étape consiste à prendre conscience de leur existence. C'est en faisant sciemment acte de présence lors de nos échanges avec autrui que nous pouvons acquérir une plus grande conscience de la manière d'être de nos vis-à-vis, en surveillant de près leurs évolutions comportementales. Au lieu d'interpréter ces signaux sans discernement, au risque d'aboutir à des déductions erronées, il est préférable d'analyser les RIMC par l'interaction directe entre les individus et sans porter de jugement. Voyons comment ce concept peut être mis en application:

L'observation des RIMC. Un soir où vous rentrez chez vous après le travail, votre épouse, contrairement à son habitude, vous enlace étroitement pendant un bon moment (RIMC kinesthésique), garde les yeux baissés (RIMC visuel), et s'exprime d'une voix très douce avec un débit pondéré (RIMC auditif); toutefois elle ne fait état d'aucun événement particulier survenu dans la journée.

Le décodage des RIMC. Au lieu de conclure à la hâte qu'elle a une liaison, prenez le temps de réfléchir et optez pour un *feed-back* dépourvu de critique et de quiproquo. «J'ai remarqué que tu m'as parlé plus doucement et embrassé plus longtemps que d'ordinaire. Si tu as besoin de me dire quelque chose, je suis prêt à t'écouter.» Et à ce moment précis elle fond en larmes et vous fait part des résultats d'analyses de laboratoire que lui a envoyés aujourd'hui le cabinet médical.

L'observation des RIMC. Alors que vous proposez à l'une de vos collaboratrices particulièrement performantes un nouveau projet ambitieux, vous vous attendez bien sûr à ce qu'elle se montre enthousiaste et saisisse l'occasion qui se présente. Mais contrairement à ce que vous pensiez, elle rougit (RIMC kinesthésique), s'exprime avec quelque embarras (RIMC auditive) et fuit votre regard en se tassant sur sa chaise (RIMC visuelle).

Le décodage des RIMC. Vous en déduisez sans doute que le projet ne lui plaît pas ou qu'elle est débordée de travail. C'est le moment d'offrir un *feed-back* impartial, sensé et précis. «Je croyais que ce projet vous emballerait, mais je constate que vous regardez ailleurs, que vous parlez en hésitant et que vous êtes recroquevillée sur votre siège. Mais je suis tout à fait d'accord pour discuter de vos impressions et de vos intérêts.» À ce moment, l'employée prend de l'assurance et vous confie qu'elle a reçu — sans avoir fait aucune demande — une offre qui propulserait sa carrière à un échelon supérieur. De sorte qu'elle se sent à la fois heureuse et un peu confuse d'être placée ainsi, subitement, face à deux postes alléchants.

Le fait de parler ne signifie pas forcément que vous communiquez

En effet, on peut fort bien parler d'un tas de choses sans qu'il y ait une véritable communication. Quand vos paroles veulent dire une chose particulière mais que vos RIMC en expriment une autre, les messages confus qui en résultent risquent d'être mal interprétés ou perçus avec suspiscion. Les messages embrouillés détruisent la confiance et forcent nos interlocuteurs à échafauder des hypothèses sur ce que nous pensons, ressentons et désirons. Étant donné que la plupart du temps les gens sont à l'affût de quelque intrigue camouflée ou d'un message sous-jacent, ils supposeront, vraisemblablement, en l'absence de *feed-back* franc, que vos desseins sont *négatifs*. Pour une communication efficace, notre expression extérieure (ce que l'on dit) doit concorder avec notre vie intérieure (ce que l'on pense, ressent et souhaite).

Un couple retournait à la maison après le bureau. Le mari, un de ces conducteurs qui ont le pied lourd, accélérait à fond en se faufilant dans la circulation intense. Et tandis que les poteaux télégraphiques et les panneaux de signalisation défilaient à toute allure, sa femme lui dit: «Regarde! Ce nouveau restaurant annonce une extraordinaire soirée d'inauguration.» À quoi son mari répondit: «Ouais.» Un peu plus loin, elle avisa une autre enseigne de restaurant promettant de «somptueux fruits de mer», sur laquelle elle attira l'attention de son mari. Même réponse laconique. Et peu après ils arrivèrent chez eux. Il mit la voiture au garage, prit le journal et s'installa dans un fauteuil confortable pour lire la rubrique sportive.

Cependant qu'il lisait, tout à son aise, il prit conscience de bruits en provenance de la cuisine: des portes de placard claquées avec violence et de la vaisselle posée sans ménagement sur le plan de travail. L'homme n'était pas bête. Ses détecteurs le mirent en garde: «Alerte! Alerte! Quelque chose va de travers!» Il se dirigea vers la cuisine avec précaution. «Qu'est-ce qui ne va pas?» lui demanda-t-il. «Rien!» répondit-elle, d'un ton qu'il ne connaissait que trop bien et qui annonçait des ennuis. «Allons, dit son mari. Je vois bien que quel-

que chose te tracasse.» «Je n'avais pas envie de faire à dîner, fit-elle
enfin. Je voulais sortir.» Il lui demanda, l'air désemparé: «Mais pourquoi tu ne m'as rien dit?» Et elle affirma avec assurance: «Je l'ai fait.
À deux reprises.» Il prit une expression encore plus ahurie. Encore un
message qui en cachait un autre.

Les adultes communiquent parfois de façon si indirecte, usant de
tact, de diplomatie et d'un tel «raffinement» qu'il arrive qu'on ne
puisse se faire la moindre idée de ce dont ils parlent. Par contre les
enfants, eux, sont parfaitement explicites. On peut comprendre aisément ce que veut, pense et ressent un bambin de trois ans. Il vous le
dit sans détours! Et ses paroles coïncident étroitement avec ses mani-
festations comportementales. Simplement parce que les enfants n'ont
pas encore appris à insinuer ou à dissimuler leurs véritables sentiments, pensées et désirs. Ils ont au contraire l'habitude, persuadés
qu'ils sont sensés agir de cette façon, de faire part de leur état intérieur! L'insécurité et l'inhibition n'ont pas leur place dans la communication à l'époque de la prime enfance. Remarquez comme il est
facile d'avoir des échanges avec un enfant.

Il y a de cela plusieurs années, nous avions invité des amis à la
maison pour un dîner gastronomique. Leur fils, âgé de trois ans, fut
installé à table avec nous, juché sur une pile d'annuaires téléphoniques. Quand on lui servit le met raffiné, sa réaction fut celle à
laquelle on pouvait s'attendre de la part d'un jeune enfant: «Pouah!»
Scandalisée par ce manque de savoir-vivre, sa mère le réprimanda
aussitôt: «Ce n'est pas gentil! Maintenant, dis que le repas te plaît.»
D'une voix quelque peu hésitante, le garçonnet déclara: «J'aime ça.»
Ainsi donc, le processus d'apprentissage du manque de sincérité
venait de commencer. Les enfants sont assurément déboussolés par les
adultes qui, d'une part, leur disent qu'il ne faut pas mentir, mais qui
d'autre part leur enseignent à dissimuler leurs véritables sentiments; à
transmettre, en vertu des bonnes manières, du tact et de la diplomatie, des images totalement différentes de leurs opinions; et enfin, à
jouer le jeu des échanges relationnels.

En fait, c'est nous qui rendons la communication interpersonnelle
plus complexe qu'elle ne l'est en réalité. Car il s'agit au fond d'un
simple échange d'idées, d'impressions et de désirs, exprimés de
manière ouverte et prévenante. Toutefois, la plupart du temps, on
nous enseigne à réprimer ces élans intérieurs plutôt qu'à les manifester. Nos rapports seraient nettement plus satisfaisants si l'expression
franche de l'enfant et la maturité de l'adulte étaient conjuguées. Pour
ce faire, votre langage doit concorder avec votre vie intérieure. Car la

clarté de la communication vous libère l'esprit en même temps qu'elle fonde de saines relations. Et lorsque vous parlez avec sincérité, les sonneries de réveil qui, pour vous atteindre, doivent faire sauter vos barrières de protection, se feront rares.

> *Ceux qui partagent la vérité franche,*
> *partagent aussi l'amour franc.*
>
> HENRY DAVID THOREAU

CHAPITRE QUATORZE

La pure vérité

DIRE LES CHOSES TELLES QU'ELLES SONT

L'extraordinaire capacité de simplicité de la vérité.

WILL SCHUTZ

Que diriez-vous, pour les six mois à venir, de dire, chez vous et au travail, uniquement la vérité telle que vous la connaissez? (Quelles sonnettes de réveil tous azimuts!) C'est là une effroyable proposition! Rien qu'à l'idée de révéler notre véritable moi, toutes les alarmes se mettent en branle. Que penserait-on de nous? Que se passerait-il avec nos proches? Comment notre employeur réagirait-il? Quelles seraient les conséquences, positives et négatives?

La vérité, c'est tout bonnement «ce qui existe». La conscience, c'est la vérité qui me concerne et que je laisse franchir mes nombreuses barrières de protection. Bien que «*ma* conception de la vérité», telle que je la connais, diffère sans doute de «*la* vérité» proprement dite, il n'empêche que la compréhension intervient dans des conditions propices à l'échange d'une sincérité mutuelle. Selon Will Schutz, pour vous faire part de ma vérité, je «dois être à la fois conscient et franc». Depuis déjà des milliers d'années, les chefs des principales religions ont préconisé l'intégrité — dire le vrai — dans le processus de la communication. Mais pour nombre d'entre nous, il est extrêmement difficile de partager avec autrui nos convictions profondes.

Deux éléments fondamentaux sont indispensables à l'édification de rapports de qualité: la conscience et l'honnêteté. Le fait de parler avec franchise et sollicitude accroît le degré de conscience chez les deux interlocuteurs, favorise la croissance et établit des bases solides pour de meilleures relations. En outre, la part de vérité consentie par chacun renforce l'intimité des liens.

> *Si vous dites la vérité, vous n'avez plus besoin*
> *de vous souvenir du reste.*
>
> MARK TWAIN

En théorie, la plupart des individus accordent une valeur considérable au fait de dire la vérité. Mais dans la pratique, leurs comportements sont souvent fort éloignés de ce concept. Nous évitons de dire la vérité de crainte de blesser les autres, d'être mal à l'aise, ou encore parce que nous en redoutons les éventuelles conséquences. De sorte que nous préférons déclarer quelque chose qui est contraire à nos convictions profondes (le mensonge actif), ou taire une réalité dont nous avons connaissance (le mensonge passif). Des deux cas résulte une perte d'énergie tandis que s'instaure une certaine tension dans nos rapports avec autrui.

Nous communiquons d'une manière si diplomate, insinuante, pleine de tact et ampoulée que nos interlocuteurs ne savent plus comment s'y retrouver! Le comédien Swami Beyondananda qualifie ce phénomène de «décadence de la vérité». Si nous n'exprimons pas clairement nos idées, nos désirs et nos sentiments, nous mettons les autres en demeure de les deviner, et ce type de communication passive entrave les relations de façon considérable. À l'opposé, en nous exprimant avec sincérité et bienveillance, nous clarifions, simplifions et facilitons le développement de rapports sains et fiables. Mais la décision importante, c'est de choisir comment nous communiquons.

Au fil de mes séminaires sur l'épanouissement professionnel, j'ai eu l'occasion d'approfondir, avec le concours de milliers d'individus, les avantages et les inconvénients de dire la vérité. Leurs commentaires sont dignes d'intérêt:

Perceptions de la vérité

Inconvénients	*Avantages*
Elle peut être blessante	Elle renforce les relations
Elle comporte des risques	Elle facilite la communication
Elle dérange	Elle incite au respect
Elle peut détruire une amitié	Elle évite d'avoir à «se souvenir» de ce que l'on a dit
Elle peut accroître le stress	Elle libère du stress
Elle peut occasionner des conflits	Elle inspire confiance
Elle peut me rendre vulnérable	Elle résout habituellement les problèmes
Elle est embarrassante	
Elle nécessite de l'énergie	Elle est source d'énergie
Il faut s'attendre à entendre la vérité en retour	Elle entraîne la crédibilité à longue échéance
Elle entraîne la prise de décisions	Elle entraîne la prise de décisions
Je peux me tromper	Elle permet d'obtenir aisément ce que l'on veut
	Elle apporte la tranquillité d'esprit
	Elle rend davantage conscient
	Elle facilite l'apaisement
	Elle nous évite d'avoir trop souvent recours à la confession

Si l'on considère les critères énumérés ci-dessus, il apparaît que la vérité est énoncée en fonction des circonstances. Plusieurs personnes sont persuadées que si elles préfèrent qu'on leur dise la vérité, les autres refusent de l'entendre! Demandez-vous en toute sincérité: «Est-ce que je souhaite vraiment qu'on me dise la vérité, dans ma vie personnelle ou professionnelle? À quel prix puis-je l'entendre, ou pour quels bénéfices? Et quels sont les pertes et profits si on me cache la vérité?»

Si vous ne dites pas la vérité sur vous-même,
vous ne pouvez pas davantage la révéler sur les autres.

Virginia Woolf

Gary Koyen, qui à une époque transitoire de ma vie a été pour moi un grand maître, m'a initié au concept de communication du «moi réel» et du «moi façade». J'ai poursuivi mon apprentissage en mettant en pratique ce concept dans les domaines privé et professionnel. En poussant la conceptualisation de Koyen, je vais maintenant analyser quatre conditions du langage franc:

1. La transition du «moi réel» vers le «moi façade»;
2. La communication entre deux «moi façade»;
3. La communication entre deux «moi réel»;
4. La communication entre le «moi réel» et le «moi façade».

Première condition: la transition du «moi profond» vers le «moi façade»

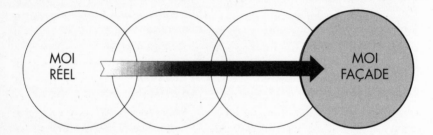

Dans le premier cas, le moi réel représente ce que je suis: mes pensées, mes sentiments, mes désirs, mes qualités et mes défauts. En observant le comportement des jeunes enfants, on arrive, la plupart du temps, à saisir aisément le moi réel, car ceux-ci nous font connaître leurs volontés de maintes manières, nous facilitant par la même occasion la perception de leurs émotions et de leurs souhaits. C'est souvent la raison pour laquelle il est si rafraîchissant de communiquer avec eux. Ils ne nous imposent nulle devinette, nul discours insinuant, nulle duplicité. Leurs attitudes concordent en tous points avec leur vie intérieure et leur moi réel.

Cependant, nous sommes conditionnés dès la tendre enfance à ne plus exprimer avec sincérité nos convictions profondes. Parfois même, on nous enseigne à taire, à dissimuler, à modifier ou à inhiber notre véritable identité, au point que parvenu à l'âge adulte nous éprouvons le plus grand mal à répondre à la simple question: «Qui suis-je?» Voyons ce phénomène d'un peu plus près.

Prenons comme exemple un très jeune enfant. Lorsque à six ans il entre à l'école, il est tout fier de porter des bottes de cow-boy rouges, auxquelles il tient beaucoup parce qu'elles lui ont été offertes par son grand-père à son anniversaire. Mais à l'école, les autres enfants sont tous chaussés de souliers blancs Nike. Parce qu'il se sent hors du coup, et pour se faire accepter, notre garçonnet rejette ses bottes rouges et se présente ensuite avec des souliers de sport blancs, comme ceux des autres. C'est à ce moment que s'engage le processus qui consiste à délaisser son moi réel pour s'acheminer vers un nouveau territoire qui met l'accent sur le moi façade. Et même si ce monde des apparences ne cadre pas avec sa nature profonde et ne lui ressemble en rien, son désir d'être admis dans la collectivité est plus fort que celui d'imposer son unicité.

Un peu plus tard, à l'école secondaire, il déclare à son conseiller en orientation qu'il a l'intention de choisir les beaux-arts comme matière principale. Et l'orienteur de lui dire: «Vous ne songez pas sérieusement à devenir un artiste. Vous ne pouvez pas compter là-dessus pour assurer matériellement votre avenir. En outre, les artistes sont tous des excentriques. Non, ce que vous voulez en réalité, c'est devenir un analyste-programmeur.» Donc, l'étudiant s'inscrit en informatique; une autre partie de sa véritable nature est réprimée. Ce choix l'éloigne un peu plus de son moi réel pour le rapprocher du moi façade.

Puis, sorti de l'adolescence, il rencontre une jeune femme qui semble être la compagne idéale. D'ailleurs, elle est précisément attirée par sa sensibilité, qualité rare chez un homme. Cependant, après plusieurs années de mariage, sa femme lui tient un autre discours: «Tu es beaucoup trop émotif! Pourquoi n'es-tu pas aussi fort que les autres hommes?» Sa sensibilité, vertu qu'à l'origine elle avait tant estimée chez lui, était devenue source de discorde. Si bien que notre jeune homme décide de renoncer davantage à son moi réel, lequel s'efface encore au profit du moi façade qui désormais constitue sa manière de vivre.

Il n'est donc pas étonnant que nombre de personnes ne sachent plus qui elles sont. Chaque prise de décision qui touche au moi réel comporte de lourdes conséquences à longue échéance. Notre manière d'appréhender la vie et ce que nous deviendrons résultent de ces diverses prises de décision. L'exemple que nous venons de voir illustre bien comment, selon les choix que nous faisons, nous sommes amenés à faire la transition vers le modèle de façade.

Deuxième cas: la communication entre deux «moi façade»

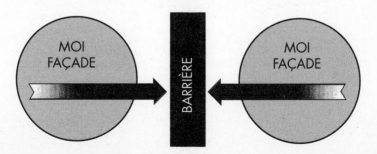

Le deuxième cas représente deux individus, séparés par une barrière, qui fonctionnent chacune selon le mode façade. Ce type de communication se révèle des plus difficiles et d'une grande complexité. Aucun des deux individus n'ose se montrer tel qu'il est, et par conséquent ils exposent une fausse image d'eux-mêmes. Le *curriculum vitæ* d'une femme à la recherche d'un emploi illustrera cette notion. Le *curriculum vitæ* ne contient qu'une partie du bilan existentiel de la candidate: ses points forts. Nulle part elle ne fait état de ses quatre divorces orageux et d'une récente hospitalisation pour alcoolisme, ni du fait qu'elle a déclaré faillite à deux reprises. À la lecture du *curriculum* et lors de l'étude des références soigneusement répertoriées par la postulante, la personne qui dirigeait l'entrevue en est sans doute arrivée à la conclusion qu'elle était tombée sur la perle rare! À aucun moment il n'est fait allusion à ses points faibles ou ses handicaps. De toute évidence la candidate, jouant sur le mode des apparences, offre une image très partielle d'elle-même.

De son côté, le recruteur du personnel doit, selon toute vraisemblance, agir de la même façon. Croyant que la postulante a les compétences requises, il veut à tout prix l'intégrer dans l'entreprise. Il adopte lui aussi un mode façade pour brosser de la compagnie un tableau mirifique. Il exagère quelque peu le montant du salaire et les avantages, les possibilités d'avancement et les avantages dont l'entreprise peut faire profiter les membres de la famille des employés. Mais le recruteur se garde bien de mentionner: les sérieuses difficultés financières que traverse l'entreprise; le caractère impossible du patron sous les ordres duquel la candidate devra travailler; et qu'au cours des dix-huit mois qui viennent de s'écouler cinq personnes se sont succédé à ce même poste. Quatre mois après être entrée en fonction, cette femme a compris qu'elle avait commis une grande erreur. Son bref séjour dans la société ne correspondait en rien à ses attentes. Son patron était un «monstre», la direction avait annoncé une réduction des avantages et le gel des salaires. De plus, il y avait des licenciements en perspective. Puis le responsable du personnel était arrivé à la conclusion que la nouvelle recrue n'avait pas les capacités voulues. Sans compter que des conflits avaient déjà éclaté entre la nouvelle employée et plusieurs de ses collègues, et trois clients s'étaient plaints de ce qu'elle les avait traités sans égards.

En règle générale, la communication entre deux moi façade a peu de choses en commun avec la réalité. Il semblerait qu'on ne dit la «vérité» qu'en fonction des circonstances, cependant que les valeurs morales et les principes sont mis de côté au profit d'intérêts opportunistes. Comme si le fait de s'offrir en représentation avait plus d'importance que la substance de l'être réel. Dans ce genre de discours, on canalise son énergie et sa créativité en vue de véhiculer ce que les interlocuteurs du moment souhaitent entendre. De sorte que l'orateur prend de plus en plus de distance par rapport à son moi réel, en s'efforçant de se rappeler précisément ce qu'il a bien pu raconter et à qui. Et en fin de compte, ce sont l'estime de soi et sa propre intégrité qui en pâtissent, car ce mode de communication n'apporte rien de satisfaisant à quiconque.

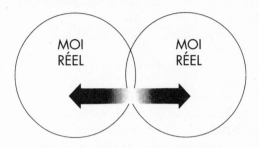

Troisième cas: la communication entre deux «moi réel»

Voici le cas de deux individus qui ont à cœur de s'exprimer en toute franchise et avec sollicitude. Par exemple, pensez à votre meilleur ami. Prenez le temps de le visualiser et réfléchissez sur la nature et la qualité de vos échanges. Selon toute probabilité, en compagnie de cette personne vous vous montrez sous votre vrai jour et elle vous accepte tel que vous êtes. Vous vous exprimez ouvertement, sans crainte, d'une manière franche et sincère. Alors, vous ne vous embarrassez pas des dissimulations habituelles, vous n'avez pas d'image de marque à préserver, il n'y a pas de motifs ultérieurs; nul besoin de vous retirer derrière des barrières, ou de vous souvenir de ce que vous avez déclaré au cours de précédentes conversations. Vous vous contentez mutuellement de dire la vérité. Remarquez à quel point cela facilite la communication.

Lors d'échanges de cette nature, les individus communiquent de façon spontanée sans ressentir la nécessité de se protéger. Et du fait de cette confiance réciproque, il n'est pas indispensable de faire preuve d'une bravoure exemplaire. Étant donné qu'ils s'autorisent l'un l'autre une grande liberté, les interlocuteurs sont liés par une égale communion d'esprit. Chacun estime et respecte l'autre, tout en conservant son identité et son intégrité. Les relations de moi réel à moi réel engendrent l'affection, l'apaisement, la croissance et la force.

Quatrième cas: la communication entre le «moi réel»
et le «moi façade»

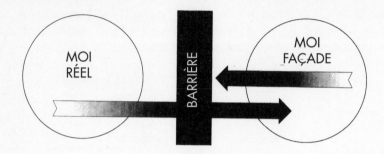

Le quatrième cas présente un défi particulier, car une personne s'exprime selon son moi réel et l'autre emprunte un moi façade. Dans de telles conditions, le principe même d'audace et de sécurité aboutit à un point critique. Puisqu'il est impossible de *ne pas* influencer les autres, chaque individu est affecté. Et quant aux barrières, elles peuvent ou bien être maintenues en place, ou encore retomber. L'interlocuteur qui s'exprime dans le mode façade ne se sent pas sûr de lui et traîne probablement des conflits relationnels qui lui créent toujours des embûches. Mais pour abattre les barrières, il faut beaucoup d'assurance et de courage. Car même lorsque les conditions n'offrent aucun danger, le manque de hardiesse empêchera l'individu de franchir l'obstacle.

Par contre, celui qui accepte de communiquer à partir de son moi réel est en mesure d'aider son vis-à-vis en lui apportant la sécurité émotionnelle. Et les meilleures stratégies susceptibles de faire tomber les barrières consistent à essayer de comprendre, à dire la vérité, à écouter attentivement, à s'accorder le temps de la réflexion, à rechercher les terrains d'entente et à se concentrer sur les intérêts communs, plutôt que vouloir défendre absolument ses positions.

À un moment ou à un autre, le moi façade sera sans doute suffisamment influencé par le moi réel pour prendre son courage à deux mains et franchir la barrière, car les conditions sont très délicates. Et même si l'attitude est quelque peu maladroite, ou si les commentaires ne semblent pas tout à fait appropriés, le sursaut de confiance mérite un encouragement immédiat. Accomplir un geste de réconfort plutôt que critiquer un comportement empreint de gaucherie stimule au contraire la courbe de croissance. Au fur et à mesure que les barrages cèdent, la communication s'installe sur de nouvelles bases entre deux moi réels. À compter du moment où les individus ont pris goût à ce type d'échanges, il est peu probable qu'ils reviendront à des rapports affectés et dépourvus de profondeur.

Lorsque je travaille avec des groupes dans lesquels certaines personnes ont des difficultés à communiquer et un lourd passé relationnel, je sers de modèle en m'exprimant selon mon moi réel, de même que je crée pour ces individus un climat de sécurité. Grâce à un exercice progressif, je parviens en règle générale à me familiariser avec leurs barrières, leurs points d'impasse et leur vécu. Et sauf quelques rares exceptions, j'ai le privilège d'aider les gens à se débarrasser de leurs conflits irrésolus. En provoquant une véritable expérience de la communication de moi réel à moi réel, et en leur fournissant les moyens de perpétuer ces nouveaux comportements, j'assiste ces groupes dans leur apprentissage pour passer de rapports perturbés à des échanges sincères et bienveillants. Le concept de responsabilité et de sociabilité, associé à l'esprit de développement personnel et de renouveau, incite les individus à poursuivre leurs efforts vers un changement positif. Et une conscience accrue procure à ces mêmes individus de nouvelles prises de décision.

Il n'existe qu'une seule peur;
celle de ne pas être en mesure de faire face à la vie.

WILL SCHUTZ

Au cours d'une séance de travail dirigée par Gay et Kathlyn Hendricks, coauteurs de *L'amour lucide*, ceux-ci donnaient l'appellation de «personnage» au modèle du moi façade, et celle d'«essence» au moi réel. Dès que nous nous plaçons au centre de notre essence, nous faisons preuve de lucidité, de conscience, de présence et de concentration. Mais deux facteurs peuvent interrompre cet état: ce peut être un événement, cause d'une intense émotion; ou encore, si par absence de conscience et d'autocorrection nous prenons, petit à petit, une direction contraire au but recherché. Car lorsque nous n'exprimons pas nos sentiments avec sincérité, nous glissons, afin de nous préserver, vers le modèle du personnage ou moi façade. Certaines des caractéristiques décrites ci-dessous par Gay et Kathlyn Hendricks, et aussi par Gary Koyen, vous sont peut-être plus ou moins familières:

Les rôles du moi façade

Charmeur	Révolté	Martyr
Attentionné	Bouffon	Perfectionniste
Critique	Fonceur	Mélodramatique
Didactique	Sceptique	Gentil avec tout le monde
Tranchant	Tolérant	Insouciant
Girouette	Suiveur	Solitaire
Protecteur	Râleur	Stoïque
Forcené du travail	Victime	Dépendant

Lesquels préférez-vous? Au lieu d'agir en fonction de votre essence intime, ou moi réel, quels sont les rôles apparents, énumérés précédemment, sur lesquels vous adaptez vos comportements? Quand nous gardons le contact avec notre moi réel, nous nous représentons comme des êtres pourvus à la fois de sentiments et d'apparences extérieures. Mais en nous laissant gagner par la peur et nous sentant incapables de résoudre les problèmes de l'existence, nous «devenons», au bout du compte, nos personnages de façade. Et arrivés à ce stade, nous nous protégeons pour éviter d'aborder et de régler les causes de notre manque de sécurité.

Si nous vivons dans le monde de façade, nous attirons vraisemblablement des gens qui en font autant. Par exemple, l'«insouciant» sera certainement séduit par le «perfectionniste», ce qui permet à chacun d'être «brillant» dans sa sphère de façade. La perception et le discours des deux interlocuteurs passent par leurs «filtres de façade» respectifs. Puis la tension monte petit à petit dans les échanges relationnels, cependant que l'énergie créatrice décroît.

C'est en apprenant à reconnaître notre identité authentique et en admettant que nous sommes d'ores et déjà des êtres capables et dignes d'être aimés, que nous cessons d'éprouver le besoin de jouer un rôle. Le fait de préférer l'illusion à la réalité écarte provisoirement la souffrance, mais cela nous empêche de vivre pleinement. L'issue est au-delà de l'obstacle, et pour franchir cet obstacle, il faut s'exprimer avec sollicitude et en toute franchise.

En vivant selon un modèle de façade exclusivement, nous demeurons inconscients et agissons de façon automatique. De sorte que surgissent aussitôt des états d'impasse. Nous ne ressentons aucune nécessité d'user de créativité ou de résoudre des problèmes épineux. À l'inverse, nous nous croyons dans notre «bon droit» et autonomes, libres de tout contrôle provenant de forces extérieures.

Le prix à payer pour se maintenir dans une situation de façade exige un examen minutieux. En effet, au lieu de connaître la joie de vivre, nous nous dissocions de nos sentiments et tombons dans l'inertie. L'investigation est neutralisée au fur et à mesure que les contacts entre les individus deviennent guindés, et nous n'appliquons plus notre créativité de façon concrète, mais à seule fin de nous préserver, tout en rejetant le blâme sur les autres. Et nous sommes de plus en plus coincés dans nos questions irrésolues. Vivre de cette manière draine notre énergie, porte atteinte à notre amour-propre et nous diminue dans l'estime des autres. Et l'on peut envisager un coût plus considérable encore si on considère la perte de l'expression créatrice authentique en même temps que tout ce qui nous relie à nous-mêmes et à notre entourage.

Être ou ne pas être: voilà la question.

WILLIAM SHAKESPEARE

Celui qui vit selon un modèle de façade ne connaît pas la joie, l'édification, la prospérité et des relations enrichissantes. Par contre, chez ceux qui sont en étroite communion avec leur moi réel, ces éléments vibrent de façon sensible. Le fait de dire la «vérité microscopique», définie par Gay et Kathlyn Hendricks comme relevant du domaine de l'«absolument indiscutable», facilite la liaison entre nous-mêmes et autrui. À partir du moment où nous endossons l'entière responsabilité de nos émotions en toute conscience, que nous les exprimons (qu'il s'agisse de tristesse, de fureur, de contentement ou de peur), nous disposons de l'outil adéquat pour construire des relations solides dans notre univers professionnel et personnel. Selon Will Schutz: «Dire la vérité fait sauter le bouchon et la véritable personnalité coule à flot.» La vie et l'énergie se manifestent dès que l'individu se révèle.

ATTENTION!

- Dans quelle circonstance adoptez-vous une attitude de façade? Au travail? Chez vous?
- Quel avantage retirez-vous de ce mode de comportement?
- Quel prix devrez-vous payer, à court terme et à longue échéance?
- Que se passerait-il si vous viviez avec votre «moi réel» dans votre profession et à la maison?
- Quelle est la leçon à retenir?

Prenez soin de dire la vérité qui vous concerne — et d'accepter celle des autres — avec clarté et bienveillance. À la longue, les sonneries d'éveil impromptues se feront plus rares. Découvrez le changement qui s'opérera, à commencer en vous-même, dans vos échanges, lorsque votre authenticité deviendra une manière d'être plutôt qu'une stratégie déterminée. L'engagement à faire part de votre vérité, tout en restant ouvert à celle d'autrui, jette les bases de relations solides et favorise la croissance à long terme. Si vous décidez de vous exprimer sincèrement, vous découvrirez le changement réel. Choisissez de vivre en fonction de votre vérité.

Dans le doute, dites la vérité.

MARK TWAIN

CHAPITRE QUINZE

Associer le courage à la confiance

VÉRITÉ POUR VÉRITÉ

... la vérité vous libérera.

JEAN 8, 32

Dans les relations personnelles et professionnelles, on entend très souvent la phrase: «Nous n'arrivons pas à communiquer.» Mais il serait peut-être plus juste, en tant qu'être responsable, de déclarer: «Je n'arrive pas à faire ce qu'il faut, dans cette relation particulière, pour communiquer convenablement», ou «je n'ai pas suffisamment développé mes capacités pour résoudre cette situation». Il faut être à la fois bien *décidé* et avoir les *compétences* voulues pour que la transmission d'idées soit efficace. En décidant de communiquer vraiment et en peaufinant nos talents lors de nos échanges, nous nous donnons les moyens d'acquérir une plus grande compréhension et des relations enrichissantes.

Toute chose est difficile avant d'être facile.

JOHN NORLEY

La communication n'est en somme qu'un simple véhicule qui, au moyen de la transmission et de la réception, nous sert à assimiler le *feed-back*. Afin d'accroître la qualité des échanges interpersonnels, il est indispensable de tenir compte des éléments-clés suivants:

1. Il faut faire preuve de *courage*, tant en se révélant qu'en donnant avec sollicitude une réponse sincère.
2. Il faut établir la *confiance*, afin que nos interlocuteurs puissent se sentir à l'aise d'émettre un *feed-back* positif ou négatif.

Du courage et de la sécurité, ce n'est pas sorcier! Et pourtant, comme nous compliquons à souhait les mécanismes de la communication! L'expression sincère requiert un courage qui relève de deux dimensions: 1) notre vie intérieure, c'est-à-dire ce que nous pensons, ressentons et souhaitons; 2) notre réponse, laquelle signale aux autres ce qui va bien et ce qui ne va pas. Au lieu de faire preuve de courage à bon escient, il nous arrive fréquemment de le freiner, de sorte que l'accumulation de griefs atteint un niveau incontrôlable, de même que le bagage émotionnel prend des proportions telles qu'au moment où enfin «nous vidons notre cœur», la *manière* dont nous exprimons nos frustrations envenime nos relations.

Mais lorsque nous créons un climat de confiance à autrui lorsqu'il nous fait part de ses appréciations, nous facilitons une communication saine et opportune. Le *feed-back* nous aide à développer notre niveau de conscience et notre croissance individuelle, nous permet de régler les problèmes qui se présentent, de reconnaître nos points faibles, de prendre de l'assurance, de découvrir nos talents ignorés et d'établir de bonnes relations. En outre, que le *feed-back* soit agréable ou déplaisant, le fait de le favoriser et de le récompenser procure aux autres un climat de sécurité émotionnelle. Puis, les appréciations en retour, sincères et constructives, sont elles-mêmes gratifiantes. La confiance fait que le *feed-back* sera donné au moment opportun, et crée de plus une atmosphère propice à des échanges enrichissants. Lorsque dans le processus de la communication nous associons le courage à la sécurité, nous obtenons des résultats remarquables! Voyons maintenant de quelle façon nous pouvons mettre ce concept en application, sur les plans personnel et professionnel.

Je me souviens de l'histoire du capitaine Gerald Coffee, pilote dans la marine américaine, fait prisonnier après avoir été blessé lors de la guerre du Viêt-nam. Tout au long des sept années et neuf jours de sa captivité, on lui interdit, ainsi qu'aux autres prisonniers de guerre incarcérés au Hilton de Hanoï, de communiquer entre compatriotes. Les captifs subissaient de sévères punitions s'ils s'adressaient la parole. On ne peut guère trouver plus mauvaises conditions pour des échanges concrets. Toutefois, les prisonniers avaient la *ferme intention* de communiquer les uns avec les autres.

Les reclus avaient donc mis au point un système d'alphabet codé, lequel consistait en coups frappés sur les murs de leur cachot individuel. Les messages circulaient d'une cellule à l'autre. Les prisonniers s'étaient inspirés de la célébration de la messe, transmise tous les dimanches matins par une succession de petits coups tapés selon un certain mode. Lorsque l'on faisait sortir un captif de son cachot pour le conduire à la torture, les lettres «DG» (Dieu te garde) résonnaient entre les murs, en guise de réconfort et de soutien. Ce qui en clair signifiait: «Nous sommes de tout cœur avec toi. Tiens bon!»

Durant les rares occasions où on les conduisait à l'extérieur pour prendre de l'exercice, les prisonniers, en dépit de conditions pour le moins défavorables, persistaient à communiquer entre eux, usant de méthodes ingénieuses. Tel se croisait les bras, tel autre se grattait le visage, tel encore toussait de façon particulière, de sorte que chaque geste transmettait un message secret, inintelligible aux gardiens. Donc, malgré l'interdit, les messages étaient transmis. Les prisonniers, ayant la ferme intention de communiquer, avaient commué leur volonté en acte de bravoure! Si bien que ces mêmes captifs auraient le plus grand mal à comprendre quelqu'un qui déclarerait: «Je n'arrive pas à communiquer.»

Quand on veut, on peut communiquer

À maints égards, la compétence à communiquer est nettement moins importante que l'intention elle-même. Par exemple, quand nous voyageons à l'étranger, de nombreuses occasions d'échanges se présentent avec des gens dont nous ne partageons même pas la langue. Mais notre *volonté* de communiquer transcende les niveaux de compétence et dépasse même les «barrières» du langage, tellement l'être humain fait preuve d'une extraordinaire faculté d'adaptation lorsqu'il communique en vue de satisfaire ses intérêts. De plus, lorsqu'à la volonté se conjuguent de grands talents, il en résulte une qualité dans les échanges susceptible d'entraîner un changement profond.

Toutefois, les barrages qui entravent la communication n'ont rien en commun avec les niveaux de compétence et le langage. Dans la plupart des cas, les «blocages» traduisent la tension qui existe dans les rapports et se présentent sous diverses formes: un manque de confiance, une histoire délicate, des attentes non comblées, des perceptions illusoires, des sentiments bafoués, la crainte d'une véritable intimité, un conflit irrésolu, le peu de respect que l'on a de soi-même, et un côté de soi qui fuit les risques. Cependant, la communication franche mais prévenante tend à restreindre les blocages plutôt que de les intensifier. Ce sont rarement les barrières de la communication qui dressent des obstacles, mais les problèmes relationnels. Et ce n'est pas en contournant les difficultés que l'on trouve l'issue, car celle-ci se situe au-delà de l'obstacle. La communication est le véhicule, non le barrage.

Il existe trois types de communication:

1. La communication passive: indirecte, indulgente face aux problèmes et avec les individus, potentiellement déconcertante;
2. La communication agressive: directe, traite les problèmes et les individus avec intransigeance, potentiellement douloureuse;
3. La communication affirmative: directe, traite les problèmes avec rigueur, indulgente avec les individus, authentique.

La communication passive

La communication passive tourne autour de la vérité et oblige l'interlocuteur à interpréter les messages, les symboles et les signaux de l'orateur. Par exemple, lorsqu'une personne affirme: «S'il m'aime vraiment, il saura ce que je désire et ce que je ressens.» Bien entendu, cette déclaration comporte assurément l'élément d'une vérité fondamentale; cependant, ce type de communication exige que celui qui écoute joue le jeu de l'autre et devine ses sentiments profonds. La plupart du temps les messages sont insinuants, confus et déconcertants! Alors le stress relationnel s'amplifie, ce qui complique davantage le processus de communication et réduit l'intimité et le rapprochement. Car la communication passive détruit la confiance, incite à forger des hypothèses de toutes sortes et entraîne un manque de courage et de sécurité.

Si l'on pratique pendant longtemps la communication passive, il ne faudra pas s'étonner de vivre de grandes surprises dans ses rapports avec les autres, ni d'entendre des sonneries d'alarme. Prenons l'exemple d'un homme qui camoufle sa vérité (ce qu'en réalité il pense, ressent et désire); il y a de fortes chances pour que sa femme connaisse des «points morts». L'incapacité de ce mari à livrer ses états d'âme, essentiels à l'entente mutuelle, aboutira inmanquablement à l'étiolement des rapports et les partenaires se replieront chacun sur soi. En outre, la croissance individuelle, autant que celle du couple, s'en trouvera restreinte, puisqu'au bout du compte ils s'enfermeront respectivement dans leur zone de confort. Et au fur et à mesure que la qualité de la liaison périclitera, des conflits feront surface.

Examinez les exemples suivants de communication passive et réfléchissez aux interprétations qu'elles engendrent:

Communication passive

Formulation passive	*Interprétation*
Ça va.	Je suis frustré et fâché.
Peu importe où on ira dîner.	J'ai envie de cuisine chinoise.
C'est du bon travail.	Ce qui m'inquiète, c'est...
Cela semble logique.	Ce n'est pas comme cela que je vois les choses.
Ne prends pas la peine de faire du café pour moi.	Comme j'aimerais une tasse de café!

La communication passive empêche l'expression des sentiments, des désirs et des pensées. Étant donné que l'un des individus retient ses émotions et ses valeurs propres alors qu'il semble tomber d'accord avec l'autre, on écarte purement et simplement tout sens moral. Puis les formulations sibyllines, les nombreuses justifications et les circonlocutions forcent l'interlocuteur à deviner l'état d'esprit de l'orateur. Des problèmes de peur et de respect de soi sont souvent à l'origine de la communication passive. Et à l'exemple de la plupart des troubles du comportement humain, l'écoute compréhensive exige que nous reconnaissions que chacun fait de son mieux en fonction de son niveau de courage.

Pour entretenir des rapports de qualité, il est indispensable d'exprimer avec sincérité nos désirs et nos besoins essentiels. D'un autre côté, des sentiments refoulés ont tendance à provoquer l'animosité, laquelle entraîne des reproches, des critiques, de sporadiques débordements émotifs et autres formes de tensions relationnelles. De sorte que le respect de soi autant que l'intimité s'en trouvent amoindris. Mais en exprimant avec franchise et au moment opportun nos sentiments, désirs, besoins et attentes, nous établissons des bases concrètes pour construire des relations solides. Quant à la communication passive, si on l'emploie principalement en vue de ne pas aborder les vrais problèmes, elle engendre des circonstances propres à faire retentir de sérieuses sonneries de réveil. Mais il est préférable de choisir l'expression franche, laquelle créera des résultats de loin plus favorables, plutôt que de laisser grossir la «montagne».

Toutefois, la communication passive peut, dans certains cas, se révéler utile. Par exemple, se faire conciliant lorsqu'un problème a peu de poids à nos yeux, alors qu'il est d'une grande importance pour quelqu'un d'autre. Ou encore quand notre interlocuteur n'est pas dans son état, quand surgit un sujet de discorde avec une vague connaissance, ou quand il est indispensable de rétablir le calme à tout prix. La communication passive nous aide alors à établir des rapports et à créer des liens lorsqu'on l'emploie à bon escient.

La communication agressive

La communication agressive est une forme d'expression directe qui pourrait bien se révéler néfaste. Car, bien que le message soit transmis et la «vérité» affirmée, l'interlocuteur peut en souffrir énormément.

Il y a quelques années, j'ai dirigé, à l'intention de cadres d'entreprises, un séminaire sur la communication. Les séances d'étude se déroulaient pendant trois jours et avaient lieu dans un hôtel. Le deuxième jour, à l'occasion d'une pause, plusieurs employés de l'établissement sont venus me trouver pour me dire à quel point ils étaient enchantés de la courtoisie dont faisaient preuve à leur égard les participants de l'atelier. Aussi, tout en partageant leur point de vue, j'étais curieux de savoir ce qui les avait poussés à me confier ce fait. J'ai appris que la semaine précédente, un autre séminaire, composé de deux cent cinquante personnes, avait eu lieu dans ce même hôtel. Il avait pour thème «Les femmes et l'apprentissage de l'affirmation de soi». L'organisatrice avait invité les participantes à exercer leur «autorité» sur le personnel hôtelier pendant toute la durée du séminaire. Par exemple, au moment du déjeuner, des femmes interpellaient les serveurs de la façon suivante: «Eh, vous, venez donc par ici! La viande n'est pas cuite comme il convient. Je paie cher pour ce repas et j'ai droit à mieux que cela. Alors vous débarrassez cela à la cuisine et vous me rapportez quelque chose de convenable!»

Et, trois jours durant, les personnes qui assistaient à cette séance avaient mis en pratique, aux dépens des employés de l'hôtel, ce qu'elles croyaient être des techniques de communication affirmative, alors qu'au contraire elles apprenaient et exerçaient des stratégies de communication *agressive*. Elles faisaient abstraction de toute sensibilité propre à l'être humain. Vous imaginez aisément comment les serveurs, les maîtres d'hôtel et les réceptionnistes se sentaient d'être ainsi pris pour cobayes par les membres de ce séminaire! Et quand finalement le groupe a quitté les lieux, ce fut un soupir de soulagement général qui se fit entendre dans les couloirs. Cependant, on afficha aussitôt sur le panneau des conférences l'annonce de mon propre séminaire, qui avait lui aussi pour thème la communication, et qui durerait trois jours. Devant l'inéluctable, les employés de l'hôtel s'armèrent de courage en vue d'affronter à nouveau harcèlements et épreuves. Mais les échanges qu'ils ont connus avec les participants de mon séminaire furent fort différents et nettement plus agréables. Ils ont découvert à cette occasion l'expression franche et attentionnée.

Par la communication agressive, on essaie, en réalité, de contrôler la situation en usant de modalités qui vont de la voix forte et glaciale en pointant du doigt, aux regards sévères et dépourvus d'aménité, tout en observant un silence de marbre. Ce type de communication n'est pas très efficace quand: on l'emploie à des fins de domination; l'enjeu n'en vaut pas le coup; on ne peut se permettre de se faire un nouvel ennemi; ou encore quand on écarte trop tôt les possibilités existantes, afin de défendre avec acharnement un point de vue qui est somme toute insignifiant. La communication agressive demande beaucoup de courage et assure peu de marge de sécurité.

Toutefois, cette forme de communication peut, en maintes circonstances, se révéler pertinente. Lorsque par exemple le problème ou une question de principe revêt à vos yeux une importance capitale mais que les autres tentatives n'ont rien donné, alors, en vous montrant agressif, vous êtes susceptible d'obtenir de meilleurs résultats. Une attitude un peu plus percutante représente parfois une excellente stratégie en réponse à une forme de communication agressive elle-même, ou lorsque l'approche affirmative n'a pas provoqué l'effet escompté. Cependant, il faut bien se garder d'envenimer la situation. En effet, conclure une discussion sur le mode «je gagne, tu perds», ne représente pas la fin de l'histoire, car votre interlocuteur, en guise de représailles, cherchera à «égaliser le score» la prochaine fois. Si bien qu'en créant une situation qui s'exprime par «vainqueur-perdant», vous préparez le terrain sur lequel, à la longue, il n'y aura plus que deux «perdants».

La communication affirmative

L'expression sincère, ou encore communication affirmative, signifie implicitement que l'on dise sa propre vérité de façon attentionnée. C'est en dissociant l'individu du problème ou du comportement que nous ouvrons la voie à la compréhension réciproque et que nous nous portons au-devant des besoins communs. De plus, le langage franc dans l'intérêt de l'autre entraîne le respect de toutes parts de même qu'il permet d'attaquer les problèmes de front. En s'exprimant avec fermeté, on impose plus aisément ses sentiments et ses façons de voir, en dépit des divergences d'opinions. En outre, un parler franc et affable facilite, le cas échéant, les transformations chez les individus, tandis qu'il nous entraîne à faire preuve de courage tout en assurant une plus grande confiance.

Cependant, et à l'exemple des autres types de communication, la communication affirmative comporte son lot d'inconvénients. En effet, dans certains cas votre «authenticité» risque de provoquer un désaccord inutile, ou encore elle peut se fixer sur des problèmes qui, en réalité, sont somme toute bénins. Dans les relations de moindre intérêt, il ne vaut pas la peine de gaspiller son énergie pour de maigres profits. Un jour, avec mes deux fils, nous nous sommes arrêtés dans un restaurant mexicain pour déjeuner, alors que nous faisions une longue balade en voiture. La nourriture était exécrable! Nous avons à peine touché au plat de résistance et nous sommes gavés de chips et d'eau. Puis, parce que j'étais fatigué et pressé de rentrer à la maison, je n'avais aucune envie de régler la question que nous posait la médiocre qualité de la nourriture. Au moment de partir, l'hôtesse nous demanda: «Avez-vous bien mangé?» Étant donné que dans ma famille, le sens des responsabilités et la vérité font partie des principes de base, mes fils furent particulièrement attentifs à la façon dont j'allais m'y prendre dans cette affaire. «C'était substantiel!» répondis-je. Nous dirigeant vers la voiture, mon fils aîné demanda: «Dis-moi, papa. C'était vraiment... substantiel?» De toute évidence, il n'était pas d'accord avec moi! Mais quoi qu'il en soit, il aurait été inutile de dépenser de l'énergie à propos d'un restaurant où nous ne remettrions plus jamais les pieds.

Le franc-parler fait correspondre notre expression extérieure avec notre monde intérieur

Parler en toute franchise constitue une démarche attentionnée qui permet de comprendre la juxtaposition existant entre l'expression extérieure (ce que l'on dit) et notre monde intérieur (ce que l'on pense, souhaite et ressent).

FRANC-PARLER

La pensée

• Les intentions   • La philosophie
• Les centres d'intérêt   • Le sens des valeurs

**Monde
intérieur**

Les sentiments   **Les désirs**

• Tristesse   • Satisfaction   • Émotionnels   • Matériels
• Fureur   • Peur   • Sexuels   • Sociaux

Reportez-vous à la figure du franc-parler et examinez le «triangle de la communication» du monde intérieur. Parmi les trois éléments qui forment les pointes du triangle, lequel vous paraît le plus aisé à partager dans votre vie personnelle et professionnelle: la pensée, les sentiments, ou les désirs? Pour la grande majorité, les individus éprouvent plus de facilité à faire part de ce qu'ils pensent, puis ce qu'ils désirent et ensuite seulement ce qu'ils ressentent. Ils ont tendance à taire le facteur le moins confortable.

Lorsque dans la communication nous réprimons un point quelconque, notre partenaire, collègue ou enfant doit deviner les aspects non exprimés de notre monde intérieur. Et des tensions relationnelles naissent du fait qu'on ne peut que supposer quels sont les états d'âme de l'autre. Pour que le processus de la communication soit parfait, il faut que nous exprimions de façon extrêmement précise et avec égards nos sentiments, nos pensées et nos désirs. À quels éléments offrez-vous de la résistance et quelles en sont les conséquences dans votre vie?

Selon une récente étude menée aux États-Unis, un adulte consacre en moyenne moins de quinze minutes par jour à entretenir une communication réelle avec son conjoint et à peine quatre minutes avec ses enfants. Une fraction temporelle aussi réduite porte forcément atteinte à la qualité même de la communication. Dans de telles conditions, on ne peut s'attendre à un développement réel des rapports, de l'assurance et du courage. Dans les relations qui pour vous sont primordiales, à quel point vous êtes-vous engagé à maintenir une communication de qualité? Nous savons tous qu'une relation se compose de deux personnes, cependant l'une des deux peut, à elle seule, la transformer.

Sur le plan international, les «relations diplomatiques sont rompues» lorsqu'une nation étrangère exerce une politique qui ne nous plaît pas. Alors, nous expulsons les membres de leur ambassade et rappelons les nôtres. Nous cessons les échanges et coupons les filières de communication au moment même où, pourtant, les efforts de négociation devraient être multipliés et intensifiés. Dans un même ordre d'idée, des enfants mécontents l'un envers l'autre diront: «Je suis fâché. Je ne te parlerai plus jamais.» En tant qu'adulte, nous n'acceptons pas un tel comportement enfantin, alors nous adoptons un mode plus raffiné, celui «de rompre les relations diplomatiquement». Toutefois, tant les desseins que les résultats sont identiques. De sorte que les tensions internationales croissent et nous sortons la «grosse artillerie» afin de «résoudre» nos divergences.

Ce n'est pas quand tout va bien que vous pouvez vraiment évaluer ce que vous valez, mais plutôt au moment où les choses *ne tournent pas rond*. Si par exemple la tension surgit dans votre relation, de quelle façon entretenez-vous la communication? Et quand, chez vous ou au travail, la pression est à son comble, essayez-vous de multiplier et d'intensifier les efforts de communication ou est-ce que vous «rompez les relations diplomatiques»? Il ne faut pas perdre de vue que dans le processus d'expression sincère, il faut d'abord chercher à comprendre l'autre, ce qui dénote une marque de respect et incite celui-ci à s'ouvrir, afin de comprendre à son tour nos sentiments et nos désirs. La communication exercée sous la contrainte peut fournir un excellent aperçu quant à la valeur réelle des deux interlocuteurs.

Prenez le soin d'exprimer vos sentiments

Des trois éléments de communication que nous venons de voir, l'expression de nos sentiments semble le plus difficile pour la plupart d'entre nous. Et l'on peut comparer les sentiments qui sont cause de tension relationnelle à des vers. Des *vers*, dites-vous? Avez-vous déjà essayé d'enterrer un ver? Cette espèce animale se développe sous terre. Les vers s'accouplent, se multiplient et continuent de croître une fois qu'ils sont en terre. Et un beau jour, alors que vous ne vous y attendez pas du tout, ils refont surface. Car vous ne pouvez mettre un ver en terre et espérer qu'il y restera. De la même façon, vous ne pouvez enterrer un sentiment en espérant qu'il demeurera enfoui. Des sentiments ensevelis, et plus particulièrement ceux qui ont trait à des problèmes relationnels, s'intensifient au contact des ressentiments passés et des conflits non résolus. Et au moment le plus importun, les sentiments engloutis émergent en cascade d'émotions exacerbées.

Si l'on rejette ou enterre nos sentiments, nous ne faisons que retarder l'apprentissage de la vie et détériorons considérablement nos rapports avec autrui. De plus, on retrouve à l'origine de la plupart des maladies humaines des antécédents de sentiments réprimés. Enfin, la quantité d'énergie et les ressources que nous consacrons à faire face à la communication passive excèdent grandement ce qui aurait été nécessaire pour traiter la situation dès le départ. Même s'il nous semble que dans l'immédiat le prix du franc-parler est élevé, il est préférable d'exprimer ses sentiments plutôt que de les réprimer, car cette décision nous aidera à établir, à long terme, des relations de qualité. Découvrez à quel point vous dites la vérité.

ATTENTION!

- Quels sentiments exprimez-vous avec facilité?
- Quels sentiments évitez-vous?
- À propos de quel sujet refusez-vous le plus souvent de dire la vérité?
- Qu'advient-il de votre vérité quand vous êtes stressé ou que vous devez relever un défi?
- Quand vous «acceptez» quelque chose, pour une raison ou pour une autre, quels résultats obtenez-vous?
- Quelle est la leçon à retenir?

Il y a quelques années, à l'usine d'un constructeur automobile américain, des ouvriers étouffaient leurs véritables sentiments à l'égard de la direction. Puis, au fur et à mesure qu'ils cherchaient un moyen original de manifester leur mécontentement, leurs ressentiments prenaient de l'ampleur. Ils arrivèrent à une solution mi-passive mi-agressive: celle de fixer par de faibles points de soudure des boîtes de bière vides à l'intérieur des panneaux de portière des voitures qui arrivaient sur la chaîne de montage! Après quelques mois d'utilisation de l'automobile, les soudures cassaient et les boîtes de bière brinqueballaient dans les portières avec un bruit de ferraille. Les clients ont porté plainte auprès du fabricant, mécontents de la piètre qualité de ces voitures américaines. Les ouvriers de la chaîne de montage avaient «gagné», puisqu'ils avaient causé des ennuis à la direction. Vous parlez d'une «solution»! Il ne faut donc pas s'étonner si ces dernières années les parts de marché de l'automobile américaine ont enregistré une nette diminution. Il arrive que les sentiments refoulés coûtent très cher.

Les stratégies de communication, qu'elle soit passive, agressive ou affirmative, procèdent toutes d'un choix. La vérité est perçue différemment selon chaque approche, qui produit un résultat distinct. S'adresser aux autres en s'exprimant avec franchise prouve que l'on s'intéresse à eux, et cette façon de faire donne de bien meilleurs résultats. Mais quand nous laissons la communication se détériorer, les suites sont forcément pitoyables. Réfléchissez pendant quelques instants sur votre communication personnelle et professionnelle. Quelle atmosphère vous permet d'exercer pleinement vos compétences et votre affabilité? Quel climat vous amène à communiquer avec le plus d'efficacité? Et quelle différence dans votre manière de faire vous permet d'obtenir ces résultats satisfaisants?

Quand vous faites preuve de courage en donnant vos impressions, de courage encore en révélant votre état profond et d'assurance, enfin, en acceptant le *feed-back* de la part des autres, vous créez le climat propice à des échanges de qualité. Dans le processus de la communication, établissez le lien entre la tête et le cœur. Soyez attentif aussi à être pleinement présent avec vos interlocuteurs, et apprenez à connaître la liberté que procure la vérité.

CHAPITRE SEIZE

Le franc-parler

LA MISE EN APPLICATION

Ma maîtrise de soi croît en proportion de mon niveau de conscience.

WILL SCHUTZ

Alors, de quelle *manière* peut-on s'exprimer avec franchise? Pour nous adresser aux autres sans détours, nous devons tout d'abord être parfaitement honnêtes avec nous-mêmes; en d'autres termes, conscients de ce que nous sommes. Ensuite, prendre le temps de réfléchir avant de parler, ce qui éclaircit nos idées et *nous* place dans un état favorable pour engager le processus qui nous mènera au succès. Et si nous nous préoccupons de communiquer correctement, nous disposons notre interlocuteur à participer à l'échange avec conscience, compréhension et sécurité.

Bien que deux personnes, ou davantage, soient engagées dans un processus de communication, il suffit d'un seul individu pour modifier le cours des choses en l'entraînant vers un niveau plus élevé. Vous devenez à ce moment le modèle influent qui crée le *climat* et le *mécanisme* propres à une communication véritable. C'est à vous qu'il appartient de susciter des échanges sincères. D'ailleurs, lorsque vous instituez une norme, vous remarquerez que très souvent les autres décident de vous emboîter le pas. En effet, l'ouverture d'esprit, l'intégrité, la franchise, la sollicitude et le sens des responsabilités sont vite contagieux.

Toutefois, pour obtenir les résultats souhaités dans une communication basée sur l'honnêteté, le franc-parler exige d'abord un engagement formel. Et pour construire des relations de qualité — et se forger par la même occasion un moi plus robuste — la meilleure stratégie consiste à associer votre mode d'expression extérieur (ce que vous dites) à votre monde intérieur (ce que vous pensez, ressentez et souhaitez). Plus qu'une simple stratégie, le franc-parler constitue une manière de vivre consciente.

Lorsque, dans une situation délicate, on vous met à l'épreuve, quelle est votre façon de communiquer? Et votre comportement, qu'enseigne-t-il aux autres quant à la qualité de votre communication? Si vous dirigez le mouvement, où entraînerez-vous vos interlocuteurs en termes d'une communication intègre? Votre manière de communiquer reflète exactement vos intentions.

Mais les stratégies du franc-parler ne sont rien d'autre que des stratégies. Car, tant qu'ils ne sont pas utilisés, les outils ont peu de valeur. Par contre, si l'on intègre les aptitudes aux intentions, nous provoquons le changement qui fait toute la différence. Et si nous sommes d'abord sincères avec nous-mêmes, nous bénéficierons d'une grande lucidité, de même que nous inciterons nos interlocuteurs à se joindre à nous pour un échange direct, dans un intérêt partagé.

Certains diront que les stratégies du franc-parler retirent au processus de communication toute spontanéité. À vrai dire, c'est l'effet contraire qui se produit. En effet, lorsque vos collègues de travail ou les membres de votre famille savent que vous ne leur faites pas défaut, puisque vous vous exprimez avec sincérité et écoutez attentivement, ils se sentent à l'aise pour donner libre cours à leur véritable personnalité. Ils n'ont alors pas lieu de se protéger, d'essayer de découvrir des raisons cachées à vos paroles ou de dissimuler leurs impressions profondes. En fait, grâce à votre engagement formel à parler avec franchise et à rassurer votre entourage, vous établissez un climat de sécurité qui favorise une communication vraie et dépourvue de calculs. De cette façon, la communication devient un outil de création de relations solides.

La mise en application des lignes directrices suivantes nous prépare à obtenir des résultats favorables lors de nos échanges:

LIGNES DIRECTRICES DE COMMUNICATION

Démarrer le processus d'une communication réussie

1. *Pourquoi* est-ce que je veux communiquer?
   - Dans quelles intentions ou quels desseins?
   - Quels sont les résultats souhaités?

2. *Quoi* communiquer?
   - Des faits?
   - Des sentiments?

3. *Quand* la communication peut-elle donner les meilleurs résultats?
   - Maintenant?
   - Plus tard?

4. *Où* devrait-elle se dérouler pour être vraiment efficace?
   - «Sur mon territoire?»
   - «Sur le territoire de mon interlocuteur?»
   - En zone neutre?

5. *Comment* serait-elle pleinement satisfaisante?
   - En établissant une compréhension réciproque?
   - En créant des relations solides?

Lorsque en notre for intérieur nous savons précisément *pourquoi* nous voulons communiquer, nous nous donnons les moyens de transmettre cette clarté à celui qui nous écoute. Si nos intentions et les résultats désirés sont très précis, notre interlocuteur se joindra plus facilement à l'échange au lieu d'y résister. Au contraire des messages confus, lesquels n'encouragent pas la confiance et l'ouverture d'esprit, une direction clairement démontrée et des intentions pures procurent la sécurité.

Ce que nous communiquons, y compris les faits et les sentiments, facilite la compréhension. Et quand nos déclarations concordent avec nos sentiments, notre interlocuteur peut alors interpréter les messages que nous voulons faire passer avec une plus grande exactitude.

Le moment choisi pour communiquer affecte l'efficacité des interactions. D'une manière générale, si nous engageons la discussion tout de suite après l'incident déclencheur ou presque, nous conservons des relations saines. En effet, une stratégie très sage pour construire des relations de qualité consiste à «ramasser les tas pendant qu'ils sont encore petits».

Le lieu *où* l'on communique un message important peut être propice ou au contraire néfaste aux résultats escomptés. Car, selon ce que nous avons à transmettre, il est préférable de le faire en privé dans certains cas, tandis que des déclarations particulières prendront davantage d'ampleur si elles sont formulées en public. En outre, on a tout intérêt à traiter d'une situation pour le moins délicate en terrain «neutre», les deux interlocuteurs assis du même côté d'une table de conférence, par exemple, alors qu'en d'autres circonstances vous vous sentirez plus à l'aise installé dans votre fauteuil, derrière votre bureau. Par contre, il faut à tout prix éviter le lit en cas de dispute ou même de discussion orageuse avec son partenaire. Si vous devez aborder des sujets de cette nature, ne le faites surtout pas au lit. Celui-ci est destiné à deux usages, et la querelle n'y a pas sa place!

Plus encore que le message en soi, la façon de le dire — ou *comment* nous communiquons — conditionne fréquemment ce qui s'ensuivra. Pensez à une occasion où l'on vous a certainement déclaré: «Ce n'est pas ce *que* tu m'as dit qui m'a contrarié, mais *comment* tu me l'as dit.» Prenez soin de choisir des termes qui traduisent fidèlement votre message et vos sentiments. De plus, prendre l'engagement préalable de construire une relation — et respecter à la lettre cet engagement — peut faire une grande différence. Dans le processus de la communication, un dessein positif compense avantageusement des niveaux d'aptitudes peu élevés.

Traitez les problèmes avec rigueur, mais les individus avec tolérance

Si vous mettez en application le principe selon lequel il faut traiter les problèmes avec rigueur, mais les individus avec tolérance, vous pourrez résoudre des problèmes compliqués tout en respectant l'élément humain. Roger Fisher et William Ury, auteurs de *Getting to Yes*, préconisent l'emploi de cette tactique, grâce à laquelle on peut s'exprimer avec franchise, tout en retenant l'attention de la personne à qui l'on s'adresse. Et il faut absolument dissocier l'individu du problème luimême, si l'on veut créer un climat de confiance et réduire la méfiance, le rationalisme et les justifications. Nous pouvons alors parler librement, sans blesser autrui ni détruire les relations.

Les lignes directrices suivantes vous aideront à traiter les problèmes avec rigueur, mais les individus avec tolérance:

LIGNES DIRECTRICES POUR DONNER DU *FEED-BACK*

Faire preuve de courage pour:
1. Clarifier vos intentions, dans votre propre intérêt et celui des autres.
2. Adapter votre réponse selon l'interlocuteur.
3. Répondre le plus tôt possible après l'événement déclencheur.
4. Être précis et fournir toutes les données.
5. Affirmer et revendiquer:
   • Affirmer (vos dispositions d'esprit, sentiments et désirs);
   • Revendiquer (tout en étant respectueux et prévenant).
6. Mettre l'emphase sur les actes et les comportements et non sur la personne.
7. Faire une pause et vérifier que le message a été bien compris.

*Nous sommes indépendants des cassettes
que nous mettons dans le magnétophone.*

Ken Keyes

Ken Keyes a décrit de façon remarquable une technique selon laquelle on peut traiter les problèmes avec rigueur, mais les individus avec tolérance. Il a un jour déclaré, alors qu'il animait un séminaire sur les relations: «Nous sommes indépendants des cassettes que nous mettons dans le magnétophone!» Keyes a démontré ce principe en utilisant l'image d'un magnétophone. En effet, le magnétophone retransmet docilement une variété de bandes magnétiques. Et c'est avec une obéissance aveugle qu'il reproduit à la perfection ce qui est enregistré sur la bande. L'appareil lui-même se contente de faire ce pour quoi il a été programmé. Mais si la musique que nous entendons ne nous plaît pas, nous n'allons pas nous débarrasser du magnétophone pour autant, car nous n'avons rien à lui reprocher. Ce n'est pas l'appareil qu'il faut jeter, il suffit de changer de cassette.

En tant qu'êtres humains, nous disposons de vastes possibilités et d'une incroyable souplesse. Quand, dans une situation donnée, les résultats ne nous conviennent pas, le problème réside dans notre sélection de cassettes. Tel le magnétophone, nous n'avons rien à nous reprocher. Toutefois, nous choisissons souvent des cassettes qui se mettent en travers de notre chemin. Nous ne sommes pas ces cassettes, mais nous les *sélectionnons*. En faisant une pause au moment des prises de décision, en développant notre degré de conscience et en sélectionnant des cassettes mieux adaptées à nos besoins, nous nous préparerons une vie stimulante!

Lors d'une situation délicate avec mon beau-fils, j'ai eu l'occasion de mettre ce concept en pratique. Tout jeune adolescent, il avait volé de l'argent et justifié son larcin par une série de «pieux mensonges». Ses mauvaises décisions me rendaient furieux et je m'acharnais à mettre ces principes en application. Par bonheur, je me suis souvenu qu'il me fallait d'abord prendre le temps de réfléchir. Représentant de l'autorité parentale, je devais placer l'enfant devant ses responsabilités (traiter le problème avec rigueur), et en même temps me montrer compatissant (tolérant avec l'individu). Je devais lui parler avec franchise, respecter en lui le facteur humain, et lui venir en aide pour qu'à l'avenir ses choix soient plus judicieux. Tout un programme!

Dans la famille, nous organisons de temps à autre des séances sur «les leçons de la vie», pour discuter de sonnettes d'alarme et de prises de décision. C'est ce que j'ai fait ici. Je lui ai demandé de venir dans ma chambre, muni de son magnétophone et de deux cassettes. «Des titres particuliers?» demanda-t-il, embarrassé. «Non, deux cassettes, c'est tout.» Une fois assis, je posai l'appareil sur mes genoux et déclarai: «Quand la musique qui sort de là ne te plaît pas, tu ne jettes pas le magnétophone, n'est-ce pas? Il n'est pas en cause. Le problème, c'est la cassette. Quand l'appareil émet une musique désagréable, tu n'as qu'à retirer la cassette et la remplacer par une autre qui te convient mieux.» À ce moment, j'ai sorti la cassette, l'ai lancée à l'autre bout de la pièce et en ai mise une autre.

Déconcerté depuis le début de l'entretien, il m'a dit qu'il ne comprenait pas où je voulais en venir avec cette «leçon de la vie». «Toi, tout comme le magnétophone, ça va. Ce qui ne va pas, ce sont les cassettes qui concernent le vol et le mensonge. Tu es un élève brillant et un bon musicien, de sorte que par maints aspects tu es un jeune homme bien. Toutefois, les cassettes de mensonges et de vol sont tout à fait inacceptables! Je vais te poser quelques questions à propos de cette affaire et je veux l'entière vérité. Si tu décides de ne pas me dire toute la vérité, de mon côté je vais faire en sorte que tu sois accusé. Ce que je fais là, c'est pour ton bien, mais tu dois changer de comportement!»

Désormais, il n'était plus confus. Il avait compris que je ne lui en voulais pas personnellement, mais que les attitudes en cause étaient inadmissibles. Il se trouvait face à une nouvelle prise de décision. Ou bien il se montrait responsable et m'avouait la vérité, ou bien il continuait à faire jouer les cassettes qui lui avaient attiré des ennuis. Après avoir réfléchi quelques instants, il a opté pour la sincérité et répondu à mes questions à propos du vol. Son consentement à prendre ses responsabilités a été significatif autant pour lui que pour moi.

Ce fut sans doute l'événement le plus pénible ayant marqué nos rapports. Tout au long de cette expérience douloureuse, nous avons pleuré en nous serrant dans les bras l'un de l'autre. Un peu plus tard, nous avons rencontré la victime du vol et, en sa compagnie, avons mis au point une formule de restitution de l'argent que mon beau-fils devait endosser entièrement. J'étais très heureux qu'il ait décidé d'être à ce point ouvert et responsable, compte tenu des circonstances qui devaient être éprouvantes pour lui. Les choix qu'il avait faits à la suite de cette sonnerie de réveil marquèrent un tournant décisif dans son existence.

Environ une semaine plus tard, alors que je le conduisais chez l'un de ses amis, mon beau-fils me dit: «Eric, je suis très content que nos chemins se soient rencontrés.» Étant donné que les relations ne sont pas toujours faciles entre beau-fils et beau-père, cette déclaration me faisait chaud au cœur. La mise en pratique du principe qui veut que l'on traite les problèmes avec rigueur, mais les individus avec tolérance, établit dans nos rapports une nouvelle dimension très positive.

Ne pas confondre la personne avec le problème

Que diriez-vous si, lors d'une évaluation de votre rendement, alors qu'il vient tout juste de mentionner vos points forts, votre patron poursuivait en disant: «Et si à présent nous abordions vos faiblesses?» Il est fort probable qu'en votre for intérieur vous répondriez par la défensive, la prudence, l'objection ou la peur. Et quand on se sent menacé, les conditions pour une communication de qualité ne sont pas vraiment propices. Par contre, si votre employeur déclarait: «Examinons ensemble toutes les facettes qui vous permettraient d'être encore plus efficace. Que devriez-vous faire, ou ne pas faire, pour améliorer votre rendement?» Mettre l'accent sur les possibilités de croissance, plutôt que sur les points faibles, crée un climat de confiance propice à la communication et incite l'interlocuteur à participer à la recherche de meilleures stratégies au lieu d'opposer de la résistance.

Lorsque vous faites part de commentaires embarrassants ou délicats à quelqu'un, le fait d'indiquer vos besoins tout en respectant l'individu favorise l'obtention de résultats concrets. Être sûr de soi permet de mettre en lumière les problèmes et de transmettre vos sentiments, vos désirs et vos pensées. La reconnaissance de l'autre en tant qu'individu démontre le respect et la sollicitude que vous éprouvez à son égard, en dissociant l'individu du problème. Il faut accorder une attention particulière en distinguant les *points forts*, ou «capacités», de la personne, tout en s'attachant à renforcer les *efforts*, ou possibilités d'amélioration. Selon certains, ces termes ne relèveraient que de la sémantique, toutefois la réponse à cette manière d'agir stimulante et solidaire est accueillie favorablement par la plupart des gens. Si l'on examine exclusivement les «faiblesses» et les «défauts» d'un individu, celui-ci se hâtera de fournir des réponses défensives et irréfléchies, tandis que si on se concentre sur les possibilités d'amélioration, c'est l'énergie créatrice qui sera canalisée afin de résoudre le problème et d'obtenir des résultats probants. Et bien qu'elles ne soient pas laissées pour compte, les questions épineuses sont abordées avec ouverture d'esprit et prévenance. De sorte que dans le processus qui consiste à trouver des solutions aux problèmes, un franc-parler respectueux encourage nos interlocuteurs à se joindre à nous au lieu de résister.

Le franc-parler: une stratégie en trois temps

Le franc-parler comporte trois étapes:
1. Voici ce que j'ai *vécu.*
2. Voici ce que je *ressens.*
3. Voici ce que je *veux.*

L'exemple suivant illustre la mise en pratique de ces trois étapes.

Il y a quelques années, le directeur d'une société m'avait demandé d'intervenir auprès de la P.D.G. d'une filiale de la compagnie, qui avait d'énormes difficultés à s'entendre avec ses cadres supérieurs. À la suite de nombreuses conversations téléphoniques, je pris l'avion pour me rendre à ses bureaux, situés sur la côte Est, afin de développer les relations et la communication au sein de son équipe. J'eus une entrevue avec chacun des membres-clés, et je décelai un modèle comportemental fort perturbé. Lorsqu'ils s'adressaient à leur patronne, celle-ci répondait souvent par des cris et des accusations, et ils en étaient très affectés. Il n'y avait plus aucun dialogue, car petit à petit les employés, pour se protéger, avaient fait marche arrière au lieu de s'exposer à ses diatribes. Pour tout dire, la mission s'annonçait rude.

Après avoir discuté avec les membres de son équipe, je rencontrai la présidente afin de lui transmettre mes observations et de planifier les étapes suivantes du processus d'intervention. Énumérant d'abord ses points forts, je fis la récapitulation de ce qui fonctionnait parfaitement. C'est avec plaisir qu'elle accepta mes commentaires et elle écouta avec beaucoup d'attention.

Passant ensuite aux possibilités d'amélioration, je lui annonçai que le personnel placé sous ses ordres aimerait qu'elle pratique plus souvent l'écoute active, qu'elle prenne davantage le temps de réfléchir, qu'elle émette un peu plus de *feed-back* positif, qu'elle exprime clairement sa ligne directrice et enfin qu'elle devienne plus accessible. À l'inverse, elle devrait accroître son efficacité en mettant moins souvent un terme prématuré aux interventions de ses collaborateurs, en cessant de critiquer un employé devant tout le monde, en évitant d'élever la voix quand elle n'était pas d'accord, en étant moins... Je n'eus pas le temps de terminer. Elle se leva, posa les mains sur ses hanches et se mit à m'invectiver: «J'en ai plus qu'assez de toutes ces histoires! Je ne crie pas et je ne critique personne!» Bien que les portes du bureau soient fermées, on entendait ses hurlements jusqu'au bout du couloir. J'appris par la suite qu'un petit groupe s'était rassemblé à quelques pas du bureau et en était arrivé à la conclusion suivante: «À présent, Eric a compris!» En effet, j'avais compris.

Lorsque la tempête se fut calmée, je lui demandai: «Puis-je exprimer mon point de vue?» Elle plissa les yeux en une fente étroite. «Oui», répondit-elle avec réticence. Alors j'inspirai profondément, pris le temps d'établir le lien entre ma tête et mon cœur, et j'appliquai la stratégie du franc-parler en trois étapes:

Ce que je viens de vivre (première étape) reflète exactement ce que votre personnel m'a rapporté sur votre façon d'agir quand vous êtes stressée. Vos cris et votre posture de domination concordent en tout point avec les griefs qu'ils ont exprimés. Ce qu'ils craignent le plus en s'adressant à vous, c'est précisément cette attitude que vous avez adoptée avec moi, il y a un instant. Et pour éviter que cela ne se produise, ils préfèrent se replier sur eux-mêmes et se taire. De sorte que la communication se déroule selon un mode prudent et peu sûr.

En ce moment, je me sens (deuxième étape) à la fois furieux et intimidé. Ma seule envie, c'est de boucler mon porte-documents, sauter dans l'avion et rentrer chez moi. Tout cela n'a rien de drôle, et bien franchement, je n'ai pas choisi d'être l'objet de tels comportements.

Ce que je veux (troisième étape), c'est simplement que nous puissions travailler ensemble, dans le respect mutuel, afin d'obtenir des résultats qui à longue échéance seront bénéfiques pour vous, pour votre société et pour moi. En ce moment, vous faites face à une prise de décision primordiale. Si vous choisissez de me traiter comme vous venez de le faire, je n'ai aucun intérêt à poursuivre nos relations professionnelles. Mais si vous décidez d'étudier sans réticence les questions dont nous avons déjà parlé, je ferai tout ce qui est en mon pouvoir pour vous aider à obtenir des résultats positifs.

Elle devint de plus en plus calme en entendant mon discours. «Que se passera-t-il si vous continuez de réagir de cette façon avec vos collaborateurs?» lui demandai-je. Au bout d'un moment de réflexion, elle répondit doucement: «Je serai congédiée.» J'étais bien d'accord avec elle. «Alors, que faisons-nous?» demandai-je encore. «Si vous voulez bien travailler avec moi, dit-elle, je voudrais régler tout cela. Chez moi aussi j'ai des problèmes relationnels de ce genre, il faut que j'agisse différemment.» Grâce à cet aveu, elle avait fait tomber une importante barrière et nous nous sommes mis à l'ouvrage. Et au cours des mois suivants, elle fit tomber d'autres barrages dans son parcours vers une nouvelle conscience.

En exprimant ce que vous vivez, ressentez et voulez, vous clarifiez la situation, pour vous-même et pour les autres et vous pénétrez au cœur du problème. Plutôt que de prendre pour exemple un comportement du passé, vous pouvez retirer une compréhension beaucoup plus enrichissante en concentrant toute votre attention sur l'expérience en cours. La voix trop forte de la P.D.G. et le fait qu'elle se tenait debout devant moi avaient tout de l'intimidation. Et le *feed-back* en franc-parler que j'ai exprimé était en relation directe avec ce que je vivais à ce moment précis. C'est d'ailleurs ce qui lui a permis de saisir le lien qui existait entre son attitude et ce que je ressentais. Et ce *feed-back* immédiat l'a aidée à changer de comportement en faisant des choix conscients. Ainsi, le franc-parler exprimé au moment opportun avait entraîné une transformation positive.

Évoquez une occasion où vous avez donné du *feed-back* à quelqu'un qui vous a répondu par: «Donnez-moi un exemple!» Soucieux de ne pas l'offenser, vous avez scrupuleusement décrit un événement «négatif» passé. Alors, il a réagi par la colère, rationalisant, défendant et justifiant sa position, déclarant: «Donnez-moi un autre exemple.» Avec peut-être un peu moins de conviction, vous avez souscrit à sa requête en faisant état d'une autre occasion au cours de laquelle il avait adopté une attitude intimidante et dépourvue de sensibilité. Il est devenu carrément furieux, a mis en pièces votre exemple et vous a dénigré. Que faire alors?

On ne saurait trouver meilleur cas! Ce qu'il est *en train* de faire reproduit en tous points les modèles de comportement qu'il ne cesse de répéter. En fait, il n'est même pas nécessaire de faire appel à des exemples antérieurs. Ce qui se passe dans l'immédiat est de loin plus significatif et vous donne davantage de force pour communiquer ce que vous vivez, ressentez et voulez. Cette sonnette d'alarme vous offre un large éventail de possibilités. Profitez-en, compte tenu des circonstances du moment, pour lui fournir un *feed-back* direct et empathique. À titre d'exemple, vous pourriez lui dire:

> Dans notre présente conversation, les exemples que j'ai avancés ont été systématiquement récusés. Je suis partagé entre la frustration, l'anxiété et la colère. Dans ces circonstances, je ne me sens pas à l'aise pour vous faire part de mon point de vue, car à l'évidence votre comportement actuel correspond aux circonstances mêmes que j'ai tenté de décrire tout à l'heure. Je veux qu'avec empathie nous échangions nos remarques, en toute liberté et avec ouverture d'esprit. Je vais redoubler d'effort pour écouter avec vigilance, et je vous invite à en faire autant.

Quand vous formulez ce que vous avez vécu, assurez-vous d'employer un langage objectif plutôt qu'un langage subjectif ou accusateur. Traiter quelqu'un de «minable» ne pourra qu'envenimer la situation et détruire les relations. Une attaque contre un individu provoque en général une intensification du stress relationnel et prédispose à la vengeance.

Lorsque vous donnez du *feed-back*, prenez soin de distinguer la personne du comportement en cause. Au lieu de vous en prendre à l'individu, concentrez-vous sur le problème. En voici une démonstration:

Hier, quand vous avez critiqué mon travail devant mes collègues, j'en ai été passablement embarrassé. Je tiens à vos commentaires, j'y attache une grande valeur et vos conseils m'ont appris beaucoup de choses. Aussi, je veux qu'à nouveau vous me fassiez part de vos observations, mais je préférerais que le *feed-back* me soit transmis en privé. De mon côté, ce serait plus facile à accepter, et certainement plus simple pour vous aussi.

Traitez les autres comme ils veulent être traités

Une bonne façon de construire des relations concrètes et de faciliter le franc-parler consiste à développer une entente harmonieuse avec les autres. La «façon» de communiquer au moyen du franc-parler est intimement liée à notre faculté de nous adapter et de mener avec efficacité diverses relations. La confiance et la crédibilité de nos échanges découlent directement de notre flexibilité et de notre souplesse.

Il existe une règle d'or selon laquelle il faut traiter les autres comme vous voudriez qu'ils vous traitent. Tout va pour le mieux s'ils vous ressemblent, mais s'ils sont différents de vous, cela ne marche pas. Vous courez le risque d'agir de façon incorrecte, du moins à leur point de vue, et de leur imposer votre propre système de valeurs. Selon les enregistrements de Jim Cathcart et Tony Alessandra sur les stratégies relationnelles *(Relationship Strategies)*, au lieu de faire passer le courant, vous avez toutes les chances de voir surgir un conflit.

On peut toutefois donner une autre interprétation à cette règle d'or: «Traitez les autres comme *ils* veulent être traités.» Cette manière d'agir crée des liens, agrandit les zones de confort interpersonnelles et accroît la confiance et la crédibilité; en outre, le courant passe d'un individu à l'autre, car vous êtes en état d'influencer vos interlocuteurs de façon intègre.

De par sa nature, la faculté d'adaptation comportementale apparaît extrêmement malléable. Cependant, c'est l'*intention* qui détermine le résultat. Si votre but est d'amener l'autre à faire quelque chose pour vous mais à ses dépens, cette manipulation négative provoquera dans les rapports une montée de tension. Toutefois, si on utilise des stratégies relationnelles positives avec l'intention bien arrêtée de faire des gagnants sur toute la ligne, ces tactiques sont susceptibles d'influencer les autres, tout en améliorant les échanges.

La souplesse comportementale ne met pas l'accent sur ce que vous faites aux autres, mais sur ce que vous vous faites à vous-même. L'adaptabilité est un moyen de créer l'harmonie en modulant votre liberté d'expression, votre attitude et votre démarche sur celles de votre interlocuteur, en accord avec ses attentes. Alors que vous conservez votre personnalité propre, votre souplesse d'esprit vous permet de puiser largement dans vos ressources intérieures, parmi les dons que vous exploitez le moins souvent. De cette attitude directe, quoique flexible, se dégagera vraisemblablement un rapport de gagnant à gagnant.

En termes de neurolinguistique, le processus de souplesse comportementale se définit comme suit: s'adapter/se mettre au diapason/prendre l'initiative. L'adaptation et le fait de se mettre au diapason créent l'harmonie. Et à partir du moment où il y a harmonie, nous pouvons prendre l'initiative, ou encore influencer une situation. Toutefois, si l'harmonie n'est pas créée, il en découlera de la résistance ou des tensions. En règle générale, lorsqu'on nous oppose une certaine résistance, c'est l'indice que nous ne sommes pas en harmonie avec les autres, et il est donc nécessaire d'ajuster notre expression et notre attitude et de nous mettre dans le ton, afin de faire retomber la tension. En effet, développer l'harmonie apporte la sécurité et facilite le franc-parler.

Le syndrome de «l'Américain déplaisant», de par son absence d'adaptabilité et son refus de se mettre au diapason, fournit un bel exemple d'harmonie non établie. Pour *s'adapter* en voyageant à l'étranger, il est indispensable d'être à la fois conscient et réceptif aux autres cultures, styles de vie, normes, sens des valeurs et langages que nous sommes amenés à rencontrer. «Quand vous êtes à Rome, vivez à l'heure romaine», explicite clairement ce que signifie s'adapter. Et se mettre au diapason exige de régler son allure sur celle des autres. Si par exemple vous vous promenez avec des citadins de New York ou de Rome, vous devrez accélérer le rythme; par contre, en compagnie des habitants de Birmingham ou de Londres, vous ralentirez l'allure. Quand on essaie de prendre l'initiative alors qu'il n'y a ni accord ni harmonie, on rencontrera une résistance; mais dès lors que les deux éléments sont employés efficacement, il y aura harmonie. Et dans ce dernier cas, on peut prendre l'initiative, ou influencer, de façon intègre.

De par mes nombreuses recherches au cours des douze dernières années, j'ai relevé des modèles spécifiques qui vous aideront sans doute à communiquer efficacement. Le respect des différences, tout comme le respect des cultures des pays étrangers, facilite la formation de nouveaux liens. La façon d'agir des autres à votre endroit reflète généralement votre manière d'agir envers eux. Et votre aptitude à vous adapter aux autres et à entretenir des relations vivantes, dépend de votre faculté de «malléabilité», laquelle comprend tant la conscience que la réceptivité et la connaissance des réponses adéquates. Si vous mettez vos compétences en pratique, à un niveau très élevé, en vue d'une communication d'adaptation/de mise au diapason/de prise d'initiative, et que vous traitez les autres de la manière qu'ils veulent être traités, vous créerez de l'harmonie. Étudiez les stratégies d'adaptation et de mise au diapason suivantes, en fonction de divers types de comportement auxquels je consacre mes recherches depuis 1980:

Type de comportement qui privilégie l'analyse. L'individu s'adapte en étant organisé, consciencieux et pragmatique. Il est partisan de la logique et de la pensée structurée et communique avec impassibilité. Il évite les contraintes, les imprévus et les risques importants. Il maintient une allure lente et régulière, donnant à l'interlocuteur le temps voulu pour mettre de l'ordre dans ses idées.

Type de comportement qui privilégie l'autorité. L'individu s'adapte en étant direct, efficace et en donnant la priorité aux résultats. Il est attiré par les défis et donne aux autres la liberté d'agir. Il évite l'indécision, la perte de temps et les excuses. Il mène la marche à toute allure, en venant tout de suite au fait, et se préoccupe des résultats.

Type de comportement qui privilégie le soutien. L'individu s'adapte en étant honnête, individualiste et ouvert. Il soutient les principes et les valeurs d'autrui et il communique avec sincérité. Il évite l'injustice, l'impatience, l'apathie et la trahison. Il maintient une allure relativement lente et est attiré par la défense des causes et des idéaux.

Type de comportement qui privilégie l'aspect social. L'individu s'adapte en étant agréable, stimulant et tolérant. Il encourage chez les autres les rêves, la créativité et l'ambition. Il évite d'entrer dans les détails, de se laisser ennuyer et de bouger avec trop de lenteur. Il répond du tac au tac, et il prodigue reconnaissance et admiration.

Le concept s'adapter/se mettre au diapason/prendre l'initiative mis en pratique dans les relations professionnelles et personnelles permet de créer un environnement sûr et ouvert, propre au franc-parler respectueux. À l'image des pays étrangers, chaque individu est doté d'une culture, d'un genre et d'un rythme particuliers. Pour s'adapter aux personnes qui privilégient les tâches, il est indispensable d'aller droit au fait, de mettre l'emphase sur les résultats et de limiter à leur plus simple expression les contacts physiques et les mondanités. Mais pour s'adapter à des individus dont l'intérêt est axé sur les relations sociales, l'approche sera peut-être moins directe et plus ouverte. Pour développer une relation durable avec une telle personne, il est préférable de partager ses sentiments, de se montrer chaleureux et d'avoir constamment une apparence soignée. En présence d'individus à l'esprit vif, qui ont un rythme de vie accéléré, il nous faut parler, agir et décider rapidement. Toutefois, avec ceux dont la démarche est plus pondérée, on réalisera une entente harmonieuse par des gestes, des paroles et des conclusions modérées; on écoutera davantage et on temporisera sa vigueur.

Le fait de s'adapter et de se mettre au diapason permet d'établir des liens harmonieux, tout en favorisant le franc-parler. Étant donné qu'au cours d'une même conversation nous nouons et dénouons sporadiquement les liens avec notre interlocuteur, il ne faut pas cesser pour autant de surveiller les rapports interpersonnels. En effet, pendant un échange, il est parfois nécessaire de rétablir le contact.

La communication n'est rien d'autre que le processus qui consiste à émettre et à recevoir du *feed-back* en vue d'une compréhension réciproque. Car l'*aptitude* et la *volonté* de communiquer procèdent de choix délibérés.

Il est fort possible que vous sachiez d'ores et déjà communiquer de façon plus efficace que vous ne le faites dans la réalité. Employez vos talents pour communiquer vraiment au travail et à la maison, et vous vivrez des relations pleinement épanouies.

ATTENTION!

- De quelle façon décidez-vous de communiquer chez vous et au travail? Remarquez-vous une distinction entre les deux environnements?
- Jusqu'à quel point manifestez-vous de l'assurance quand on vous fait des remarques?
- Dans quelles circonstances vous retenez-vous d'avoir le courage de communiquer?
- Quels talents pour communiquer devriez-vous développer, tant dans le cadre personnel que professionnel?
- Quelle est la leçon à retenir?

La vérité sera toujours la plus forte.

SOPHOCLE

CHAPITRE DIX-SEPT

Les bienfaits du feed-back

«J'EN VEUX ENCORE!»

Cherchez d'abord à comprendre avant
de vouloir être compris.
STEPHEN R. COVEY

L' un de mes clients, directeur d'une grande entreprise, m'a déclaré un jour: «À une certaine époque, on faisait énormément de remarques désobligeantes à propos de mon secteur. Mais ce n'est plus le cas désormais; ce qui signifie sans doute que les choses vont mieux.» Voilà une présomption pour le moins aventureuse! Toutefois, mon point de vue différait passablement du sien, car j'avais tout juste terminé mes entrevues avec ses principaux collaborateurs. Ces derniers, compte tenu des relations cahoteuses qu'ils entretenaient avec leur directeur, envisageaient de remettre leur démission en bloc. Et dire qu'il s'imaginait que tout allait à merveille!

Comment la situation avait-elle pu en arriver là sans que le directeur ne soit au courant? Au fond, il avait habitué les responsables de son service à *ne pas* lui donner de *feed-back*. Quelques mois auparavant, ce même directeur avait convoqué les membres-clés de son personnel à une réunion, afin de mettre le doigt sur les problèmes du service, et de les résoudre «une fois pour toutes». Lorsqu'il demanda si les gens avaient des remarques à faire, une personne fort courageuse fit des commentaires critiques sur le fonctionnement du service. Le directeur en fut outré et, la montrant du doigt, lui dit: «Vous! Sortez d'ici!» Le chef de service avait bel et bien sommé cette femme, et devant tous ses collègues, de quitter la salle de réunion.

Depuis ce moment-là, on se demande bien pourquoi on cessa de transmettre tout *feed-back* au directeur! Même si les conversations allaient bon train à l'extérieur du service, personne n'avait envie de lui parler. Désormais, les responsables considéraient qu'il était risqué de s'adresser au patron, de sorte que ce dernier était complètement coupé du courant de communication.

Parfois, certains individus, pour se mettre à l'abri des commentaires, se referment et ne font quasiment confiance à personne. Lorsqu'il y a des réunions en dehors du service, c'est parce que les réseaux de communication sont minés et que les employés cherchent d'autres façons de faire connaître ce qu'ils pensent, ressentent et souhaitent.

Quiconque possède la moindre intelligence, sait pertinemment qu'il pose un geste pitoyable en donnant l'ordre à un collaborateur de quitter la salle de conférence parce que celui-ci a fait des observations; mais il nous arrive, à nous aussi, «d'ordonner» aux autres de «sortir», quand, par exemple, nous refusons d'écouter leurs remarques ou d'y prêter attention.

Durant mon premier mariage, j'ai ni plus ni moins sommé ma femme de «sortir». Je m'explique. Je suis très doué pour résoudre les problèmes. Quand surgissait une difficulté quelconque, mes compétences se mettaient aussitôt à tourner à plein régime. De temps à autre, ma femme donnait libre cours à son trop plein d'émotion. Pas dans l'intention de régler quoi que ce soit, non, uniquement pour se libérer. Mais elle avait à peine commencé que déjà mes neurones s'activaient. Enfin, un problème à résoudre! Vite, vite, trouve la solution. «Au suivant!» Bien que j'exagère un peu, pendant très longtemps mon comportement a révélé à quel point j'étais peu apte à écouter, me contentant de rester à son côté tandis qu'elle voulait me parler et cherchait à établir le contact. Au fond, en rendant la communication malaisée et déplaisante, je l'ai tout bonnement incitée à se taire et à se replier sur elle-même.

Prenez le cas d'une personne en colère qui, au propre comme au figuré, vous hurle dans les oreilles! Comment réagissez-vous? En hurlant à votre tour (méthode de l'*attaque*). Et quand vous criez, qu'advient-il des émotions de l'autre? L'intensité émotive grimpe en flèche et la situation conflictuelle s'intensifie. Une autre manière d'agir consiste à déclarer: «Je n'ai pas à supporter tout cela.» Alors vous quittez brusquement la pièce, faisant claquer la porte derrière vous (méthode de la *fuite*). Une fois de plus, qu'en est-il des émotions de l'autre? C'est l'escalade! Et la situation est-elle résolue pour autant? Non. Bien qu'aucune de ces attitudes n'apporte de bons résultats, ce sont des méthodes fréquemment employées dans les querelles. Ce sont deux formes de résistance qui ignorent les ressources intérieures et aggravent la discorde. Ni l'une ni l'autre n'offre la sécurité souhaitable pour chercher des solutions.

Abattez le mur de votre résistance

Une autre tactique tend à produire de meilleurs résultats. Mais soyez prêt, car cette stratégie exige que vous marquiez une pause pour réfléchir et que vous plongiez au cœur de votre résistance pour apprendre du *feed-back*. Imaginez la résistance comme un mur dressé entre vous et la personne qui émet des critiques. Plutôt que de vous en prendre à ce mur ou l'éviter, percez-y une porte et passez de l'autre côté. En règle générale, la plus belle occasion que vous avez d'apprendre et de vous développer se situe au-delà de ce mur. Et en situation conflictuelle, l'élimination de vos zones de résistance se fait en cinq étapes:

1. Marquer une pause pour réfléchir. Faire une pause pour réfléchir ne représente pas seulement une interruption dans le temps, mais fournit une occasion délibérée, en établissant le lien entre la tête et le cœur, de maximiser vos richesses intérieures. Quand vous prenez conscience que quelque chose en vous résiste, c'est ni plus ni moins qu'un signal qui vous indique qu'il est temps de marquer une pause afin de vous ressourcer et d'élever votre esprit. La résistance doit être considérée comme une ressource.

2. «J'en veux encore.» Vous plaisantez! *«Vous en voulez plus?»* Bien que la réaction normale consisterait à contre-attaquer verbalement, le fait de se placer en mode d'écoute active et calme crée une présence lucide dans la discussion. La sérénité de la personne qui écoute est fréquemment contagieuse. Et si vous éprouvez quelque résistance à l'énoncé de cette suggestion, c'est vraisemblablement qu'une occasion d'apprendre apparaît à l'horizon!

3. Écouter avec chaque fibre de son corps. Trop souvent, plutôt que d'écouter, nous n'avons pour objectif que le moment où viendra notre tour de parler, en réorchestrant entre-temps ce qui ne concorde pas avec nos conceptions. Ainsi, quand nous attendons de prendre la parole, notre esprit se fixe sur l'élaboration de notre riposte et sur la justification de nos points de vue. Ce qui, soit dit en passant, n'a rien à voir avec l'écoute. «Cherchez d'abord à comprendre avant de vouloir être compris», préconise Stephen Covey. Car, même en état de stress, si nous écoutons avec l'intention de comprendre, nous nous donnons les moyens de construire des relations. Mais en règle générale, nous désirons être compris avant même d'essayer de comprendre les autres. Et ceux-ci en font autant. Quand les interlocuteurs veulent être compris, mais chacun pour soi, l'écoute active cède le pas à la mise au point de la contre-attaque pour avoir gain de cause. Il serait au contraire préférable de chercher à saisir les faits, tout comme les impressions et les intérêts de l'autre personne. Une écoute empathique contribue à clarifier et à résoudre les problèmes, à développer l'harmonie et à canaliser les efforts de rapprochement dans les relations.

4. Trouver un terrain d'entente avec ceux qui nous critiquent. Accepter la critique? Eh oui, acceptez la façon de voir de votre interlocuteur et les réalités de la situation. Vous souvenez-vous de l'exercice des trente carrés du chapitre sept? Peut-être en aviez-vous dénombré seize, cependant que votre critique en a vu vingt-cinq. Ce peut être aussi l'inverse, mais vous ne le saurez pas à moins de faire le calme en vous et d'écouter. Incitez plutôt la personne qui vous fait des observations à vous guider et, de votre côté, essayez d'apprendre. Tenez compte des points de vue et des sentiments de l'autre: «A présent, je comprends mieux votre façon de voir la situation», ou «J'attache beaucoup d'importance à votre optique et je comprends ce que vous ressentez», ou encore «En effet, vous avez raison. Puis-je vous faire part d'une autre perspective?» Grâce à la réciprocité de l'écoute active, vous multipliez les chances de découvrir à vous deux les trente carrés, bien plus que si vous observiez la situation séparément.

5. Encourager le *feed-back*, c'est un bienfait. Gratifier le *feed-back* d'un simple «merci» vous aidera à construire des relations saines et encouragera également une communication plus ouverte. Quand un collègue ou votre employeur vous fait des remarques qui ne vous plaisent pas outre mesure, encouragez le *feed-back* par une phrase de ce genre: «Je vous remercie de vous préoccuper suffisamment de moi pour me faire part de cette observation délicate. Bien sûr, certaines choses n'étaient pas faciles à entendre, mais elles méritent réflexion et je vais retenir la leçon. Et je vous serais reconnaissant de continuer à me parler avec franchise de tout autre problème qui pourrait survenir.» De cette façon, votre interlocuteur se sent prêt à s'adresser de nouveau à vous avec sincérité, au lieu d'avoir des conversations de couloir avec les autres à votre sujet.

Le *feed-back* est un bienfait. Que l'on aime, comprenne ou apprécie le *feed-back* n'y change rien. Mais en favorisant les observations, nous apprenons et nous nous épanouissons. Nous créons ainsi des liens avec les autres. Nous en apprenons davantage sur nos préjugés et donnons jour à de nouvelles prises de décision. La confiance et l'harmonie prennent de l'ampleur, cependant que nous apprenons à nous transformer. Quand nous encourageons et récompensons des remarques précises et franches de la part des autres, nous acquérons des idées neuves, propres à perfectionner notre dynamique personnelle et professionnelle.

Que diriez-vous de mettre en pratique ces cinq étapes lorsque l'on vous donne du *feed-back* difficile à entendre? Comment croyez-vous que votre interlocuteur réagira sur le plan émotionnel? Dans la plupart des cas, l'émotivité fléchit au profit d'une meilleure compréhension. L'harmonie s'installe et les liens se nouent entre les individus.

Dans ma profession, il m'arrive fréquemment d'avoir à résoudre des conflits de travail entre personnes d'une même entreprise. Je suis toujours étonné par le pouvoir qu'exerce le procédé de la pause de réflexion, laquelle stimule la compréhension et jette des ponts entre les êtres. On obtient de meilleurs résultats lorsque les individus acceptent de réfléchir et de faire le tour des sujets auxquels ils sont habituellement rebelles. En procurant à ceux qui nous donnent du *feed-back* la sécurité émotionnelle, nous désensibilisons la situation et modelons des comportements ouverts. Car l'écoute active se révèle contagieuse.

Si, régulièrement, vous demandez du *feed-back,* en écoutant pour bien saisir, cela vous aidera à trouver la tranquillité d'esprit tant dans votre milieu professionnel que familial. Et quand des tensions relationnelles font surface, il est encore plus important d'écouter avec toute son attention. Puis, en cherchant à saisir à la fois ce que dit et ressent votre interlocuteur, vous vous donnez la possibilité de resserrer les liens.

En votre présence, puis-je être moi-même en toute sécurité?

«En votre présence, puis-je être moi-même en toute sécurité?» En d'autres termes, mon interlocuteur m'offre-t-il un environnement sûr, dans lequel je suis libre d'exprimer mes pensées, mes sentiments et mes souhaits? Ce qu'il me faut, c'est l'assurance qu'en donnant du *feed-back* à quelqu'un, je n'en serai pas perturbé, ni maintenant ni par la suite. Et quand je me sens en sécurité, c'est mon moi réel qui communique.

Si nous critiquons le *feed-back* que nous recevons, nous mettons sur la défensive, ou nous vengeons systématiquement d'une manière ou d'une autre, nous faisons savoir aux autres qu'il vaut mieux ne pas nous faire de remarques. Et de votre côté, comment empêchez-vous le *feed-back*?

ATTENTION!

Est-ce que je bloque le *feed-back* en:
- Critiquant les commentaires des autres?
- Me mettant sur la défensive, avec de fortes réactions émotives?
- Attendant de prendre la parole au lieu d'écouter?
- Étant «trop occupé»?
- Préparant ma riposte: «Oui, mais…»?
- Notant les points; en cherchant à égaliser le score?
- Interrompant mon interlocuteur, en parlant sans arrêt?
- Cherchant toujours à mettre le doigt sur ce qui ne va pas dans les raisonnements ou les façons de voir d'autrui?
- Ramenant constamment le sujet vers mes propres préoccupations?
- Expliquant, en raisonnant?
- Mettant l'accent sur la personnalité et en passant à côté des problèmes?
- Prenant l'initiative de mettre fin à l'entrevue de façon prématurée?
- Me barricadant dans mes préjugés?
- Levant les yeux au ciel, en poussant des soupirs excédés, en pianotant impatiemment?
- Laissant voir que je meurs d'ennui, les yeux dans le vague?
- Quittant les lieux au moment où la situation devient délicate?
- Posant des conditions quant à ma liberté de parler?

Lorsque nous sommes particulièrement doués pour empêcher tout *feed-back*, il ne faut pas s'étonner d'être secoués de temps à autre par de sérieuses sonneries d'alarme. À défaut de créer une ambiance sûre favorisant régulièrement du *feed-back* opportun, nos énormes «angles morts» surgissent, eux aussi, comme des surprises «tombées des nues». Alors, nos employés nous quittent «sans préavis», notre patron évalue notre rendement à la baisse, notre conjoint s'intéresse à quelqu'un d'autre, et nos enfants ont des problèmes avec la justice. Et nous nous demandons: «Comment cela a-t-il bien pu se produire? Est-ce que j'y suis pour quelque chose?»

La vie nous réserve très peu de véritables surprises. Dans la plupart des cas, un signe avant-coureur cherche à se frayer un passage à travers nos filtres de communication. Cependant, quand nous n'écoutons pas avec attention, ou que nous ne sommes pas pleinement disponibles, nous incitons nos interlocuteurs à garder pour eux l'information. Et empêcher le *feed-back* peut nous coûter très cher.

Nous indiquons toujours aux autres quelle attitude ils doivent adopter envers nous

Recevez-vous suffisamment de reconnaissance et d'estime de la part des gens qui comptent le plus pour vous? Si ce n'est pas le cas, il y a de fortes chances que vous ne répondiez pas à leurs besoins en termes de *feed-back*. D'une manière générale, ce que vous recevez reflète fidèlement ce que vous donnez. En d'autres termes, si vous ne donnez pas beaucoup de *feed-back* positif, vous n'en recevrez pas beaucoup non plus. Vous montrez peut-être aux autres la façon de ne pas faire attention à vous et de ne pas vous donner du *feed-back* positif. Pensez à la dernière fois où quelqu'un vous a fait un compliment sincère. L'avez-vous accepté en disant merci? Ou avez-vous rabaissé, découragé, minimisé le *feed-back* positif?

Un jour où j'ai complimenté une femme sur sa robe, celle-ci me répondit: «Comment, cette robe? Mais, dès que je serai rentrée chez moi, je la donnerai aux pauvres!» Que m'avait fait savoir cette femme? Que je manquais de goût et qu'elle ne se sentait absolument pas à l'aise pour accepter le *feed-back*. À une autre occasion, un individu me dit que j'avais une jolie cravate. «J'aime bien la vôtre aussi», répondis-je du tac au tac. Mais en levant les yeux, je m'aperçus qu'il ne portait pas de cravate! Vous est-il déjà arrivé, alors que vous faisiez une observation vraiment élogieuse à quelqu'un, de voir celle-ci dépréciée par un compliment qu'on vous retourne trop vite? Si vous voulez qu'il y ait échange de *feed-back* agréable, apprenez donc à dire «merci». Un point, c'est tout. Une nouvelle vie s'ouvrira à vous grâce au *feed-back* positif.

Donnez du feed-back *de façon aléatoire!*

Certains d'entre nous ont appris à faire des remarques en observant un ordre selon lequel on doit commencer par des éloges, avant de passer au *feed-back* négatif. En suivant ce procédé pendant un certain temps, les gens se préparent, dès que nous les complimentons, à entendre par la suite une remarque désobligeante. Pensant que nous n'utilisons la louange qu'en guise d'introduction pour en venir au vrai but de la conversation, notre interlocuteur peut même s'irriter du *feed-back* positif.

Aussi, au lieu de vous enfermer dans un modèle de *feed-back* qui se déroule du positif au négatif, passez vos remarques sans ordre préétabli! À certains moments, par exemple, n'émettez que des commentaires favorables, mais qui, bien entendu, doivent être mérités. En d'autres circonstances, vous ne ferez que des critiques à la même personne. Toutefois, n'oubliez pas de dissocier la personne du problème et de la respecter. Vous pourriez formuler votre énoncé de la façon suivante: «Je vous respecte et vous estime et j'espère que nos relations professionnelles seront de longue durée. D'un autre côté, cela m'ennuie que vos trois rapports, contrairement à ce que nous avions convenu, soient en retard. Je veux être en mesure de me fier aux dates que vous me donnez.» Bien sûr, il sera parfois nécessaire d'user à la fois du *feed-back* positif et négatif. Si nos commentaires sincères sont donnés selon un *ordre* aléatoire, nos interlocuteurs n'accorderont que davantage de crédit à nos remarques et ils seront plus réceptifs. De sorte que notre franc-parler les influencera de façon intègre.

En procurant à vos vis-à-vis un climat de confiance, vous jetez des bases propres à établir la compréhension. Dans la plupart des cas, nous voulons d'abord être compris, et il en va de même de l'autre individu. Si bien que les deux interlocuteurs sont perdants quand chacun augmente le volume de son émetteur et baisse celui de son récepteur.

Un nombre considérable de mes clients qui sont cadres supérieurs organisent régulièrement des sessions de *feed-back* avec leurs collaborateurs, afin d'accroître leur propre efficacité. Existe-t-il meilleure source d'information que celle offerte par les premiers intéressés qui sont placés sous vos ordres? Dans le cas des relations personnelles, des échanges assidus destinés à souligner les bons côtés, et à explorer avec impartialité les possibilités d'amélioration, peuvent également déboucher sur un changement concret. Ce processus est susceptible de favoriser la fidélité et un engagement encore plus sérieux et constitue un modèle de premier ordre pour une communication ouverte et prévenante.

Selon une échelle de 0 à 10, comment évaluez-vous le climat de confiance que vous offrez aux membres de votre famille afin qu'ils vous donnent du *feed-back*? Et qu'en est-il dans votre vie professionnelle? Existe-t-il une différence, et de quel ordre, entre les deux domaines? Lequel est le plus serein, et pour quelle raison? J'ai remarqué que dans nombre de cas les gens créent un climat plus sécurisant au travail que chez eux. Ils s'appliquent sans doute à communiquer avec exactitude dans leur univers professionnel, alors qu'ils font moins d'efforts lors des échanges avec ceux qui leur sont pourtant les plus proches. C'est alors que survient une sonnerie d'alarme, et ils se demandent bien pourquoi.

Une communication de qualité exige que nous donnions du *feed-back* avec courage, et que nous instaurions la confiance lorsque nous recevons du *feed-back*. Mettez les autres à l'aise de vous exprimer ce qu'ils ont à vous dire. Réclamez régulièrement un *feed-back* et n'oubliez pas de les en remercier. Devenez une inépuisable source de confiance. Compte tenu de ce que la croissance et le développement requièrent un *feed-back* de qualité, créez un climat propice à la discussion. Le *feed-back* est un bienfait.

CHAPITRE DIX-HUIT

L'écoute persuasive

LE POUVOIR DU SILENCE

La faculté d'écouter est un phénomène étrange et fascinant,
une force créative. Nous nous tournons plus volontiers vers les amis
qui nous écoutent, en souhaitant demeurer dans leur rayonnement.
Nous prenons vie lorsque l'on nous écoute, nous déployons
nos ailes et prenons de l'envergure.

KARL MENNINGER

Au cours des semaines qui ont précédé la guerre dans le golfe Persique en 1991, James Baker, secrétaire d'État américain, et Tariq Aziz, ministre des Affaires étrangères de l'Irak, se sont rencontrés pour essayer de trouver une solution pacifique. Mais avant cette rencontre, Baker avait annoncé qu'il déclarerait «sans ambages» au ministre des Affaires étrangères qu'il était «hors de question de négocier». Selon lui, l'Irak devait se retirer du Koweït immédiatement et sans conditions, faute de quoi il subirait les représailles des armées alliées. Pour sa part, le ministre Aziz adoptait lui aussi une position inébranlable, soutenant qu'il préviendrait le secrétaire américain que le retrait des forces irakiennes ne serait envisagé que si l'on abordait la question palestino-israélienne. Ni l'un ni l'autre n'était prêt à écouter son interlocuteur.

Puis, pendant l'ultime entretien de six heures qui s'est déroulé juste avant le début des hostilités, les deux hommes se sont adressé l'un à l'autre tels des porte-voix tonitruants. Personne n'a marqué de pause pour réfléchir. Personne n'a été ouvert au *feed-back*. Personne n'a écouté l'autre. Personne n'a d'abord cherché à comprendre. Chacun défendait et prônait son propre point de vue. Chacun guettait le moment où viendrait son tour de prendre la parole. Ni l'un ni l'autre n'a réussi à persuader son interlocuteur ou à se laisser convaincre. Bien entendu, la situation au Proche-Orient est extrêmement complexe et les atrocités perpétrées par les dirigeants de l'Irak étaient inacceptables. Mais il n'empêche que cet instant crucial d'échanges diplomatiques aurait exigé des qualités propres à une écoute particulièrement attentive et l'engagement de chaque partie à comprendre l'autre. (Comme nous l'avons déjà mentionné, ce n'est pas quand tout va bien que nos valeurs sont mises à l'épreuve, mais bien quand *rien ne va plus*.)

À la suite de cette rencontre, qui avait pour objectif d'éviter la guerre, MM. Baker et Aziz s'adressèrent à la presse internationale, exposant chacun de son côté sa propre interprétation de ce qui s'était passé au cours de cette rencontre critique. Chacun dénonça le refus de l'autre d'entendre quoi que ce soit! Puis, ce fut la guerre. Et dès la fin du conflit, les nations du monde entier fixèrent toute leur attention sur (devinez quoi!) la question palestino-israélienne. À présent, tous étaient prêts à écouter. Combien de fois, à notre modeste échelon personnel, avons-nous «déclaré la guerre» au lieu d'essayer de comprendre, pour nous attaquer enfin, après avoir payé le prix fort des «hostilités», au problème initial? Il est plus sage de tenir compte des sonnettes d'alarme et de prendre les décisions adéquates.

L'écoute active est l'un des plus beaux cadeaux que l'on puisse faire

On considère l'écoute active, celle où l'on est pleinement présent pour autrui, comme l'une des plus belles façons de donner. Stephen Covey, quant à lui, préconise qu'il faut écouter avec la ferme *intention* de comprendre. Quand nous décidons d'écouter attentivement, nous devenons plus conscients, profitons d'une multitude de choix et établissons les fondations sur lesquelles nous pourrons construire nos relations. Une écoute empathique ouvre la voie à la communication et démontre à notre interlocuteur qu'il est important à nos yeux. De plus, quand nous faisons sciemment silence, nous élargissons le champ de la conscience. Et l'écoute nous offre maintes possibilités de résoudre nos différends.

Pensez à des gens qui, par le passé, vous ont écouté avec attention. Ils étaient entièrement présents et ne se laissaient pas distraire par des phénomènes extérieurs. Ils ne se contentaient pas d'écouter vos paroles, mais saisissaient aussi ce que vous ressentiez. Ils vous acceptaient tel que vous étiez et observaient au lieu de juger. Vous vous sentiez intéressant et valorisé; par la suite, vous avez tenu compte de leur avis et vous vous êtes de nouveau adressé à eux. Ces interlocuteurs attentifs ont assurément compté pour beaucoup dans votre vie. En outre, ces individus développent une grande faculté de persuasion. Une écoute persuasive: quel paradoxe!

À l'occasion d'un séminaire de trois jours sur la communication, destiné à des cadres supérieurs, une collaboratrice vint me seconder, car j'étais son «maître pédagogique» en matière de développement de l'entreprise. Tout au long de la session, l'un des participants démontra qu'il n'avait manifestement aucune aptitude pour la communication. Il faisait de fréquentes interruptions, tentait de faire dévier le sujet et passait de nombreux commentaires désobligeants. Ma patience était à bout. À la fin du séminaire, tous les autres sont partis, sauf lui. Tandis que je rangeais le matériel avec ma collaboratrice, il continua de me harceler, posant de nombreuses questions et faisant des observations inopportunes. Il me chauffait les oreilles et le rouge me monta aux joues. L'individu avait dépassé les bornes.

Ayant remarqué mon emportement, mon «enseignante stagiaire» s'avança lentement vers nous. Après avoir observé les tentatives de l'homme pour communiquer avec moi, elle lui déclara: «Vous êtes vraiment désespéré, n'est-ce pas?» Il éclata en sanglots! Je n'avais perçu que son «discours incohérent» et j'étais passé à côté de sa profonde détresse. Il était si peu doué pour la communication interpersonnelle que chaque fois qu'il ouvrait la bouche, tous faisaient mine de ne pas entendre et tournaient les talons. Et dès que ses interlocuteurs s'apprêtaient à s'éloigner, il redoublait d'efforts maladroits pour communiquer à tout prix.

Même s'il tâchait de surmonter son handicap — il s'était bel et bien inscrit à mon séminaire —, son mode de communication était caractéristique d'un état d'impasse. De mon côté, je n'avais pas écouté avec la ferme intention de comprendre. À cette occasion, mon «enseignante stagiaire» était devenue mon maître. Par son écoute persuasive, elle avait ouvert une brèche chez ce client. Quelle leçon extraordinaire ce fut pour moi. Je lui serai toujours reconnaissant de ce bienfait et elle reste à mes yeux mon maître de l'écoute empathique.

Écoutons-nous vraiment ou attendons-nous le moment de prendre la parole?

Il nous arrive fréquemment, au lieu d'écouter avec attention, de nous engager dans un dialogue intérieur en attendant de parler à notre tour, préparant notre réplique ou révisant nos contre-attaques. Ces pratiques, contraires à la communication fonctionnelle, représentent une *simulation*, non une écoute active. La preuve que nous ignorons le discours du locuteur, c'est que nous l'interrompons en lui déclarant: «Oui, mais…» Je ne sais plus qui a un jour qualifié le mot «mais» d'«éclipse totale». Tout ce qui est formulé avant est éclipsé par le «mais», alors que notre véritable message vient par la suite. «Je suis d'accord avec vous, *mais…*»; «Je t'aime, *mais…*»; «Je suis convaincu que vous faites du bon travail, *mais…*» Si l'on utilise «et» au lieu de «mais», le résultat sera plus pertinent. «Je suis d'accord et un autre point de vue qui mérite d'être pris en considération, c'est…»; «Je t'aime *et* nous pouvons améliorer certains côtés de notre relation»; «Je suis ravi de la qualité de votre travail *et* il existe plusieurs moyens d'obtenir des résultats encore plus satisfaisants».

L'être humain a fondamentalement besoin d'être compris et accepté. Et l'écoute active représente l'un des mécanismes les plus efficaces pour satisfaire ce besoin. En cherchant d'abord à comprendre, notre attitude indique à la personne qui parle que nous le respectons. Une écoute consciente crée un climat propice à la réciprocité qui, dès lors que nous avons écouté consciemment les paroles et les sentiments contenus dans le message de l'autre, nous permet d'être compris à notre tour. Toutefois, si nous nous contentons d'«écouter» dans l'unique dessein d'être compris par la suite, non seulement le courant ne passe pas, mais en outre la tension relationnelle grimpe en flèche.

Le fait de reconnaître et de respecter les intérêts de l'autre améliore l'écoute persuasive. Dans leur livre *Getting to Yes,* Roger Fisher et William Ury soulignent l'importance de transcender les préjugés tout en recherchant la communauté d'intérêts en tant que manière de négocier selon laquelle les deux parties sont gagnantes. L'écoute active constitue un procédé stratégique propre à fusionner des intérêts divergents.

Le Proche-Orient offre un exemple pertinent de persuasion au moyen de l'écoute active. En 1967, au moment de la guerre de Six Jours, Israël «prenait» à l'Égypte une grande partie de son territoire. Puis durant une décennie, de lourdes tensions ne cessèrent de se faire sentir entre les deux pays, car chacun réclamait la propriété du territoire en question. Les deux États s'étaient engagés dans une impasse. D'un côté, Israël refusait d'abandonner le terrain et, de l'autre, l'Égypte ne pouvait tolérer l'occupation israélienne.

Vers la fin des années soixante-dix, le président américain Jimmy Carter organisa la rencontre de Camp David, où les deux chefs d'État antagonistes devaient trouver une solution durable. Les négociations furent longues et ardues, car le premier ministre israélien et le président égyptien se campaient l'un et l'autre dans leurs positions respectives.

Cependant, une analyse des *intérêts* qui se situaient au-delà de leurs prises de position engendra des niveaux de conscience et des choix nouveaux. *Pourquoi* Israël voulait-il le territoire: dans quel intérêt? Pour assurer sa sécurité. En effet, tant que des troupes ennemies et des équipements de combat seraient postés aux frontières d'Israël, sa sécurité serait menacée. *Pourquoi* l'Égypte voulait-elle le territoire: dans quel intérêt? Pour sauver la face et préserver sa souveraineté. Ce territoire lui appartenait et lui avait été enlevé à cause de la guerre.

À partir du moment où ils concentrèrent leur attention sur les *intérêts* situés au-delà de leur attitude respective, et se mirent à écouter, les deux parties en vinrent à s'influencer mutuellement. À première vue, les accords de Camp David pouvaient passer pour un compromis. Toutefois, un simple compromis aurait abouti au partage du territoire et le tracé de nouvelles frontières n'aurait eu pour résultat que de prolonger les hostilités.

On adopta au contraire une solution de collaboration qui allait dans le sens des intérêts propres à chaque pays. L'Égypte recouvrait son territoire. Elle était parvenue à ses *fins*, puisqu'elle sauvait la face et récupérait sa souveraineté. D'un autre côté, aucune troupe ni équipement de guerre ne pouvaient occuper la zone qui avait fait naître le conflit. Tant et si bien qu'Israël était parvenu à ses *fins*, puisque sa sécurité était assurée. Quels résultats extraordinaires on peut obtenir lorsque l'on décide d'écouter! Voilà qui offre une démonstration exemplaire de l'écoute persuasive.

LIGNES DIRECTRICES POUR UNE ÉCOUTE PERSUASIVE

1. Écoutez en établissant le lien entre la tête et le cœur; faites une pause pour réfléchir.
2. Écoutez avec la ferme intention de comprendre.
3. Écoutez le message lui-même, et le message sous-jacent.
4. Écoutez en tenant compte de ce qui est dit et des sentiments.
5. Écoutez aussi avec les yeux; vous entendrez mieux.
6. Écoutez en tenant compte des intérêts de l'autre, pas seulement de ses points de vue.
7. Écoutez ce que disent vos interlocuteurs, et aussi ce qu'ils *ne disent pas*.
8. Écoutez avec empathie et réceptivité.
9. Écoutez en étant attentif aux points sensibles, face auxquels les interlocuteurs éprouvent de la crainte et du désespoir.
10. Écoutez comme vous aimeriez que l'on vous écoute.

Imaginez un échange difficile entre vous et une autre personne, où chacun défend des perspectives ou des positions diamétralement opposées. Cherchez un éventuel centre d'intérêt au-delà de l'attitude de cette personne. Que veut-elle? Il arrive fréquemment qu'une prise de *position* dissimule l'*intérêt* réel de l'individu. Par exemple, quelqu'un pourrait vous déclarer que ce qu'il veut, c'est «une relation passionnée et intense», alors que son véritable intérêt, c'est plutôt d'être protégé de tout ce qui pourrait le blesser. Dans le milieu professionnel, une personne tâche de trouver un nouveau bureau qui serait pourvu d'une fenêtre; en réalité, elle voudrait un meilleur statut et recevoir davantage d'estime.

À l'époque où je travaillais pour le service administratif d'un hôpi-tal, une technicienne de laboratoire m'exposa le projet de former un syndicat pour le personnel médical de l'établissement. Son projet n'avait aucun rapport avec un quelconque problème d'administration. Bien au contraire, elle se préoccupait de ce que le personnel médical à proprement parler risquait de se voir incorporé d'une manière ou d'une autre dans l'un des syndicats qui s'organisaient en ce moment dans l'hôpital. J'étais plongé dans une situation pour le moins embar-rassante. D'une part, je devais faire très attention à ne pas entraver les droits des employés de s'organiser. D'autre part, je préférais conserver la possibilité de travailler et de communiquer directement avec les individus plutôt que de devoir passer par un troisième syndi-cat. Voilà que se présentait d'office une belle occasion d'écoute per-suasive.

Je demandai donc à la technicienne de m'exposer les avantages et les inconvénients de ce nouveau syndicat, et quels étaient ses objectifs. L'harmonie s'installa au fur et à mesure que je l'écoutais, sans l'influen-cer en quelque manière que ce soit. Au fil de la conversation, j'appris que son travail l'ennuyait et qu'elle avait des compétences inexploitées en matière de direction de projets. Une participation active dans la for-mation d'un syndicat lui permettrait d'acquérir une nouvelle expérience, tout en lui permettant de mettre en pratique ses talents pour la prise de décisions.

Parallèlement, les services administratifs souhaitaient que fut élaboré un projet de formation, réunissant divers professionnels de la santé, et dont la mission serait d'améliorer les services aux patients. Le centre hospitalier voulait aussi développer son programme d'éducation en matière de santé communautaire. Au cours de notre entretien, je fis part de ces nécessités à la technicienne. Ses yeux pétillèrent, et elle s'inclina vers moi, avide d'en apprendre davantage sur ces programmes qui n'avaient pas encore vu le jour. Elle était vivement intéressée.

Grâce à l'écoute attentive, j'avais découvert l'essence de ses inté-rêts. Alors qu'elle fixait sa «position» sur la création d'un syndicat, elle avait pour véritable intérêt de contribuer activement à un projet qui lui donnerait la possibilité de développer et d'exercer son potentiel inexploité. Et ses compétences correspondaient précisément aux besoins de l'hôpital, ce qui nous faisait déboucher sur une solution gagnante sur toute la ligne. Elle devint le pivot de l'organisation de tout le programme d'éducation en matière de santé. Les résultats furent si probants qu'elle décida par la suite de faire carrière dans l'administration hospitalière. Et quelques années plus tard, j'eus le grand plaisir d'appuyer sa demande d'inscription en vue d'obtenir sa maîtrise en gestion de la santé.

Écoutez consciemment

Un sceptique face aux avantages de l'écoute persuasive dirait que le procédé sert à manipuler les gens. Que l'*intention* impose la direction à suivre. Genie Laborde, auteur de *Influencing with Integrity*, avance pour sa part que la manipulation c'est «de parvenir à vos fins au détriment, ou sans même tenir compte de votre interlocuteur». D'un autre côté, le fait de réaliser des intérêts ou buts *communs* exerce une influence, mais dans un esprit de bonne entente et de responsabilité. Vous devez donc vous engager à écouter en toute conscience et à agir honnêtement lorsque vous influencez le cours des pensées de l'autre. Il est bien évident qu'avec cette méthode certains seraient tentés de commettre des abus. Toutefois, cette démarche procède d'une décision, et vous êtes entièrement responsable de votre choix.

La mise en application consciencieuse des dix lignes directrices pour une écoute persuasive peut fort bien vous faire franchir les obstacles à la communication. L'écoute empathique respecte l'individualité de la personne qui parle et le prédispose à une plus grande réceptivité, tandis que le phénomène d'ensemble renforce la confiance dans la relation.

Écoutez les messages de la personne qui parle en établissant le lien entre la tête et le cœur. Écoutez à la fois le message et les sentiments. Écoutez avec la ferme intention de comprendre. L'écoute active développera votre habileté à comprendre et à vous faire comprendre, et à atteindre au vrai changement.

Quatrième partie

Changer

CHAPITRE DIX-NEUF

Les différences, un capital
à exploiter

VALORISER SA SINGULARITÉ

Le conformisme se paie cher.

RALPH WALDO EMERSON

Que diriez-vous si tous les individus de l'univers vous ressemblaient? Même si vous êtes quelqu'un de très bien, rien ne pourrait plus fonctionner. Avez-vous pensé à quel point le monde serait ennuyeux si tous pensaient et se comportaient comme vous? Nous avons besoin de dissemblances. La disparité est un capital, pas un déficit. La variété contribue à enrichir l'existence et à stimuler l'apprentissage, nous permettant de développer notre conscience et de nouvelles perspectives. Les différences concourent à la créativité, à la recherche d'idées et nous incitent à donner le meilleur de nous-mêmes. Réfléchissez à l'énoncé suivant: quand deux personnes en affaires sont toujours d'accord, il y en a une qui est de trop.

Chacun d'entre nous est doté d'un ensemble de talents personnels qui contribuent, comme par enchantement, à la perfection de l'univers. Mais parfois nous ne voyons en ces dissemblances que des anomalies, et leur véritable valeur nous échappe. Et si nous regardions au-delà des différences pour découvrir leurs avantages?

Recherchez l'unité plutôt que l'uniformité

Imaginons que nous faisons partie de l'équipe de direction d'une entreprise dans laquelle il y a un poste à combler. Quand nous voulons confier un poste à quelqu'un, nous recherchons le plus souvent un candidat ou une candidate qui partage notre philosophie et qui, par son expérience et sa formation exceptionnelles, nous complétera. Nous désirons également un point de vue, des idées et du sang neufs.

Au terme de nos recherches, nous finissons par trouver chez un même candidat la combinaison «parfaite» de similitudes et de différences. Cette personne a acquis, dans son dernier emploi, la réputation d'une collaboratrice brillante, et l'on porte à son crédit un grand nombre d'idées pertinentes. C'est avec chaleur que nous l'intégrons à l'entreprise. De son côté, la candidate partage notre enthousiasme. Elle puise sans tarder dans ce qui la distingue de nous pour proposer un certain nombre de mesures susceptibles d'accroître le rendement du service.

À votre avis, comment ces idées sont-elles accueillies? Vous avez deviné: par la résistance! C'est alors que se font entendre des réflexions du genre: «Nous avons déjà essayé et cela n'a rien donné.» «Ici, nous faisons les choses de telle et telle façon.» «Le patron ne sera jamais d'accord.» «Vous ne faites pas partie de l'entreprise depuis assez longtemps pour comprendre.» «Ce n'est pas prévu dans le budget.» Nous nous mettons à rogner les «angles» de la nouvelle employée. Nous nous empressons de discréditer ses particularités, ou angles, éléments qui représentent pourtant les raisons majeures qui ont déterminé notre choix. Par ce procédé, nous la condamnons à devenir l'une de nos semblables! Nous fabriquons ainsi un clone à notre image.

Quelle leçon en retiennent les employés? Qu'il vaut mieux faire marche arrière et refréner leurs façons de penser. Ils apprennent rapidement que leurs différences ne sont ni appréciées ni encouragées. Nos collaborateurs découvrent aussi qu'il peut être dangereux de livrer leurs opinions, et tout compte fait, ils jugent plus prudent de se fondre dans la masse. Et quels résultats en retire-t-on, du point de vue professionnel et individuel? Professionnellement, on perd les avantages des différences entre les êtres. On leur interdit l'accès à la créativité. On leur refuse également d'utiliser les qualités mêmes qui leur permettent d'être efficaces et de connaître la satisfaction personnelle. Si bien que ce mécanisme fait disparaître une partie d'eux-mêmes. Voilà bien une expérience dévalorisante et démotivante pour l'individu.

LES DIFFÉRENCES PERÇUES COMME DES DÉFICIENCES

Phase un

Il y a un poste vacant.

Phase deux

Nous confions le poste à une personne qui partage notre conception des choses, mais qui offre des différences.

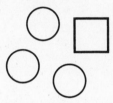

Phase trois

Nous rognons les «angles» de la personne, en dénigrant les différences de cette personne.

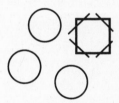

Et, croyez-le ou non, nous adoptons le même comportement dans nos rapports personnels. Ce sont souvent les contrastes individuels qui exercent un fort pouvoir d'attraction entre deux êtres. Par exemple, la sensibilité de Linda a séduit Jean. Toutefois, après une longue période de vie en commun, Jean est ennuyé par cette affectivité. «Tu es trop émotive, dit-il à Linda. Tu es constamment blessée, peu importe ce que je dis ou ce que je fais. Pourquoi n'essaierais-tu pas d'être plus forte?» Le sens des valeurs de Richard et son goût prononcé pour la justice ont d'abord fait bonne impression sur Christine. Puis, après quelque temps, l'inflexibilité et l'étroitesse de vues de Richard l'incommodent. «Tu es si rigide, lui dit-elle. Tu places tout sous le signe de la morale. Tu devrais être moins strict.» Au bout du compte, nous nous demandons: «Pourquoi ne me ressemblent-ils pas davantage?» Remarquez à quel point nous rognons les angles quand nous considérons les différences comme des déficiences.

Je me souviens d'une histoire à propos d'un garçon de six ans qui, depuis trois longues années, attendait avec impatience le moment d'entrer à l'école. Enfin, cette étape essentielle de son existence le rapprocherait de son frère et de sa sœur aînés. L'esprit éveillé et ravi d'être en classe, il prend place au premier rang, avide de découvrir et d'apprendre. L'institutrice annonce, souriante: «Aujourd'hui, les enfants, nous aurons un cours d'art plastique.» La créativité du gamin se mit à tourner à plein régime! «Je pourrais faire des objets avec de la pâte à modeler, se dit-il. Je pourrais dessiner. Faire de la peinture avec les doigts. Bâtir quelque chose avec le jeu de construction. Je pourrais...» Le processus est alors interrompu par la maîtresse. «Aujourd'hui, les enfants, nous aurons une leçon de dessin.» À nouveau l'esprit inventif du garçonnet s'emballe. «Je pourrais dessiner des navires, des avions, des montagnes, des arbres.» L'institutrice intervient encore une fois: «Aujourd'hui, les enfants, nous allons apprendre à dessiner des fleurs.» Le garçon, qui commence à comprendre que ses sujets d'intérêt ont peut-être moins d'importance que ce que veut l'enseignante, ne se départit pas pour autant de son état créatif. «Je pourrais dessiner des tournesols, des roses, des pissenlits.» L'institutrice poursuit alors: «Aujourd'hui, les enfants, nous allons apprendre à dessiner une tulipe rouge de taille moyenne.»

Un an plus tard, alors qu'il entame sa deuxième année de scolarité, le garçonnet a déjà appris à refréner son imagination. Le jour de la rentrée, il est confronté à une nouvelle institutrice et à une nouvelle classe. Une prise de décision se présente à lui lorsque la nouvelle maîtresse annonce aux élèves: «Aujourd'hui, les enfants, nous aurons un cours d'art plastique... et vous pouvez faire tout ce qui vous plaît!» Le garçon réfléchit quelque temps, puis dessine... une tulipe rouge de taille moyenne.

La vie commence pour nous comme un grand point d'interrogation. Tout est neuf et le champ est libre pour l'exploration et la découverte.

Nous sommes comme des diamants bruts. À la fin de l'école secondaire, par contre, nous ne sommes plus qu'un point. Nous savons ce qu'il en est. Nous connaissons les réponses que nous sommes censés connaître. On a balisé notre créativité. On a arrondi nos angles. On a fait de nous des individus acculturés.

«Les êtres créatifs entreprennent leur véritable formation lorsqu'ils quittent l'école», a déclaré Gay Hendricks lors d'un séminaire. Une expérience que j'ai personnellement vécue confirme cet énoncé. Vers la fin du secondaire, la conseillère d'orientation m'avait convoqué dans son bureau, à la suite d'une demande de bourse que j'avais déposée pour entrer dans un établissement d'études supérieures. «Si cela ne dépendait que de moi, m'avait-elle déclaré, j'émettrais un avis défavorable.» Elle me conseilla de changer d'orientation, faisant valoir que je n'avais aucune chance de réussir des études supérieures, ajoutant que le cours préparatoire que j'étais en train de suivre ne me servirait en rien. Elle me proposait de me diriger plutôt vers la formation professionnelle, la mécanique automobile ou la menuiserie, par exemple.

À cette époque, ma moyenne était de B+. Je faisais partie du meilleur groupe de niveau, et de plus, j'étais président des élèves. Je ne trouvais donc pas que son évaluation était réaliste, et même à cet âge, j'avais suffisamment d'audace pour passer outre à son avis. J'avais aussi appris entre les branches qu'elle nourrissait de solides préjugés à l'égard des élèves afro-américains. Étant donné mes efforts en vue de renforcer les relations interraciales, ma démarche allait à l'encontre de son système de valeurs. Elle avait donc décidé de profiter de cette occasion pour me rogner les ailes. Dans ce cas particulier, je choisis tout bonnement de ne pas me laisser faire. Et j'entrai bel et bien à l'université, grâce à la bourse qu'elle avait tenté de me faire passer sous le nez.

Pour vivre et travailler dans des conditions harmonieuses, deux dimensions sont essentielles, tant dans le domaine des relations professionnelles que personnelles: 1) encourager les dissemblances (c'est-à-dire respecter le côté «canard sauvage»), et 2) accepter de poursuivre en compagnie des autres et avec enthousiasme une tâche, un objectif ou une nouvelle direction (le vol en formation). Le respect de la différence nous confère la faculté de nous surpasser au mieux de nos possibilités, et facilite l'usage et le déploiement de nos «ailes». Une énergie consciente nous procure toute latitude d'avoir recours à ce que nous avons de meilleur en nous! Et plutôt que de rogner les ailes à ceux qui nous entourent, encourageons la disparité et la singularité. Nous avons besoin des *canards sauvages*, et aussi que les canards sauvages *volent en formation*. L'association de ces deux éléments constitue le fondement de relations personnelles et professionnelles de grande qualité. Recherchez l'unité, pas l'uniformité.

Engagez-vous à faire des autres des êtres grandioses

Le célèbre Alfred Sloan, ancien P.D.G. de General Motors, s'était un jour trouvé aux prises avec une importante question de politique économique. Il réunit ses conseillers de direction afin de recueillir leur avis et profiter de leur expérience. Au terme de leurs délibérations, il demanda à tous ceux qui avaient pris place autour de la table de conférence de donner leur point de vue respectif. Tous l'approuvaient. En fait, les conseillers s'étaient ralliés à l'unanimité à sa décision. Il va de soi que dans la plupart des cas, un P.D.G. aurait été ravi d'obtenir la majorité, que dire alors de l'unanimité? Mais Alfred Sloan, lui, ne jubilait pas.

C'est alors qu'il livra à ses conseillers un message, que je me permets de reproduire en mes propres termes: «Puisque la solution à cette question cruciale a été adoptée à l'unanimité, je préfère reporter à plus tard la décision finale. Nous ne pouvons nous permettre d'avoir tous un seul et même point de vue. Je vous paye pour vos conseils avisés, pas pour votre accord systématique.» Si Alfred Sloan a ajourné la décision, c'est qu'il était persuadé que si tous raisonnaient de la même manière, il n'y avait pas grand brassage d'idées. Quelques semaines plus tard, ils se réunirent pour reconsidérer la question; cette fois-ci, ils trouvèrent une solution nettement plus satisfaisante que celle ayant fait l'objet de leur commun accord. Qu'est-ce que Sloan leur avait enseigné? Qu'on peut sans risque avoir des opinions différentes. Qu'il est possible de tenir compte d'avis divergents et qu'ils sont même les bienvenus. Que des perspectives différentes enrichissent le processus décisionnel. Et qu'enfin, les différences sont un capital à exploiter.

LES DIFFÉRENCES CONSTITUENT UN CAPITAL

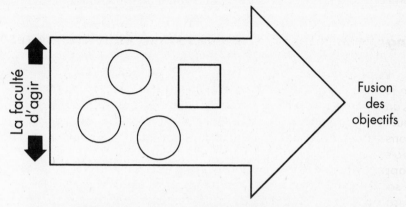

Notre défi relationnel est de donner aux «canards sauvages» la faculté de voler en formation!

- «La faculté d'agir» fournit aux «canards sauvages» la liberté d'employer leurs talents, et aussi de déployer leurs ailes.
- «Le vol en formation» favorise la fusion des objectifs, pas l'uniformité.

En respectant les différences et en laissant la liberté d'agir, le tout dans un contexte de saine entente, vous faites de vous et des autres des êtres d'exception. Je n'entends pas par là qu'il faut à tout prix «aligner les canards en rang d'oignon», car cette façon de procéder ne peut que minimiser tout le monde. Une méthode à la fois plus intéressante et plus satisfaisante consiste à créer les conditions favorables pour que les «canards sauvages puissent voler en formation». Cet engagement grandit les autres. Et en respectant le sens de l'unité plutôt que l'uniformité, nous faisons ressortir la singularité de ceux qui nous entourent tout en visant un objectif commun.

ATTENTION!

- Jusqu'à quel point respectez-vous les différences des autres?
  - Au travail?
  - Chez vous?
- De quelle manière «rognez-vous les ailes» de:
  - Vos collègues?
  - Vos enfants?
  - Votre conjoint?
- Jusqu'à quel point rognez-vous vos propres ailes?
- Quelle est la leçon à retenir?

CHAPITRE VINGT

Fossés et ponts relationnels

TROUVER LE JUSTE ÉQUILIBRE

Aucun chemin ne conduit au bonheur.
Le bonheur est la voie à suivre.

WAYNE DYER

Ce n'est pas parce que deux êtres habitent le même lieu qu'ils connaissent pour autant l'intimité affective. Quelquefois, nous entretenons avec les personnes les plus proches de nous des relations fort distantes! Chez soi, comme au travail, des attentes insatisfaites deviennent fréquemment sources de tensions, lesquelles finissent par éroder la structure de relations pourtant solides. Nous n'exprimons pas toujours avec clarté nos désirs, nos besoins et nos attentes, pourtant nous sommes déçus et mécontents quand on ne répond pas à ces exigences non formulées. «Après tout, s'il m'aimait vraiment, il *saurait* ce que je veux et ce dont j'ai besoin.» Nous espérons que l'autre lira en nous, et nous le pénalisons de manière subtile en usant de répression, de bouderie et peut-être même d'agressivité quand nous n'obtenons pas ce que nous voulons. Ce qui accroît le déficit relationnel et fait surgir les sonneries d'alarme.

L'amour procède d'un choix et d'un engagement.

JOHN POWELL

Décide-t-on d'aimer? Oui, car l'amour procède d'un choix délibéré, non seulement celui d'être avec votre partenaire, mais d'*être* avec votre partenaire, c'est-à-dire d'être entièrement présent. De partager sans réserve vos pensées, vos sentiments et vos désirs. De partager aussi vos joies, vos craintes, vos frustrations, vos succès, vos faiblesses et vos rêves. De le seconder et d'être secondé. De participer à la croissance et à l'épanouissement de votre partenaire. Et de respecter son individualité. Un lourd programme? Oui. Néanmoins, ce choix engendre l'intimité, alors que si vous menez votre relation en somnambule vous engendrez l'éloignement.

ATTENTION!

- Sur une échelle de 0 à 10, où situez-vous la relation qui vous tient le plus à cœur?
- Que faudrait-il au juste pour atteindre 10?
- Que pourriez-vous faire autrement, vous et votre partenaire, pour obtenir un changement concret?
- Qu'êtes-vous prêt à faire différemment pour bâtir des liens équilibrés?
- Quelle est la leçon à retenir?

Prenez en considération la relation qui vous importe le plus. Sur une échelle de 0 à 10, quel chiffre attribueriez-vous quant à la façon dont vous vivez présentement cette relation? Un 5, un 9, ou un 2? Je vous invite à faire consciencieusement le premier exercice de perfectionnement relationnel qui suit, lequel vous aidera à opérer un changement concret. En vous y mettant tous les deux, dans un esprit de saine coopération, vous pourrez prendre les mesures qui s'imposent pour atteindre le niveau supérieur!

Portez une attention particulière aux termes «points forts» et «possibilité d'amélioration» de la première étape de l'exercice. Lorsque vous discuterez avec votre partenaire, assurez-vous tous deux de reconnaître avec honnêteté les points forts ou «efficacités» de chacun et de travailler aux possibilités d'amélioration. Les questions épineuses devront être étudiées avec une grande ouverture d'esprit et beaucoup de délicatesse. En étroite collaboration, attaquez-vous aux sujets délicats tout en renforçant vos liens relationnels. Une telle franchise formulée avec prévenance incitera votre partenaire à se joindre à vous au lieu de se braquer contre le processus de résolution des problèmes. Votre *façon* de communiquer a autant d'importance que *ce que* vous communiquez.

Faites un suivi de l'amélioration des relations, ce qui vous aidera à enregistrer à long terme des résultats positifs. Et en fixant, dès que vous aurez rempli le premier exercice, une date de suivi, vous pourrez tous deux créer des «pressions originales» pour que soient respectés la forme et le fond de vos engagements respectifs. Le suivi a deux objectifs: 1) fêter les succès, aussi minimes soient-ils et, 2) corriger ses lacunes en toute connaissance de cause, afin de se maintenir sur la bonne voie. Célébrez le suivi d'une façon agréable pour vous deux: soit un dîner dans un bon restaurant, soit une fin de semaine où vous partirez sans les enfants, soit une longue promenade; enfin, trouvez quelque chose de valorisant pour vous deux.

Hésitez-vous à vous investir dans votre relation?

L'amour, la confiance et le consentement mutuel sont conditionnels ou inconditionnels. Les circonstances elles-mêmes contribuent parfois à l'éloignement des partenaires. De plus, il nous arrive fréquemment de vouloir faire passer des tests à notre conjoint, à seule fin qu'il nous prouve son indéfectibilité et aussi pour répondre à nos besoins. Et si par miracle notre partenaire réussit à franchir tous les obstacles, cela signifie-t-il que nous allons l'accepter sans réserve? Non! Car nous avons tendance à multiplier les obstacles! (Pas *vous*, bien sûr. Mais des individus, plus ou moins inconscients, ont certaines prédispositions pour agir de cette manière.)

PREMIER EXERCICE DE PERFECTIONNEMENT RELATIONNEL

Première étape: Les partenaires définissent séparément leurs points forts et leurs possibilités d'amélioration.

Deuxième étape: Dans un climat de franc-parler empathique, chacun énonce sa liste avec franchise; chacun cherche d'abord à comprendre puis à être compris.

Troisième étape: D'un commun accord, les partenaires acceptent de faire un suivi à une date déterminée.

Points forts: Voici ce que j'aime dans notre relation:

_____

_____

_____

_____

Possibilités d'amélioration: Pour que notre relation obtienne 10 sur 10, je voudrais davantage de:

_____

_____

_____

_____

Les possibilités d'amélioration: Pour que notre relation obtienne 10 sur 10, je voudrais moins de:

_____

_____

_____

_____

Engagements: Pour améliorer notre relation, je m'engage à:

_____

_____

_____

_____

Le suivi: Le___(date)___, nous nous réserverons le temps de:

1. Fêter le succès de nos améliorations.
2. Apporter des corrections au besoin pour changer de façon concrète.

On peut considérer les relations selon deux perspectives: 1) ce que je peux en *retirer*, et 2) ce que je peux y *apporter*. Si notre intérêt primordial consiste à *retirer* sans cesse de la satisfaction de nos rapports, nous finirons par épuiser les ressources de notre partenaire. La qualité de la relation ne se mesure pas par ce que nous sommes à même de prendre, mais par ce que nous y investissons.

Nous entendons parfois des déclarations du genre: «J'existe moi aussi!» Ou encore: «Ne tiens pas mon amour pour acquis.» Quel message se cache derrière ce message? Ces mots laissent-ils entendre que certaines conditions doivent être remplies avant que cette personne ne s'engage réellement? Ou expriment-ils de manière indirecte des attentes insatisfaites? Dans un cas comme dans l'autre, il est primordial, dans l'intérêt de la compréhension mutuelle, de faire une pause *immédiatement*. Ne laissez pas passer l'occasion d'examiner minutieusement la situation.

Selon John Powell, auteur de *Unconditional Love*, l'amour sans condition signifie rien moins que: «Je suis à toi corps et âme.» À quel moment et dans quelles circonstances vous retenez-vous d'aimer? Et si vous aimiez sans réserve? Un tel engagement, pris de façon délibérée, crée un esprit d'étroite association qui débouche sur de solides relations. Alors qu'il faut être deux pour nouer une relation, un seul suffit à la modifier. Aussi, il vous incombe de modeler vos rapports en fonction de ce que vous en attendez. Que voulez-vous au juste? Que représente pour vous un 10 sur 10? Dans quelle mesure êtes-vous prêt à vous engager pour obtenir un 10?

À un autre niveau, de saines relations sont tout aussi importantes dans le milieu professionnel. Récemment, le président d'une grande banque m'a confié la théorie sur laquelle il s'appuie pour consentir un prêt.

> Quand deux associés me soumettent une demande de prêt, je ne manque pas, bien entendu, d'examiner à la loupe leur bilan financier et de procéder avec rigueur aux vérifications d'usage. Mais en dernier ressort, je prends ma décision en fonction de la question suivante: «S'aiment-ils?» Même si leur crédit est bon, je considère qu'il serait risqué de leur accorder un prêt s'ils n'ont pas d'estime l'un pour l'autre. Par contre, s'ils éprouvent de l'affection l'un vis-à-vis de l'autre, leur engagement mutuel leur permettra de surmonter l'adversité en cas de déboires dans leur affaire. Cet attachement réciproque réduit de mon côté les risques matériels et, de leur côté, construit des bases solides sur lesquelles ils pourront s'investir en sécurité pour mener à bien une longue aventure financière.

Quand, au moment d'accorder un prêt, le directeur d'une banque fait reposer sa décision finale sur la qualité des relations professionnelles entre les associés, on ne peut s'empêcher de revoir sous un jour totalement neuf cette dimension impondérable. Ce qui signifie bien que les problèmes relationnels existant dans notre domaine professionnel ne peuvent en aucun cas être laissés pour compte.

«Défaites vos valises»!

J'ai lu un article sur un avocat qui avait établi des contrats pour une bonne centaine de couples sur le point de se marier, contrats par lesquels chacun préservait son patrimoine respectif, pour le cas où leur future union ne marcherait pas. Chez nombre de ces couples, cela représentait une simple mesure de prudence qui éviterait les imbroglios en cas de séparation. Alors qu'en apparence cette pratique semble raisonnable, voyons d'un peu plus près ce qu'elle laisse entendre. Vous avez bien deviné: un amour conditionnel. Des chaînes. Des issues de secours qui en fait favorisent dès le départ l'idée de ne s'engager qu'avec retenue.

De par son expérience professionnelle, ayant trait aux contrats matrimoniaux, cet avocat avait tiré des conclusions intéressantes, quoique dramatiques: Tous ces mariages, sans exception, se soldaient en définitive par le divorce! Quand des individus entament une relation avec leur «valise déjà prête» — au cas où —, ils développent sans doute, consciemment ou non, un état d'esprit limité, posant de multiples conditions, ce qui les amènera le cas échéant à conclure avec une certaine suffisance qu'ils ne s'étaient pas trompés. Vous voulez un conseil? «Défaites vos valises»! Ce n'est pas quand tout va bien que l'on reconnaît la véritable valeur de quelqu'un, mais bien quand *ça ne tourne pas rond*. Lorsque les complications surgissent, et cela se produit invariablement, le fait d'avoir «des valises émotionnelles respectives défaites» démontre votre engagement réel, votre désir de prendre en main la situation, d'avoir une ambiance propice à la résolution des problèmes tout en consolidant votre relation. Ce comportement, qui signifie «tu peux compter sur moi», est propre à faire retomber les tensions et permet aux partenaires d'envisager sérieusement les problèmes, plutôt que de rester figés dans des attitudes de crainte ou de menace.

En ta présence, puis-je être moi-même en toute sécurité? Une saine relation me procure la sécurité voulue pour te confier en toute liberté ce que je pense, ressens et désire. Sans restriction et sans jugement. Je te demande simplement de m'accepter tel que je suis, et de respecter mon stade de croissance. Si des partenaires font les exercices de perfectionnement relationnel contenus dans ce chapitre et s'engagent fermement à prodiguer à l'autre la sécurité émotionnelle désirée, ils seront à même de résoudre les problèmes qui se présentent avec efficacité, tandis qu'ils renforceront leur sens de la coopération, tant chez eux qu'au travail.

Alors qu'il faut être deux pour créer une relation, un seul suffit à la modifier

Pour construire des relations durables, il est indispensable de marquer régulièrement des «pauses» pour s'auto-évaluer et pour vérifier si les comportements respectifs en vue d'un changement permanent nécessitent une certaine amélioration. J'ai sans conteste initié des milliers de dirigeants à la méthode du partenariat, que l'on verra dans le deuxième exercice de perfectionnement relationnel, et j'ai obtenu des résultats probants qui allaient bien au-delà de ce que l'on pouvait espérer. Dans mon séminaire destiné au développement des équipes de direction, je demande habituellement aux participants de sélectionner un partenaire avec lequel ils aimeraient entretenir des relations encore plus satisfaisantes. Les cadres se réunissent alors par deux pour effectuer cet exercice. Chez certains, cela engendre un progrès majeur. Et pour la grande majorité, la possibilité de s'exprimer avec franchise, dans une ambiance rassurante, incite à une meilleure compréhension tout en resserrant les liens entre les individus. Des succès similaires se produisent aussi quand je travaille avec des couples.

La première étape de cet exercice consiste à consolider les points forts de votre partenaire et de respecter ses différences. Une connaissance réelle des dons et aptitudes de chacun établit un climat positif, et l'harmonie s'installe dès le début de l'échange, lequel se déroule dans la sincérité.

La deuxième étape consiste en une introspection sur la façon dont «je» mets des bâtons dans les roues de la relation, qu'elle soit personnelle ou professionnelle. Ce procédé favorise la prise de conscience individuelle et le sens des responsabilités, et neutralise les questions délicates. L'énumération doit comporter les manques d'attention, de soutien ou de sentiments; le fait de ne pas être «présent»; le refus d'abandonner son point de vue; les jugements de valeur; le fait de ne pas écouter; de chercher à satisfaire ses besoins au détriment de l'autre, de ne pas assumer ses charges matérielles, de fuir ses responsabilités, ou d'avoir des «conversations de couloir» plutôt que de communiquer directement avec le principal intéressé. Bien entendu, la tentation est toujours grande de pointer du doigt la manière dont l'*autre* met des bâtons dans les roues, ce qui, malheureusement, entraîne des échanges reproche-victime qui accroissent la tension relationnelle et élargissent le fossé entre les partenaires. Mais lorsque les deux partenaires se portent garants, chacun de son côté, sur ce qui, chez lui, creuse le fossé dans la relation, il en résulte une ambiance saine et ouverte, propice à la résolution des problèmes.

DEUXIÈME EXERCICE DE PERFECTIONNEMENT RELATIONNEL

Exercice de partenariat

Les partenaires, assis face à face, énumèrent, chacun son tour, les éléments de la première étape. Les messages doivent être émis et reçus par chacun avant de passer à l'étape suivante. (Respectez l'ordre de la procédure, qui vous aidera à résoudre des problèmes importants, tout en créant entre vous un esprit de collaboration.)

Première étape: Ce que j'aime chez toi, c'est...

Deuxième étape: Je mets des bâtons dans les roues de notre relation (professionnelle)...

Troisième étape: Ce que j'attends de toi, c'est que tu:
a. fasses davantage, ou commences à faire...

_____

_____

b. fasses moins, ou cesses de faire...

_____

_____

Quatrième étape: Je m'engage à:
a. faire davantage, ou entreprendre...

_____

_____

b. faire moins, ou cesser...

_____

_____

Cinquième étape: Ce qu'en outre j'apprécie chez toi, c'est...

_____

_____

Dans la troisième étape, «ce que j'attends de toi», les partenaires doivent être précis. Il arrive souvent que des individus éprouvent beaucoup de mal à exprimer exactement ce qu'ils attendent des autres. Toutefois, le défi qui consiste à satisfaire des attentes inexprimées est quasiment impossible à relever. Alors, donnez à votre partenaire, ou à votre collègue, la chance de respirer un peu. Exprimez clairement vos centres d'intérêt, vos souhaits et vos besoins.

La quatrième étape met l'accent sur ce que vous êtes prêt à faire différemment pour améliorer la nature de votre relation personnelle ou professionnelle. Quand vous aurez défini avec votre partenaire ce que vous attendez de lui, et après avoir appris ce qu'il attend de vous, vous arriverez tous deux au moment de la prise de décision. La quatrième étape prépare le terrain pour que chacun s'engage à modifier concrètement la relation. D'un point de vue purement responsable, vous devez désormais passer à l'acte. En plus de votre engagement sur parole, mettez par écrit les ententes que vous avez passées dans la quatrième étape, et décidez d'une date, d'une heure et d'un lieu précis, pour assurer le suivi de l'exercice. Le suivi consolide la relation et se révèle un merveilleux outil qui permet de tenir ses engagements.

La cinquième étape est une aventure particulièrement intéressante. Lorsque la communication entre deux personnes est fondée sur l'empathie et le respect mutuels, chacune découvre invariablement chez l'autre des qualités supplémentaires qu'elle estime vraiment. La ferme intention d'écouter pour comprendre a presque toujours pour résultat de réduire le déficit relationnel, et donne l'occasion de découvrir de très belles qualités qui, auparavant, étaient passées inaperçues. De plus, le fait de clore l'exercice sur une note positive favorise la liberté des échanges futurs.

Points forts — Possibilités d'amélioration — Cibles

Un troisième exercice de perfectionnement relationnel — que nous appellerons «l'entraînement P.P.C.» — introduit un élément important: les cibles. Les cibles ont trait aux buts relationnels, ou encore aux objectifs pour lesquels deux individus s'associent. Pour développer des rapports sains, il est essentiel de partager une même vision, ou les mêmes visées. Car si la ligne directrice n'est pas nettement définie, et s'il n'y a pas unité d'entente quant aux objectifs, la tension et la confusion feront surface. Cet exercice vous permettra de préciser ce que vous attendez de l'autre, et de quelle *manière* vous voudriez que l'on réponde à vos attentes. Les cibles concernent ce que vous souhaitez bâtir, les *points forts* consolident ce qui d'ores et déjà fonctionne bien, et les *possibilités d'amélioration* définissent les moyens précis par lesquels vous atteindrez vos objectifs.

Les cibles requièrent sans doute quelques éclaircissements. Vous pouvez vous appuyer sur les exemples suivants pour assimiler le processus et l'employer efficacement dans votre milieu personnel et votre milieu professionnel:

1. Exemples de cibles dans les relations personnelles:
   • Respecter l'individualité de l'autre
   • Créer la joie et l'harmonie dans les rapports
   • Installer la confiance et une communication ouverte
   • Se donner l'un à l'autre les moyens de croître et de s'épanouir
   • Développer une atmosphère propice dans laquelle chacun s'engage librement
   • Assurer la sécurité, tant émotive que matérielle
   • Construire un milieu familial solide et empreint de sollicitude

2. Exemples de cibles dans les relations professionnelles:
   • Équilibrer la sensibilité humaine et la productivité

- Construire un organisme dans lequel chacun peut prendre des initiatives
- Installer la confiance et une communication ouverte
- Stimuler la croissance et le développement individuels et organisationnels
- Équilibrer les besoins entre l'individu et l'organisme
- Créer un esprit d'équipe
- Satisfaire les clients en leur offrant des produits et des services de qualité

TROISIÈME EXERCICE DE PERFECTIONNEMENT RELATIONNEL

L'entraînement P.P.C.

(Points forts — Possibilités d'amélioration — Cibles)

Première étape: Les partenaires travaillent d'abord séparément; chacun définit ses attentes précises en termes de cibles, de points forts et de possibilités d'amélioration. Les cibles sont centrées sur les objectifs, les points forts consolident ce qui fonctionne bien, et les possibilités d'amélioration indiquent la façon de procéder pour concrétiser les objectifs.

Deuxième étape: Dans une ambiance cordiale et en s'exprimant avec franchise, les partenaires font part de leur liste respective, et cherchent à comprendre l'autre avant d'être compris.

Troisième étape: Les partenaires s'engagent, d'un commun accord, à faire le suivi de l'exercice en fixant une date précise.

Les cibles: Dans un esprit de franche collaboration, j'aimerais que nous réalisions ensemble les objectifs suivants:

_____

_____

_____

Les points forts: Ce que j'apprécie dans notre relation:

_____

_____

Les possibilités d'amélioration: Pour améliorer notre relation, j'aimerais qu'il y ait un peu *plus* de:

_____

_____

_____

Les possibilités d'amélioration: Pour améliorer notre relation, j'aimerais qu'il y ait un peu *moins* de:

_____

_____

_____

Le suivi: Le____(date)___, nous nous réserverons le temps de:
1. Fêter le succès de nos améliorations.
2. Apporter des corrections au besoin pour changer de façon concrète.

Lorsque deux individus s'engagent pleinement en décidant d'un commun accord quelles sont les cibles à atteindre, ces objectifs constituent en eux-mêmes des outils puissants pour développer de saines relations. Car des objectifs significatifs incitent les êtres à transcender leurs limites respectives et le processus fait appel à leurs ressources communes pour produire un changement réel. Prenez le temps, individuellement, puis ensemble, de définir vos objectifs et vos cibles. La démarche elle-même est parfois plus valorisante que le produit final. Ou si vous préférez, le parcours sera peut-être plus important que la destination.

Pour combler le déficit et construire de solides relations, les individus doivent «se parler» en toute franchise. La clé pour obtenir des relations saines et renouvelées consiste à échanger des propos avec sincérité et de manière attentive, en écoutant avec la ferme intention de comprendre. La méthode P.P.C. que nous venons de décrire fournit une structure simplifiée au moyen de laquelle vous pouvez accomplir des progrès significatifs en vue de modifier concrètement vos relations. (Pour que nos rapports soient renouvelés, satisfaisants et heureux, ma femme et moi mettons régulièrement cette formule en pratique. Et ça marche!) Attendez-vous cependant à entendre une ou deux sonneries d'alarme. Néanmoins, il est nettement préférable de faire face en cours de route à des avertissements mineurs, plutôt que de tomber des nues au bout du chemin. Alors qu'il faut être deux pour créer une relation, un seul suffit à la modifier. Qu'attendez-vous de votre relation et qu'êtes-vous prêt à faire pour obtenir le résultat escompté?

Combler le fossé domestique

Nous avons souvent tendance à négliger la communication avec les êtres qui pourtant comptent le plus dans notre vie, et à relâcher nos comportements. C'est ce qu'on appelle le «fossé domestique». Parce que ces personnes sont nos proches — et parce que nous ne sommes pas conscients —, nous creusons sans nous en rendre compte des fossés relationnels d'où surgissent les tensions. Si par exemple vous recevez chez vous l'un de vos collègues et que ce dernier renverse un peu de café sur votre canapé, vous lui direz vraisemblablement: «Ce n'est rien. On peut le nettoyer facilement.» Nous n'en faisons pas toute une histoire. Mais que se passe-t-il si c'est notre conjoint, ou l'un de nos enfants, qui tache le canapé? Nous passons aussitôt à l'attaque! Nous nous montrons souvent impitoyables avec nos proches. Bien que nous refusions d'être tenus pour acquis, il nous arrive de les tenir, eux, pour acquis. Nous vivons en somnambules des relations qui devraient être primordiales. Et à quel prix le payons-nous!

Jean et Anna, un couple de type traditionnel, étaient mariés depuis quarante ans. Anna, qui réfléchissait à leur relation, trouva finalement le courage de déclarer à son mari: «Jean, tu ne me dis plus que tu m'aimes.» «Anna, répondit-il. Il y a quarante ans, quand nous nous sommes mariés, je t'ai dit que je t'aimais. Si un jour je change d'idée, je te le ferai savoir.» Et c'est ainsi que se creuse un fossé dans la vie domestique.

Vérifiez si vous n'adoptez pas vous-même ce comportement. Avec qui prenez-vous le plus grand soin pour communiquer: votre meilleur client ou votre conjoint? Et qu'en est-il de vos rapports avec votre patron, par rapport à ceux que vous avez avec votre conjoint? Prenez soin de communiquer vraiment, tant chez vous qu'au travail. L'intimité procure des avantages certains, dont le premier est d'être soi-même. Dans ces circonstances, nous n'avons pas à faire semblant ou à nous tenir sur nos gardes. Nous pouvons nous «défouler». C'est simple, mais parfois trop facile. Nous jugeons alors comme allant de soi l'intérêt que nous devrions porter à notre partenaire, et notre attitude trahit ce qu'en définitive nous attendons de lui, à savoir: «Je peux compter sur toi, même quand je ne te manifeste pas beaucoup d'attention.» Et la tension relationnelle s'accroît jour après jour, de façon imperceptible. Puis, à la longue, notre partenaire en a plus qu'assez de ne faire l'objet d'aucune attention. Retentit alors une sonnette d'alarme.

Chaque fois que nous vivons un fossé entre ce que nous voulons de la vie et ce qu'en fait nous créons, il faut nous attendre à une sonnerie de réveil. Si nous considérons que l'on ne nous manifeste pas assez de reconnaissance et d'estime, c'est peut-être tout simplement que, de notre côté, nous en sommes passablement avares. Et si nous n'obtenons pas suffisamment de respect, d'affection, de soutien, ou si l'on nous accepte moins bien que nous ne le souhaiterions, c'est peut-être encore parce que nous nous abstenons de le faire. En règle générale, on reçoit en fonction de ce que l'on donne. Si ce que vous récoltez ne vous plaît pas outre mesure, regardez ce que vous semez. Nous voulons habituellement retirer plus que ce que nous sommes disposés à investir, et ainsi, nous creusons un fossé entre nous et ceux qui nous tiennent à cœur. Dans quel fossé êtes-vous plongé en ce moment, et que laisse-t-il percevoir de votre être intérieur? Dans quelle mesure êtes-vous prêt — unilatéralement et sans condition — à faire ce qu'il faut pour équilibrer vos relations?

Dans leur livre *L'amour lucide*, Gay et Kathlyn Hendricks affirment qu'il faut établir une distinction entre une relation et une liaison. Dans le cas d'une liaison, chacun des partenaires impose à l'autre des limites à ne pas franchir. Si bien que tous deux perdent leur intégralité. Le résultat? Une demie par une demie égale un quart! Alors que dans une relation consciente où chacun accorde à l'autre la liberté d'être lui-même, un plus un égal deux, et même davantage! Notre dessein délibéré œuvre à grandir les autres. Et si nous mettions ce principe en pratique, inconditionnellement, tant chez soi qu'au travail? La paix et la vitalité qui en résulteraient ne pourraient que rejaillir dans tous les domaines de notre vie, et de celle des autres également.

CHAPITRE VINGT ET UN

L'engagement

«DÉFAIRE SES VALISES»

Sans engagement, il ne se passe rien d'important.

MARY MANIN BOGGS

Ce que vous faites a beaucoup plus d'importance que ce que vous dites. Les gestes valent plus que les mots. Toutefois, les actes peuvent aussi renforcer les paroles. Et ce n'est qu'à compter du moment où vous formulez votre engagement que les choses se mettent à bouger. L'engagement provoque une certaine hardiesse, laquelle engendre à son tour une vitalité à la fois intime et rayonnante. Et cela entraîne une force intérieure qui vous permet d'accomplir ce qui auparavant vous semblait inconcevable.

L'engagement établit le lien entre un objectif à long terme et votre comportement actuel, car il reflète les intentions intérieures de chaque instant. Et bien que cet engagement procède lui-même d'un choix, il a une grande influence sur les décisions ultérieures. À la longue, ces choix forment les bases sur lesquelles repose la qualité de votre progression ainsi que votre destination finale. Les engagements vous aident également à définir avec exactitude ce que vous attendez et ce que vous refusez de la vie. Ce à quoi vous vous engagez exprime pour une grande part l'essence même de votre identité, et conditionne vos actes.

Qui ne risque rien n'a rien.

Tout engagement exige que l'on ait le courage de ses convictions et que l'on accepte d'être vulnérable. Pour prendre position, vous devez vous décider, vous mettre «en jeu», comme le déclarait John Hanley en 1989. Bien sûr, il y a des chances que vous vous trompiez, mais en même temps vous coupez toute possibilité de vous fondre dans l'anonymat des masses. Vous êtes parfaitement libre, jusqu'au moment où vous aurez pris votre décision. Et cette décision, dès que vous l'avez prise, devient votre seul objectif, à l'exclusion de tout autre considération.

Quand, dans vos relations ou dans votre vie courante, vos «valises sont faites», cela indique à vos mécanismes intérieur et extérieur que vous avez — peut-être — l'intention de bouger. Vous laissez percevoir une certaine ambivalence et le refus, par maintes indications subtiles, d'être entièrement présent. Des gestes non pesés amènent les autres à douter de vos intentions et à vous retirer leur soutien. Pour la plupart, les gens savent fort bien reconnaître et interpréter l'absence d'engagement, ce qui vous force à affronter ce que précisément vous vouliez éviter. Si vous hésitez à vous investir dans une relation, de crainte de faire erreur sur «la personne», il y a de fortes chances pour que vos rapports soient profondément perturbés. Et si au travail vous restez sur la réserve, sous prétexte que ce n'est pas tout à fait ce à quoi vous vous attendiez, les occasions d'avancement et les augmentations de salaire risquent de vous passer sous le nez. Dans ces conditions, vous baissez les bras et vous installez dans une situation plutôt médiocre. Et vous condamnez ainsi une part de vous-même.

Si au contraire vous «défaites vos valises» et vous engagez, en paroles et en actes, à atteindre un objectif déterminé, cela change tout. Vous obtenez des résultats et commencez à modifier les choses concrètement. Indépendamment des conditions extérieures, vous faites ce qui vous plaît. Et vous vivez d'une manière beaucoup plus satisfaisante.

L'engagement et l'intérêt se distinguent nettement l'un de l'autre. Prenons comme image un petit déjeuner composé d'œufs et de jambon: l'engagement du porc est total, cependant que la poule n'offre qu'un intérêt secondaire. La guerre du Viêt-nam fournit un autre exemple à l'appui de cette théorie. Le nord du Viêt-nam avait investi toutes ses forces pour réaliser ses buts. Toutes les ressources étaient mises à contribution dans l'effort de guerre. Les États-Unis voyaient la chose sous l'aspect d'une «opération militaire aux objectifs limités». Notre armement de pointe et notre force, bien que supérieurs, se révélèrent en fin de compte inadéquats face à une nation du Tiers-Monde résolue à parvenir à ses fins. Finalement, la détermination du Viêt-nam du Nord a eu raison des Américains.

Se complaire dans les rôles secondaires n'enrichit pas l'existence

Il y a plusieurs années, alors que j'assistais à un séminaire, les participants furent mis au défi de répondre à la question suivante: comment réagiriez-vous si votre médecin vous annonçait qu'il vous reste entre six à douze mois à vivre? Agiriez-vous différemment en ce qui concerne vos relations, votre carrière, votre situation familiale, vos revenus, votre spiritualité? Quels engagements prendriez-vous? Quel acte exécuteriez-vous?

Pour la plupart, les participants affirmèrent qu'ils modifieraient du tout au tout certains aspects de leur vie. Quant à lui, le regretté Michael Landon, après qu'on eut diagnostiqué chez lui un cancer en phase terminale, avait déclaré à la presse: «Désormais, le moindre instant prend une importance capitale.» Qu'est-ce qui, dans une telle circonstance, compterait le plus à vos yeux? Si vous en venez à considérer qu'un changement significatif s'impose, c'est sans doute qu'il vous faut redéfinir les priorités qui sont les vôtres et faire la part des choses. Certains d'entre nous dépensent une énergie considérable à s'occuper de toutes sortes de choses, pour découvrir par la suite que ce ne sont là que vétilles. Le fait d'attacher une importance démesurée à des bagatelles représente une manière de vivre qui revient très chère. Le premier pas se fait par la prise de conscience, ou compréhension, laquelle nous indique que des modifications s'imposent. Ensuite, les actes entrepris se révèlent l'essence même du changement. Mais pour cela, il faut s'engager.

Nul ne peut faire à votre place ce que vous devez accomplir

C'est à vous seul qu'il revient d'instaurer le changement. Car vous ne pouvez exiger de quiconque qu'il fasse le travail pour vous. Le processus d'engagement suivant, composé de sept étapes, vous fournit une méthode concrète pour accéder à ce que vous souhaitez, tant sur le plan professionnel que personnel. Réfléchissez à une décision très importante que vous envisagez de prendre en ce moment, ou encore à un engagement crucial. Peut-être projetez-vous de vous marier, d'opérer un changement de carrière, de vous défaire d'une habitude quelconque, de retourner aux études, d'avoir un autre enfant, ou d'acheter la maison de vos rêves. Voyons chaque étape en tenant compte du projet que vous avez en tête.

PROCESSUS D'ENGAGEMENT: SEPT ÉTAPES IMPORTANTES

1. Déterminez vos priorités: qu'est-ce qui a de l'importance?
2. Précisez vos objectifs et vos intérêts: que voulez-vous au juste?
3. Créez de nouvelles possibilités qui respecteront vos qualités et vos objectifs.
4. Choisissez une ligne de conduite compatible avec vos qualités et vos objectifs.
5. Déclarez «publiquement» votre prise de position.
6. Transformez votre engagement en action: «défaites vos valises»!
7. Évaluez les résultats:
   • Fêtez vos succès.
   • Apportez des corrections au besoin.

Première étape: Déterminez vos priorités: qu'est-ce qui a de l'importance?

Pour prendre position, il est préférable de se baser sur le sens des valeurs et les principes, plutôt que de se contenter de réagir par réflexe à la situation qui se présente, car cet engagement vous procurera des résultats nettement plus satisfaisants. Des engagements fondés sur les principes transcendent la durée et les circonstances, tout en nous aidant à percevoir clairement ce qui est essentiel. Quand vous êtes confronté à un problème, prenez le temps de vous demander, en premier lieu: «Quels principes ou valeurs morales me seront de quelque secours pour améliorer la situation?» Prendre des engagements dans un contexte conforme à la moralité clarifie la situation et nous servira de guide lors de l'élaboration du *quoi* et du *comment* des étapes suivantes.

Il y a quelques années, j'ai travaillé avec un cadre supérieur qui éprouvait beaucoup de difficultés à prendre position dans des circonstances sujettes à controverse. Sa philosophie directoriale se résumait à «laisser les décisions en suspens» et à s'assurer une porte de sortie suffisamment grande pour «y faire passer un poids lourd». Bien que l'on puisse plaider en faveur de la flexibilité, si l'on veut accomplir des progrès il est indispensable de choisir une ligne de conduite parmi des options disponibles et de s'engager dans des voies clairement déterminées. Pour en revenir à notre cadre supérieur, ses décisions étaient bien davantage influencées par les pressions politiques et les circonstances que par des questions de principe. Et, phénomène intéressant, il «apprenait» à ses collaborateurs à n'avoir confiance ni en ses paroles ni en ses actes.

Parmi les principes-clés qui nous servent de guides universels, nous pouvons inclure l'intégrité, la responsabilité, l'excellence, le respect, la compassion, la spiritualité, la disponibilité, l'amour sans condition, la résolution d'un désaccord qui avantage les deux parties, et enfin la vertu. Répertoriez vos qualités personnelles avec grand soin, afin de les agencer de façon adéquate. Les qualités, surtout lorsqu'elles œuvrent dans le contexte d'un objectif personnel ou professionnel, fournissent l'encadrement propice à des prises de décisions vraiment efficaces.

Deuxième étape: Précisez vos objectifs et vos intérêts: que voulez-vous au juste?

Dans son livre *The Seven Habits of Highly Effective People,* Stephen Covey nous rappelle qu'il faut «entreprendre une action en gardant présent à l'esprit l'objectif final». En nous représentant d'abord ce que nous souhaitons réaliser, nous pouvons utiliser concrètement nos facultés intérieures et extérieures pour accomplir un rêve particulier. Covey souligne également l'idée selon laquelle «toute chose est créée deux fois». Car, ce que nous concevons d'abord intellectuellement est par la suite transposé dans la réalité. Cette étape tire parti du principe décisif de la stratégie transformationnelle, qui veut que «nous devenions ce que nous pensons».

Il arrive souvent que ce que nous disons vouloir ne corresponde pas du tout à ce que nous voulons vraiment! Et parfois, nous ne savons même pas ce que nous voulons! Une femme déclarera, par exemple: «Je veux vivre une relation amoureuse intense.» Mais en vérité, ce qu'elle souhaite par-dessus tout, c'est de ne pas souffrir à nouveau. Pour sa part, un homme pourrait affirmer: «Je veux une voiture sport rouge.» En fait, il désire peut-être se rajeunir un peu, ou vivre des aventures exaltantes, ou cette auto est tout simplement destinée à attirer l'attention. C'est pourquoi il est primordial de définir avec exactitude ce que vous voulez véritablement avant de prendre un quelconque engagement. Essayez de découvrir le motif véritable derrière la raison superficielle. À ce stade, la recherche de la précision vous permet de canaliser votre énergie et vos facultés vers ce qui importe réellement.

Demandez-vous, avec un esprit ouvert et conscient:

- Que pourrais-je modifier, dans ma vie *personnelle*, qui provoquerait à long terme un changement significatif et concret?
- Que pourrais-je modifier, dans ma vie *professionnelle*, qui provoquerait à long terme un changement significatif et concret?

Troisième étape: Créez de nouvelles possibilités qui respecteront vos valeurs et vos objectifs

L'interruption hâtive du processus de réflexion peut être à la base de maintes décisions approximatives et la cause fréquente de rupture de ses engagements. Quelquefois, ce qui semble être aujourd'hui une solution acceptable, deviendra un problème demain. En optant trop tôt pour des choix limités, on continuera d'accumuler une succession de gestes tout aussi frustrants les uns que les autres.

Avant de prendre une décision, il est préférable de trouver des possibilités qui, éventuellement, serviront vos objectifs, vos intérêts et vos valeurs. Préparez-vous à faire preuve de créativité, quitte à ne trouver la «bonne réponse» qu'à la deuxième ou troisième tentative. Répertoriez les critères et les conditions au sein desquels vous intégrerez de nouvelles options, afin qu'ils renforcent vos intérêts au lieu de les restreindre. Faites appel à vos facultés intérieures reliant la tête et le cœur pour vous prêter main-forte. Et la mise en pratique de ces facultés entraînera le changement.

Quatrième étape: Choisissez une ligne de conduite compatible avec vos valeurs et vos objectifs

La troisième étape mettait l'accent sur la créativité en vous faisant trouver de nouveaux choix. Nous allons à présent mettre en pratique l'*analyse critique* pour rétrécir le champ de ces possibilités et prendre une décision judicieuse. En utilisant les critères sur lesquels reposent les principes, les valeurs et les prises de décision, et en les superposant aux possibilités disponibles, nous nous donnons les moyens de faire le choix qui optimise les résultats et renforce notre engagement à nous en tenir à notre décision, en dépit de circonstances difficiles qui ne manqueront pas de se présenter.

En plus d'user de critères objectifs et d'envisager les conséquences, faites le «test-passion» avant de prendre votre décision. Dans quelle mesure votre résolution fait-elle circuler en vous un «courant d'enthousiasme»? Maintiendra-t-elle le même niveau d'enthousiasme pendant longtemps? Puis mettez cette décision à l'épreuve en l'imaginant dans des conditions extrêmement éprouvantes. Croyez-vous pouvoir tenir bon, ou au contraire sentez-vous que vous serez balayé par les vents dominants? Réfléchissez aussi à ce qui pourrait vous arriver de mieux en respectant votre engagement sur toute la ligne. Sur une échelle de 0 à 10, où situez-vous votre engagement, à longue échéance, à réaliser cette décision? Êtes-vous prêt à toutes les concessions pour parvenir à vos fins? Ne répondez surtout pas à la légère.

Cinquième étape: Déclarez «publiquement» votre prise de position

Bien que certaines décisions soient personnelles et intimes, il n'en demeure pas moins que la plupart d'entre elles seront connues. Prendre position en public et faire part de vos projets à vos proches feront en sorte d'élever vos attentes intérieures et extérieures en termes de rendement. En outre, la tension créative joue en votre faveur pour produire le résultat escompté.

Afin d'aider leurs membres à atteindre leurs objectifs, les cérémonies du mariage, les Alcooliques anonymes et les programmes de perte de poids, par exemple, font fréquemment appel au pouvoir de la proclamation publique. De plus, les personnes qui nous entourent apportent, en maintes occasions, de nouveaux éléments qui complètent les nôtres et contribuent au changement.

Je me permettrai cependant d'ajouter une mise en garde. Il ne faut pas vous attendre à ce que tout un chacun soutienne vos objectifs. Lorsque vous prenez une décision publiquement, il est probable que vous vous coupiez de certaines personnes et vous exposiez à la critique. Il serait préférable de taire certains objectifs personnels ou de les partager uniquement avec vos proches. Tenez également compte du moment où vous communiquerez ces objectifs à des proches en qui vous avez confiance. Et selon la nature de l'engagement, il conviendra de mettre au courant certaines personnes dès le départ, alors que vous en préviendrez d'autres seulement après que vous aurez pris votre décision.

Sixième étape: Transformez votre engagement en action: «défaites vos valises»!

Maintenant que vous avez franchi les étapes préliminaires indispensables, le véritable test consiste à passer à l'*action*. Pour qu'il y ait changement, il vous faut convertir votre engagement en gestes réels et définis. Vous devez aussi vous concentrer sur votre objectif et mettre au rancart ce qui, à une certaine époque, vous semblait avoir des chances de succès. Fini, les sacs de voyage. Fini, les portes laissées grandes ouvertes pour vous ménager une sortie de secours. Désormais, vous êtes engagé dans une direction bien déterminée. «Défaites vos valises» *maintenant* et faites en sorte que cet engagement devienne réalité. C'est le moment de faire votre percée décisive.

La suite maintenant. *Qui* fera *quoi* et *quand*? En précisant maintenant votre grand projet, vos principes et vos valeurs, vous profiterez des dispositions propres à entreprendre progressivement des actions importantes et tangibles. Chaque étape parcourue en toute conscience vous rapproche de plus en plus du but visé.

Appliquez le principe «grand-petit-grand». Dans un premier temps, rêver *grand*. D'après Bob Moawad, le problème n'est pas de rater un objectif grandiose, mais plutôt d'atteindre un but sans importance! Deuxièmement, faites converger une succession de *petites* actions dans la direction qui vous rapprochera de l'objectif. Des paroles qui ne sont pas suivies de gestes ne sont que promesses en l'air. Quand vous passez de l'engagement à l'action, vous transformez le contrat en réalité. Troisièmement, vivez enfin votre *grand* rêve! Fêtez vos réussites et poursuivez votre apprentissage selon le processus transformationnel. Qu'est-ce qui serait différent si votre comportement suivait votre engagement?

Septième étape: Évaluez les résultats: fêtez vos succès et apportez des corrections au besoin

Pour vérifier l'ampleur des progrès en cours, posez-vous la question suivante: «Ce que je fais présentement me rapproche-t-il ou m'éloigne-t-il de mon engagement?» Une pause afin de faire le calme en vous vous permettra de faire appel à vos facultés intérieures, lesquelles vous permettront de répondre plus facilement à cette question capitale. Dans la plupart des cas la réponse se trouve en vous-même, et vous saurez parfaitement ce qu'il y a lieu de faire pour entraîner le changement.

Notre façon de nous comporter en l'absence des personnes concernées par notre décision indique la mesure exacte de notre engagement et permet de vérifier notre intégrité. D'ailleurs, il ne serait pas surprenant de découvrir, en s'examinant dans un miroir, la première personne concernée. Inventer toutes sortes d'échappatoires sous prétexte que nul autre n'est au courant de notre engagement, ternit notre honnêteté et repousse encore plus loin notre objectif principal. Par contre, quand nous persévérons en dépit de circonstances ardues, cela nous insuffle de l'inspiration et accélère notre progression.

Une stratégie utile pour le maintien de la dynamique consiste à évaluer périodiquement les résultats acquis. La célébration du moindre jalon franchi éveille la conscience tout en incitant à progresser davantage. De plus, en corrigeant nous-mêmes la direction lorsque nous dévions de notre trajectoire, nous renforçons l'intégrité de notre contrat, ce qui nous offre une autre occasion d'apprentissage.

> *Ce n'est qu'après avoir refusé d'abandonner*
> *que l'individu voit ses efforts pleinement récompensés.*
>
> NAPOLEON HILL

L'engagement fait le lien entre le comportement actuel et l'espoir d'une importante situation à venir. Aucun projet d'envergure ne peut se produire tant que vous ne l'aurez pas décidé et que vous n'aurez pris l'engagement de la mettre en œuvre. Quand vous prenez la décision d'agir, l'ensemble de vos ressources se met en branle et vous obtenez des résultats.

ATTENTION!

- Quel élément particulier de votre univers personnel ou professionnel pourriez-vous modifier qui provoquerait un changement considérable et positif?
- Quels engagements vos attitudes démontrent-elles?
- Vos choix vous rapprochent-ils ou vous éloignent-ils de vos résolutions?
- Quelle est la leçon à retenir?

Si vous respectez votre engagement jusqu'au bout — en abattant vos barrières —, vous faites une percée décisive qui transforme les défis en succès. Qu'est-ce qui, en ce moment, cherche à se manifester dans votre vie? Êtes-vous disposé à accepter une percée décisive? Êtes-vous prêt à prendre des engagements et à «défaire votre valise»?

Chapitre vingt-deux

L'intégrité

Faites ce que vous dites!

Je suis mon message.

Gandhi

« T ant qu'une vertu n'est pas mise en pratique, elle ne représente rien d'autre qu'une abstraction», m'a déclaré il y a quelques années une religieuse fort sage. En d'autres termes, vos actes sont plus révélateurs que vos intentions. Toutefois, le geste associé à la parole forme l'essence même de l'intégrité. Prenons par exemple deux individus qui font grand cas de la charité. L'un déclare que la charité est une vertu essentielle; quant à l'autre, il pratique la charité. D'après vous, lequel des deux tient la charité en plus haute estime?

Il est impossible de *ne* pas influencer les autres. Quoi que vous fassiez, vous exercez sur eux un certain ascendant. Mais la question qui se pose, c'est *comment* vous les influencez. Vos paroles et vos actes, ainsi que vos silences et votre immobilité ont constamment des effets qui se répercutent sur les autres! Le pasteur Martin Niemoeller, ministre du culte luthérien en Allemagne, a relaté, après la Seconde Guerre mondiale, des événements qui avaient tenu lieu pour lui de sonnettes d'alarme:

En Allemagne, au moment de la guerre, on s'en est d'abord pris aux communistes. Je n'ai rien dit, parce que je n'étais pas communiste. Ensuite, on rechercha les juifs, mais je n'étais pas juif non plus. Puis, on arrêta les syndicalistes, et n'étant pas syndiqué, je demeurai toujours coi. Vint le tour des catholiques, mais en tant que protestant, je ne me sentais pas concerné. Enfin, on vint m'arraisonner, mais désormais il était trop tard pour dire quoi que ce soit...

Vous exercez toujours une influence. Cependant, pour que votre influence soit honnête — c'est-à-dire que vos actes correspondent à vos paroles —, cela sous-entend:

• de faire ce que vous estimez valable, d'une manière qui valorise les autres;
• de respecter vos ententes, même quand la situation s'avère difficile;
• de vous en tenir à vos ententes, même quand l'autre n'est *pas* présent.

Vous ne pouvez juger de vos valeurs et de votre intégrité quand tout va pour le mieux. C'est quand tout va mal que l'on peut faire le vrai test.

James Allen déclarait, en 1959: «Les circonstances ne définissent pas l'homme, mais elles le révèlent.» C'est dans l'adversité que votre «nature» véritable tend à faire surface. Il est bien entendu fort simple de tolérer qui nous tolère, de respecter qui nous respecte et d'aimer qui nous aime. Cependant, c'est lorsque des personnes ne nous tolèrent pas, ne nous aiment pas ou ne nous respectent pas que nos qualités sont mises à l'épreuve. Comment vous comportez-vous en pareil cas?

Vous indiquez sans cesse aux autres quelle conduite ils doivent adopter à votre égard. Car vos paroles et vos attitudes ne sont que le reflet de votre vie intérieure. Et si vous négociez votre intégrité à des fins opportunistes, vous finirez par payer un prix exorbitant. En rognant petit à petit votre honnêteté, vous diminuez d'autant vos propres valeurs. Alors que si vous honorez les termes de votre contrat, et plus particulièrement dans des circonstances difficiles, vous éprouverez une plus grande estime envers vous-même, de même que vous aurez sur les autres une influence positive. Roger Fisher et William Ury préconisent de ne jamais céder aux pressions que l'on vous fait subir, mais de vous soumettre devant la morale.

L'adversité nous offre encore la possibilité d'exercer une influence. Prenons comme exemple ce qui s'est produit, chez Johnson & Johnson, au début des années quatre-vingt. L'un de leurs produits, le Tylenol, empoisonné au cyanure, avait provoqué la mort de huit personnes.

Cette société, dotée d'un incontestable sens moral, a aussitôt agi avec honnêteté en retirant chez tous les dépositaires nationaux le produit incriminé. On raconte que cette décision a coûté à la compagnie plus de deux cent quarante millions de dollars, mais le public n'en a pas moins continué à lui accorder sa confiance, et celle-ci s'est même accrue. (Et vous, à combien estimez-vous votre intégrité?) Et les produits de cette société bénéficient toujours de la faveur des consommateurs. Remarquez quels enseignements Johnson & Johnson a prodigués par son geste. Et remarquez aussi les résultats positifs à *long terme* enregistrés par cette entreprise. Une étude récente a démontré que les sociétés fonctionnant de façon intègre recueillent des profits supérieurs à ceux des entreprises qui bradent l'intégrité pour encaisser des gains à court terme. Encore un paradoxe. Et encore un signal d'alarme.

Respectez les conditions de vos ententes

L'une des meilleures façons de prouver votre intégrité, c'est encore de vous en tenir à vos ententes. Que perçoivent les autres de la manière dont vous respectez vos ententes? Gary Koyen, un ami et fin pédagogue, a bien voulu me faire part, il y a quelques années, des «niveaux d'entente» suivants. Bien que depuis lors j'en aie quelque peu modifié l'ordre, son concept reste inchangé:

NIVEAUX D'ENTENTE

Niveau 1:	Négligeable
Niveau 2:	Indécis
Niveau 3:	Passif
Niveau 4:	Dynamique
Niveau 5:	L'engagement
Niveau 6:	La résolution zen

Voyons maintenant à quoi correspondent ces niveaux.

Niveau 1: L'entente négligeable

En pareil cas, on dit oui ou on se tait, mais l'intention réelle est de dire non. C'est-à-dire que nos paroles vont dans un certain sens et nos actes en sens inverse. En fait, les individus qui fonctionnent à ce niveau opposent une résistance farouche en combattant, consciemment ou inconsciemment, les conditions de l'entente.

Dans le monde professionnel, par exemple, on peut répertorier deux sortes de rencontres: les *réunions* en bonne et due forme et les *conversations de couloir*. Et au moment de la réunion officielle, les individus manifestent deux tendances: soit ils acceptent les conventions, soit ils se taisent. Mais après cette rencontre ils se rassemblent dans le couloir, où ils tiennent leur véritable réunion. Là, ils échangent le fond de leur pensée, ce qu'ils croient, ressentent et veulent réellement. Dans le couloir, ils critiquent les décisions prises par les autres. Ces conversations dysfonctionnelles, que l'on appelle «sabotage structurel», détruisent la confiance et dressent des barrières dans le processus de la communication; puis tout le monde se demande pourquoi la confiance et les échanges sont dépourvus de qualité. En outre, lorsque vous participez à des conversations de couloir, que vous écoutiez ou que vous parliez, vous apportez votre contribution à l'étiolement de l'intégrité individuelle et organisationnelle.

Un jour où je prenais l'avion pour aller voir un de mes clients de la côte Est, un homme d'âge moyen assis près de moi me demanda quelles étaient mes activités. Après lui avoir expliqué brièvement en quoi consistait mon travail, il poursuivit: «Ah, je vais alors vous parler du cas de ma femme.» Tout à fait ce à quoi je m'attendais! Il me rapporta en long et en large tout ce qui clochait dans leur couple. Nous avions une conversation de couloir à plus de douze mille mètres d'altitude! Je demandai enfin à mon compagnon de voyage s'il avait fait part de ses ressentiments à son épouse. «Vous plaisantez! Si j'aborde ce sujet avec ma femme, je vais avoir de gros ennuis.» À quoi je rétorquai: «Pour ma part, je crois que vous aurez en effet de sérieux ennuis si vous ne discutez pas de tout cela avec votre femme.» Ce qui le laissa fort perplexe.

Niveau 2: L'accord indécis

«Ça m'est égal. D'une manière ou d'une autre, ça n'a aucune importance.» Les personnes qui restent «indécises» quant aux accords à passer avec autrui, avancent fréquemment ce genre d'affirmation vaseuse. Quelle belle entente! Et comme on peut s'y attendre, les résultats corroborent cette attitude d'indifférence. Car un tel je-m'en-foutisme engendre généralement des tensions relationnelles. Toutefois, si l'individu est véritablement indifférent, il fera preuve d'intégrité en déclarant ouvertement sa position, et il cédera le pouvoir de décision à celui qui se préoccupe de la situation.

Niveau 3: L'accord passif

Imaginez que vous rencontrez par hasard quelqu'un que vous n'avez pas vu depuis longtemps. Après avoir échangé des propos anodins, vous lui proposez: «Pourquoi ne pas déjeuner ensemble un jour ou l'autre?» «Excellente idée! vous répond l'autre en souriant. Pour le moment je dois me sauver. Je te passerai un coup de fil.» Quelles chances avez-vous de le «rencontrer pour déjeuner un de ces jours?» À peu près aucune. Vous venez de conclure un accord passif.

Niveau 4: L'entente dynamique

Reprenons le même scénario, mais interprété autrement. Vous croisez accidentellement une vieille connaissance, perdue de vue depuis un bon bout de temps. «Et si nous déjeunions ensemble un de ces jours?» proposez-vous. La personne sourit en signe d'acquiescement. Vous convenez tous deux d'une date, d'une heure et d'un lieu de rendez-vous, et chacun en prend bonne note dans son agenda. Cette fois, quelles sont les chances pour que vous «déjeuniez bientôt ensemble»? Nettement plus probables! En fait, le déjeuner avec cette personne aura certainement lieu. Une entente dynamique définit explicitement *qui* fera *quoi* et *quand*.

Niveau 5: L'engagement

À ce stade, tout converge vers l'objectif à atteindre. En plus de définir qui doit faire *quoi* et *quand,* les accords de niveau 5 sont menés à bonne fin par le biais d'un dessein sous-jacent. C'est le niveau où votre énergie profonde afflue librement! Où votre créativité s'épanouit. Où tout est possible et se réalise.

Nous présupposerons que vous en êtes déjà au niveau 4, celui où vous avez pris rendez-vous avec votre ami pour déjeuner. Puis survient un imprévu auquel vous attachez beaucoup d'importance. Étant donné qu'il tombe juste au moment convenu pour la rencontre, vous vous sentez confronté à un dilemme. Vous décidez donc de téléphoner à votre ami pour le prévenir «qu'un événement inattendu m'empêche de venir déjeuner avec toi. Remettons cela à plus tard». Où en êtes-vous désormais? De retour au niveau 3, c'est-à-dire à l'accord passif. Par contre, cela vous libère pour conclure une entente de niveau 5 et faire ce que vous jugez plus important. Remarquez à quel point nos performances sont affectées selon l'importance que nous attribuons à nos ententes.

Niveau 6: La résolution zen

Les Occidentaux font rarement appel à l'intensité de la résolution zen. À ce niveau particulier, une sagesse profonde guide la résolution pour faire en sorte que l'entente sera conclue quoi qu'il arrive. Pas de questions. Pas de faux-fuyants. Ce sera fait, tout simplement. À ce stade, non seulement les clauses de l'entente seront respectées, mais également l'esprit dans lequel elle a été passée. Et elle ne peut qu'être menée à bonne fin, en dépit des circonstances les plus difficiles.

Gary Koyen raconte, pour illustrer la résolution zen, l'histoire d'un vieillard qui vivait dans un petit village oriental. Chaque mardi, cet homme livrait des œufs au village voisin. Donc, un certain mardi, il emballa soigneusement ses œufs dans son sac de cuir et se mit en route pour faire sa longue tournée. Le vieil homme gravit une colline et redescendit vers le hameau suivant, niché au creux d'une vallée. À sa grande consternation, il découvrit que le petit village était la proie d'une bande de guerriers. Chemin faisant, il constata qu'une femme avait barricadé la porte et les fenêtres de sa maison pour se préserver des assauts destructeurs. Tout à coup, elle entendit que l'on frappait à sa porte. Avec maintes précautions, la femme risqua un œil par un interstice et aperçut le marchand d'œufs. «Que faites-vous là? demanda-t-elle. Vous voyez bien que le village est attaqué!» Et c'est avec le plus grand calme qu'il lui répondit: «Nous sommes mardi, et le mardi je livre mes œufs.» Voilà ce qu'est la résolution zen. Respecter les accords. Agir de façon intègre.

Il est assurément déconcertant pour les Américains de traiter des affaires avec des Orientaux. En effet, ces derniers, après avoir conclu les négociations, marquent leur assentiment d'une simple inclinaison du buste. Ils affichent de cette manière leur résolution zen. De leur côté, les hommes d'affaires américains s'empressent de rédiger un contrat, paraphé par quatre témoins, authentifié par un notaire et signé par les deux parties. Si bien que les Orientaux se sentent offensés par ces manières, car eux ont d'ores et déjà donné leur parole, et un contrat écrit a bien peu de valeur à leurs yeux.

Soyez loyal envers vous-même et vous le serez à l'égard des autres

Dans notre civilisation, la plupart des ententes passées entre les individus ou au sein de divers organismes se situent entre les niveaux *négligeable* et *passif*. Il n'y a donc rien de surprenant à ce que le manque de confiance entre les êtres soulève fréquemment des problèmes dans les milieux personnel et professionnel.

ATTENTION!

- À quel niveau concluez-vous la plupart de vos ententes?
- Que diraient les gens, chez vous ou à votre travail, à propos du niveau de vos ententes?
- Qu'apprenez-vous aux autres par le biais de vos ententes?
- Quel niveau d'entente attendez-vous des autres? Et quel niveau êtes-vous prêt à offrir en contrepartie?
- Quelle est la leçon à retenir?

Lorsque vous faites ce que vous dites et que vous êtes honnête envers vous-même, vous préparez le terrain pour vous montrer loyal à l'égard des autres. Une fois que vous aurez *assimilé* l'intégrité, le lien s'établira aisément entre la tête et le cœur pour engendrer de meilleurs résultats. L'intégrité comprend des facteurs aussi essentiels que le fait d'être honnête envers vous-même et envers les autres; de vous exprimer avec franchise; d'accepter vos responsabilités; d'effectuer un travail de qualité; de mettre de l'ordre dans vos affaires; et de traiter les autres avec respect.

Quand vous vous engagez à faire correspondre vos gestes et vos paroles à vos valeurs, vous amorcez une transformation dans votre vie et dans celle de ceux qui vous entourent. Faire ce que vous dites est une preuve d'honnêteté.

Avant toute chose: envers toi sois loyal,
et aussi sûrement que la nuit suit le jour il s'ensuivra que
tu ne pourras pas tromper les autres.

WILLIAM SHAKESPEARE

Cinquième partie

Rester éveillé

CHAPITRE VINGT-TROIS

L'école universelle

LES MAÎTRES SE PRÉSENTENT SOUS DIVERS ASPECTS

Le maître viendra quand le disciple sera prêt.

BOUDDHA

Les avions représentent ni plus ni moins des classes volantes où l'on apprend la vie. Propulsés en altitude à trois cent cinquante kilomètres à l'heure, les passagers sont confinés en vase clos. Bien que la démarche de chacun soit différente, de même que les raisons de monter à bord, tout le groupe partage une expérience commune, parfois positive, mais pas nécessairement. Dans l'excitation du voyage, les gens se laissent souvent aller à livrer leur vécu. Je ne peux m'empêcher d'évoquer la Terre, projetée dans l'espace en tournant sur elle-même, peuplée de milliards d'individus différents, lesquels ont en commun le sol nourricier. Même si chacun est indépendant, nous sommes tous logés à la même enseigne au cours de notre voyage ici-bas, et dépendons forcément les uns des autres. Nous sommes tous, sans exception, des élèves de l'école universelle.

À l'occasion d'un long vol de nuit vers Philadelphie, j'en avais profité pour consulter un ouvrage en prévision de ma rencontre avec un client. Une dame d'un certain âge, accompagnée de son petit-fils de sept ans, occupait le siège près du mien. De toute évidence, elle détestait l'enfant! Même en admettant que le garçon était turbulent, son attitude à elle m'était encore plus pénible à supporter. À tout moment elle faisait les gros yeux, soupirait et le frappait au visage. Elle rouspétait et râlait

sans cesse. Je me disais que c'était là l'une des personnes les plus désagréables qu'il m'ait été donné de rencontrer.

Étant donné que je me préparais en vue de régler une délicate situation conflictuelle entre divers services d'une entreprise, je n'avais aucune
envie de me mêler des affaires de cette femme. Et puisque tous les
sièges étaient occupés, je n'avais pas la possibilité de changer de
place. Et le malaise que j'éprouvais vis-à-vis de cette femme ne cessait
de croître. Mais j'étais déjà pris dans l'engrenage!

Je poursuivis ma lecture. «Monsieur!» entendis-je tout à coup. Du
fait que je lisais et m'appliquais délibérément à l'ignorer, je n'enregis-
trai pas vraiment le message. Puis, d'un ton plus agressif, la voix reprit:
«Monsieur!» «Oui?» répondis-je, fermant mon livre et me tournant vers
elle d'un air excédé. «Quelle heure est-il à Philadelphie?» demanda-
t-elle, ses yeux plissés plongeant dans les miens. Ayant déjà réglé ma
montre à l'heure de la côte Est, j'annonçai: «Dix heures dix-sept.»
«Merde!» s'exclama-t-elle. Pas «merci», mais «merde!» (Le terme exact
était plus grossier, mais avait exactement le même sens.) Désormais,
j'étais bel et bien concerné. J'avais l'estomac noué, mes yeux se rétré-
cirent... et j'eus une forte envie de la faire descendre de l'appareil en vol!

Je sais parfaitement qu'il n'est pas très courtois de vouloir précipiter
une grand-mère du haut des nuages. Et pourtant, j'en avais drôlement
envie. J'entrepris en mon for intérieur une conversation fort animée. «Eric,
que conseilles-tu à tes clients? De faire une *pause* pour réfléchir. D'établir
la liaison entre la tête et le cœur.» Après avoir fait le calme en moi, je
décidai de reprendre ma lecture. Je ne voulais pas discuter avec elle et,
de toute façon, je n'avais aucun moyen de la faire renoncer à son attitude mesquine.

Mais rien n'est fortuit. Le livre que je lisais, *Handbook to Higher
Consciousness*, de Ken Keyes, s'ouvrit de lui-même à une page que
j'avais déjà lue. Je remarquai un paragraphe que j'avais surligné en
jaune peu auparavant, et marqué de deux astérisques dans la marge.
Quand je dessine deux astérisques en regard d'un texte, cela signifie
qu'il contient pour moi quelque chose d'important, et que je dois y prêter toute mon attention. Les messages transmis par Ken Keyes dans ce
paragraphe particulier, et aussi plusieurs autres, furent pour moi un nouvelle sonnette de réveil:

> Tout être et toute chose qui vous entourent sont source d'ensei-
> gnement. [...] Une personne pour laquelle vous éprouvez peu d'in-
> térêt se révélera vraisemblablement l'un de vos maîtres les plus pré-
> cieux. [...] Votre croissance sera plus rapide si vous apprenez de
> quelqu'un dont vous vous seriez tenu à l'écart en temps normal. [...]
> Développez votre amour, votre connaissance d'autrui et la compas-
> sion en essayant de comprendre tout ce que dit ou fait chaque être,

comme si vous l'aviez dit ou fait vous-même. [...] Un être lucide sait pertinemment qu'il est plus opportun d'évoluer dans une ambiance fraternelle, laquelle nous permet de découvrir et comprendre les autres, indépendamment de ce qu'ils disent ou font, comme s'ils nous étaient semblables en tous points.

Allons donc! Un *maître*, cette mégère malfaisante? «*... qui nous ressemble en tous points?*» J'avais du mal à en accepter l'idée. Que pouvait-elle m'apprendre? Je ne l'aimais pas du tout. Elle m'exaspérait. Je ne pouvais m'empêcher de la juger sévèrement. Ses qualités ne m'intéressaient guère. Et, de plus, j'avais toujours envie de la jeter hors de l'avion!

Que pouvais-je apprendre de cette personne? Il était temps de faire une pause pour réfléchir et établir le lien entre la tête et le cœur. Cette dame *était* un maître... et un maître dont je pouvais apprendre beaucoup! En fait, elle me renvoyait l'image de ce que j'étais à ce moment. Elle n'avait aucune patience avec son petit-fils. Je n'avais aucune patience envers elle. Elle était sévère avec lui. J'étais sévère avec elle. Elle mettait des conditions dans son affection pour lui. J'en mettais moi aussi à son égard. Elle voulait que son petit-fils soit différent. Je voulais qu'elle soit différente. Elle voulait être débarrassée de lui. Je voulais être débarrassé d'elle. Au fond, cette compagne de voyage, qui faisait route elle aussi sur le chemin de l'école universelle, n'était pas différente de moi. Du fait qu'il n'y avait pas d'autre siège disponible à bord de l'avion, l'univers, en me plaçant à proximité de cette grand-mère, me transmettait un message que je devais absolument entendre. Un autre instant plein d'enseignement. Une autre sonnette d'éveil!

Ceux qui brandissent un flambeau le transmettront aux autres.

PLATON

Au cours d'un séminaire animé par le Dr Elisabeth Kubler-Ross, celle-ci nous conta l'histoire de l'un de ses plus grands maîtres de vie. Vous savez sans doute que Kubler-Ross est un personnage marquant en raison de son rôle auprès des professionnels de la santé, pour tout ce qui a trait à la mort. Alors qu'il y a plusieurs années elle était interne dans un pavillon pour cancéreux, elle avait aussitôt perçu le malaise qui existait, tant au sein de l'équipe soignante que chez les patients, face à tout ce qui se rapportait à la mort. Les patients ressentaient la nécessité d'aborder le sujet, mais il répugnait au personnel médical d'approfondir des questions si délicates, compte tenu de la souffrance et de la gêne que cela entraînait. Il était en effet beaucoup plus simple de s'abriter derrière le stoïcisme professionnel de la blouse blanche, plutôt que d'affronter la mort inéluctable.

Après quelques mois passés dans le service des cancéreux, Kubler-Ross remarqua une femme de ménage d'origine afro-américaine, laquelle entretenait avec les patients en phase terminale des rapports étonnamment positifs, alors qu'à l'inverse le personnel soignant avait le plus grand mal à s'adresser à eux. Chaque fois qu'elle nettoyait leur chambre, les malades adoptaient un comportement plus ouvert et semblaient jouir d'une grande paix intérieure. Kubler-Ross se mit à surveiller discrètement la femme de ménage, afin de découvrir ce qui la rapprochait des mourants. Elle s'adressa enfin à cette femme, lui demandant carrément ce qu'elle faisait aux patients. Fortement intimidée, celle-ci répondit à la question du médecin par la défensive. «Rien! dit-elle. Rien! Mon travail, c'est de nettoyer les chambres, c'est tout.» Consciente de la tension de la femme, Kubler-Ross la mit à l'aise. Puis se développa une grande amitié entre les deux femmes, qui fut aussi pour le médecin riche d'enseignement.

À cette époque, les familles afro-américaines gardaient les mourants chez eux, au lieu de les envoyer à l'hôpital ou dans une clinique. Les mourants n'envisageaient même pas de finir leurs jours loin des leurs. Ils considéraient la mort comme un phénomène normal, faisant lui aussi partie de la vie. Les enfants, autant que les adultes, étaient confrontés à la mort et aux mourants. Ils apprenaient à côtoyer la mort de façon ouverte et naturelle. Ils apprenaient à communiquer avec les mourants et à partager leurs sentiments. Ils avaient une connaissance intime du moment où la vie quitte le corps. Ils étaient témoins et participaient au processus de la mort.

Maints professionnels de la santé ignorent tout de cet héritage culturel. Ils considèrent que devoir côtoyer un mourant est embarrassant et dérangeant. Vous croyez qu'il est plus facile d'éviter cette sorte de situation? Et pourtant, c'est bien pendant ces derniers jours que le besoin de communiquer se fait le plus sentir.

La femme de ménage fut pour Kubler-Ross l'un de ses plus précieux maîtres. Après avoir été l'élève de cette femme, Kubler-Ross devint par la suite un grand maître en aidant les autres, tant sur le plan professionnel que personnel, à affronter la mort et à s'occuper des mourants. Quel merveilleux présent nous a offert cette femme de ménage, un maître dont l'enseignement serait resté un mystère si un médecin, suffisamment ouvert d'esprit, n'avait perçu cette sonnerie de réveil fondamentale.

Recherchez l'enseignement en toute occasion

Et si vous recherchiez une occasion d'apprendre — une sonnerie d'éveil — en chaque individu et en toutes circonstances? Cette philosophie orientale très ancienne, selon laquelle chaque instant nous réserve un enseignement, se révèle un merveilleux outil de croissance tout au long de la vie. Elle peut également provoquer un changement réel et positif, non seulement dans votre vie, mais aussi dans celle de vos compagnons de route.

Depuis 1987, époque à laquelle je profitai de «la sonnerie d'éveil émise par ma rencontre avec la grand-mère dans l'avion», je n'ai eu de cesse de considérer chaque être comme un maître, y compris cette femme qui m'avait révélé un aspect de la vie primordial. Une vraie mine d'or! Et de plus, une aventure passionnante. Chaque fois que vous rencontrez quelqu'un ou que vous êtes dans une nouvelle situation, demandez-vous: «Que puis-je apprendre de cette personne?» «Que peut m'enseigner cette situation?» Faites le calme en vous — établissez le lien entre la tête et le cœur — et écoutez attentivement la réponse. Vous apprendrez souvent quelque chose à votre sujet, à propos de vos qualités et de vos possibilités d'amélioration; en d'autres occasions, cela concernera vos proches, ou encore la vie elle-même. Essayez de découvrir le véritable enseignement et acceptez de laisser de côté vos histoires anciennes. Comme le dit la maxime: «Il n'y a pas de fumée sans feu.» Alors, cherchez le feu.

Tous, sans exception, nous sommes des professeurs et des élèves à l'école universelle, et ce tout au long de la vie. Qui sont vos maîtres? Qu'apprenez-vous? Dans quelle limite, si tel est le cas, acceptez-vous vos maîtres, tant en ce qui concerne leur personnalité que leur enseignement? Existe-t-il un type d'individus ou certains groupes de qui vous refusez les leçons? En règle générale, l'objet de votre résistance renferme pour vous la meilleure occasion de croître et de vous épanouir. Quels seront vos pertes et vos profits en élevant des barrières entre vous et vos maîtres?

ATTENTION!

- Qui sont vos maîtres?
- Qu'enseignez-vous aux autres? (Rappelez-vous que vous êtes aussi *leur* maître!) Quel enseignement retirent-ils de vos paroles et de vos actes?
- Si les autres «saisissaient» vos dispositions d'esprit et vos comportements (ce qui est en effet le cas), à quoi ressemblerait le monde?
- Quelle est la leçon à retenir?

Vos maîtres se présentent sous divers aspects et chacun vous offre une occasion d'élever votre conscience et de vivre de façon plus enrichissante. Cherchez l'enseignement tout au long de votre séjour à l'école universelle.

CHAPITRE VINGT-QUATRE

Les satisfactions de l'excellence

UN APPRENTISSAGE DE TOUTE UNE VIE

*Si vous n'essayez pas d'aller au-delà de
ce que vous maîtrisez déjà, vous ne grandirez jamais.*

RALPH WALDO EMERSON

Façonnez votre avenir, ou alors c'est lui qui vous façonnera!
Ou bien vous tenez les rênes de votre destin, ou bien vous
vous laissez conduire par des influences extérieures. L'excellence,
c'est-à-dire le choix délibéré de vous améliorer au mieux de vos
possibilités, transforme profondément votre existence. Quand vous
vous engagez à exceller dans votre vie, vous vous donnez les
moyens de définir votre destination et de suivre un parcours d'une
qualité exceptionnelle. Ceux qui croient en leurs capacités vivent
en règle générale à des niveaux supérieurs et ont une vie et une
carrière très satisfaisantes. Toutefois, peu d'individus s'épanouissent de façon significative. Cela me surprend énormément.

Nous sommes tous ignorants: tout dépend du sujet.

WILL ROGERS

Vingt-trois millions d'adultes, soit environ quinze pour cent de la main-d'œuvre américaine, sont analphabètes. Étant donné que les consommateurs exercent de fortes pressions pour bénéficier de produits et de services de meilleure qualité, on exige désormais même dans les postes au bas de l'échelle des connaissances et des compétences accrues. Devant de telles conditions, il a fallu reconnaître que le système d'éducation américain était tombé au *douzième* rang à l'échelle mondiale, et il semblerait qu'il continue de baisser! Quelle «sonnette d'alarme»! Maintes compagnies, à travers l'Amérique, ne peuvent plus attendre des diplômés des écoles secondaires, ou même des collèges, qu'ils fournissent un rendement approprié aux niveaux souhaités. Aussi, les sociétés américaines dépensent plus de deux cent dix milliards de dollars chaque année pour la formation et le perfectionnement de leurs employés, à seule fin de pouvoir répondre aux exigences du moment.

On réclame également, dans les milieux de direction, technique et professionnel, davantage de capacités intellectuelles et cognitives. Et dorénavant, même l'agriculture et le traitement des déchets font appel à la haute technologie! La moitié du savoir, dans le domaine informatique, a une survie de trois ans, et de cinq dans le domaine médical. Ce qui signifie que si j'étais ingénieur informaticien, environ la moitié de mes connaissances actuelles seraient dépassées dans les trois années à venir! Et encore, à la condition expresse que mes acquis soient à jour. Quant aux professions médicales, la moitié du savoir accumulé par votre médecin n'aura plus cours d'ici cinq ans. Que se passerait-il si votre chirurgien ne s'était pas inscrit à la formation permanente pendant ces dix dernières années? Le simple fait de songer à une telle éventualité ne fait-il pas monter en vous une poussée d'adrénaline?

Dans son livre, Stephen Covey étudie le principe fondamental du renouvellement de soi en l'illustrant par «l'affûtage de la scie». Il prend pour modèle un individu qui s'active fébrilement à abattre un arbre énorme. Un personnage, observant son dur labeur, lui demande pourquoi il ne fait pas une pause pour aiguiser sa scie. «Je n'ai pas le temps, répond le premier. Je suis trop occupé à scier mon arbre.» Et vous, à quel point êtes-vous si occupé que vous n'avez même pas le temps de vous régénérer physiquement, mentalement, spirituellement et professionnellement? Dans quelle mesure faites-vous une pause afin d'entretenir des relations saines et chaleureuses? Si vous ne vous préoccupez pas de marquer un temps d'arrêt pour vous renouveler systématiquement dans les domaines importants, vous pouvez être assuré d'entendre des signaux d'alarme, auxquels vous devrez porter une attention immédiate.

Si vous ne développez pas votre marge compétitive, vos concurrents vous couperont l'herbe sous le pied!

Le regretté Earl Nightingale, «le doyen de la croissance personnelle et professionnelle», faisait observer que le fait d'étudier, ne serait-ce qu'une heure par jour, une matière choisie dans votre sphère d'intérêts, vous situera au niveau du spécialiste en trois ans seulement; fera de vous une autorité nationale en cinq; et au bout de sept années, vous deviendrez un expert de réputation internationale! Toutefois, l'Américain adulte moyen lit moins d'un livre par an. Et cinquante-huit pour cent de la population des États-Unis ne lit plus en entier, après les années de scolarité, autre chose que des ouvrages de fiction.

Dans le monde du travail, on estime qu'un adulte passe entre cinq cents et mille heures par an au volant d'une auto. Ce qui équivaut en moyenne de douze à vingt-cinq *semaines de travail* par année. Cela représente-t-il pour vous du temps perdu, ou au contraire une occasion en or? Que diriez-vous, eu égard à votre engagement d'apprendre tout au long de votre vie, d'écouter pendant ce temps des enregistrements ayant trait à un domaine de votre choix? Et si vous en faisiez un moyen d'acquérir chaque jour une nouvelle idée, ou deux? Et que diriez-vous aussi de mettre en pratique ces nouvelles idées? Quand vous augmentez votre valeur, cela rapporte des dividendes à votre employeur... et au bout du compte, cela vous en rapporte à vous aussi.

Si vous ne développez pas votre esprit compétitif, vos concurrents vous couperont l'herbe sous le pied. Tom Peters déclare que «tout doit être nec plus ultra». Ne serait-ce que pour conserver votre part de marché, les projets, les produits, les services, la distribution, la commercialisation et la recherche doivent désormais être les meilleurs! Peters affirme de plus que votre aptitude à apprendre plus vite que vos concurrents peut se révéler votre stratégie principale pour préserver cette marge compétitive tant convoitée. Par exemple, le terme japonais *kaizen* signifie «des progrès qui ne cessent de croître». C'est ainsi que les Japonais, en mettant l'accent sur l'innovation et la qualité, ont placé leurs produits en tête de la concurrence sur le marché mondial. Et le même principe peut être appliqué à votre situation personnelle et professionnelle.

Quant à lui, Brian Tracy concluait, fort à propos, que «vous recevez exactement ce que vous valez; ni plus ni moins». Si vous considérez que vous devriez recevoir davantage, alors augmentez votre valeur. Visez l'excellence en tout. Excellez dans ce que vous faites, de sorte que lorsqu'un besoin se fera sentir on pensera d'abord à *vous*. Les gens sont prêts à payer pour ce qu'ils estiment valable. Et pour atteindre le but, le *kaizen* représente une stratégie-clé.

ATTENTION!

- Quelle est votre marge compétitive et que faites-vous précisément pour exceller dans votre milieu professionnel et personnel?
- Que faites-vous pour devenir un expert dans votre domaine?
- Sur une échelle de 0 à 10, où situez-vous la satisfaction que vous éprouvez face à votre situation actuelle?
- Jusqu'à quel degré bénéficiez-vous de l'estime de votre patron et de vos collègues? Et de vos concurrents?
- Quelle est la leçon à retenir?

La suffisance hâte la fin d'une carrière

Il arrive fréquemment que pendant mes séminaires des individus viennent me déclarer: «J'aimerais exercer la même profession que vous. Que dois-je faire pour y arriver?» Il est fort agréable d'entendre dire une chose pareille et j'ai assurément à cœur d'aider ces personnes à atteindre le succès. Cependant, il se produit une évolution pour le moins intéressante dès les moments suivants. En règle générale, je perçois assez rapidement s'il s'agit pour ces individus d'une «passade» ou d'une «passion». Ceux chez qui il ne s'agit que d'une passade recherchent la facilité et veulent brûler les étapes. Ils désirent des résultats extraordinaires sans prendre un seul engagement. Ils refusent de vider leur sac et se ménagent une porte de sortie. Quand je leur explique qu'il leur faudra développer leur niveau de formation, assister à des séminaires, lire des livres, écouter des enregistrements, étudier des êtres parvenus à la fine pointe de la performance et être prêts, les premières années, à ne récolter que de très minces revenus, ils font vite marche arrière. Ils considèrent alors que les séminaires «coûtent trop cher». Que l'investissement est de trop longue durée. Que les risques sont trop importants. Et invariablement ils finissent par demander, d'une manière ou d'une autre: «N'y a-t-il pas un moyen de brûler les étapes?»

Et puis, on rencontre les passionnés. Ceux-là débordent d'ardeur et sont prêts à faire *tout ce qu'il faut*. Ils savent d'avance que leurs qualités intrinsèques valent l'investissement. Ils ont un rêve à réaliser. Ils agissent. Ils participent pleinement. Et ils obtiennent le succès. Alors que les autres en sont toujours à se demander pourquoi il ne leur «arrive» rien de bon et s'apitoient sur leur sort.

Dans la vie, rien n'arrive par hasard; nous récoltons ce que nous avons semé. Que faites-vous de votre vie? De votre carrière? De vos relations? Si ce que vous obtenez de la vie ne vous plaît pas beaucoup, regardez de plus près ce que vous y investissez.

Ce qui compte, c'est ce que vous apprenez
en plus de tout ce que vous savez déjà.

JOHN WOODEN,
ex-entraîneur de basket-ball de l'UCLA

Ne soyez jamais satisfait de votre croissance personnelle et professionnelle. La suffisance est le premier pas vers l'effondrement d'une carrière, tant en ce qui concerne l'individu que l'organisation.

Je me souviens du cas de Mary, une femme internée dans un établissement psychiatrique. L'obsession de Mary, c'était sa collection de serviettes. Les autres patients avaient souvent la désagréable surprise, en sortant de leur douche, de se retrouver devant un porte-serviette vide: Mary était passée par là. On avait tenté, mais en vain, de la débarrasser de cette habitude. Et son besoin insatiable l'avait poussée à imaginer maintes façons de ramasser les serviettes de l'établissement.

En désespoir de cause, son psychiatre décida d'écrire, à l'intention des infirmières, l'ordonnance suivante: «Tous les quarts d'heure, apportez un paquet de serviettes dans la chambre de Mary.» En recevant le premier lot de cinquante serviettes, Mary était aux anges. Quinze minutes plus tard, elle en reçut un deuxième. Et ainsi de suite. Elle était au «paradis de la serviette»; elle avait enfin trouvé le filon, sur place. Bientôt sa chambre ressembla à la buanderie de l'hôpital. Et en fin de compte, il lui fut impossible de circuler dans la pièce. Elle finit donc par déclarer: «Je ne veux plus de serviettes.» Son besoin avait été comblé. Une fois satisfaites, les pulsions profondes qui nous poussent vers le changement et l'innovation retombent. Et d'un autre côté l'*insatisfaction* peut être l'un de nos plus précieux alliés.

Pour maîtriser l'art du karaté, il faut avancer par étapes successives avant de parvenir à la fabuleuse «ceinture noire». Ainsi l'athlète doit maîtriser les règles fondamentales propres à chaque niveau, afin de pouvoir passer à la ceinture suivante. Et pour maîtriser à la perfection les principes essentiels, cela exige de la patience, de la persistance et de l'entraînement. Et plutôt que d'employer votre énergie à vaincre les autres, mettez en valeur ce qu'il y a de meilleur en vous. Il ne s'agit pas non plus de vouloir surpasser les autres, mais uniquement d'aller chercher le meilleur de vous-même.

John Wooden, entraîneur de basket-ball de l'UCLA, un homme très apprécié de ses pairs, insistait pour que tous ses joueurs s'entraînent en revenant sans cesse aux règles de base. Certains joueurs résistèrent d'abord à l'entraînement de ce que d'ores et déjà ils réussissaient bien, cependant, sur le terrain, ils découvrirent que la maîtrise des règles de base déterminait la compétitivité. Wooden mettait l'accent sur l'excellence du jeu, pas sur le fait de gagner. Toutefois, dans l'histoire du basket-ball universitaire, son équipe a été celle qui a remporté le plus grand nombre de victoires consécutives. Avant de passer à l'étape suivante, demandez-vous dans quelle mesure vous maîtrisez à la perfection votre niveau de performance actuel.

> *J'agis au mieux de mes connaissances;*
> *je fais du mieux que je peux;*
> *et j'entends continuer ainsi jusqu'au bout.*
>
> ABRAHAM LINCOLN

Pendant les Jeux olympiques de 1988 en Corée, un nageur menait visiblement l'une des épreuves. À deux mètres de la médaille d'or tant convoitée, ce nageur en tête de la course sentit qu'il était presque au but, si bien qu'il relâcha ses efforts. Le nageur en deuxième position, conscient de ce qui se produisait, sauta sur l'occasion. De sorte que le «numéro deux» remonta en tête et remporta la médaille d'or, dépassant son concurrent d'un poil et un centième de seconde. Une autre sonnerie de réveil. Un nouvel enseignement que nous réserve la vie.

Ne trichez pas quand il est question de votre développement. En consacrant deux à cinq pour cent de votre revenu annuel et cinq pour cent de votre temps à votre croissance personnelle et professionnelle, vous vous donnez les moyens de devenir une autorité reconnue dans un domaine de votre choix. Quand vous augmentez votre valeur, les autres vous en accordent encore davantage. Et votre parcours et votre destination vous procureront une plus grande satisfaction.

Lorsque vous êtes conscient qu'il existe une possibilité d'accéder à l'excellence et qu'en même temps vous êtes confronté à une prise de décision, quel choix vous sera le plus favorable? Nul ne peut ou ne doit faire le travail à votre place.

CHAPITRE VINGT-CINQ

Vous et votre masque à oxygène

PRENDRE SOIN DE SOI-MÊME

*À moins de régénérer ses forces, on ne saurait
être source de réconfort.*

M. SCOTT PECK

É tant un habitué de nombreuses lignes aériennes, mes déplacements en avion font désormais partie d'une routine, et mon comportement à bord est devenu une sorte d'automatisme. Je m'intéresse rarement aux membres de l'équipage lorsqu'ils donnent les consignes à respecter en cas d'urgence. Je sais tout cela.

Il est intéressant de noter ce qui se produit quand nous «savons tout cela». Nous n'écoutons plus. Nous ne faisons plus attention. Nous n'apprenons plus rien. Alors nous entendons un signal d'alarme.

Il y a environ deux ans, le personnel de service d'un avion donnait les instructions réglementaires: «En cas de dépressurisation dans la cabine, des masques à oxygène tomberont automatiquement. Placez votre masque de manière à recouvrir entièrement le nez et la bouche et vous recevrez de l'oxygène aussitôt. Si vous voyagez en compagnie de quelqu'un qui a besoin d'aide, attachez votre masque avant de porter secours à l'autre personne.» Cette fois, le message avait acquis pour moi un sens nouveau.

Imaginez que lors d'un vol, vous ayez pour voisine une petite fille âgée de trois ans. Survient alors une dépressurisation. Les masques à oxygène se détachent de leur support et tombent devant chaque passager, mais celui de l'enfant est hors de sa portée. Désemparée, elle lève vers vous des yeux remplis de détresse et des larmes sillonnent ses joues. De toute évidence, elle attend de vous aide et réconfort. Les deux masques sautillant devant vous, c'est le moment de prendre une décision. Quel masque fixerez-vous en premier? Celui de l'enfant ou le vôtre? Votre réaction très naturelle serait de protéger d'abord la petite fille. Toutefois, les consignes de sécurité recommandent de vous occuper de vous avant toute chose. Cela semble si égoïste!

Pourtant, ces instructions sont très raisonnables. Car, en vous occupant d'abord de vous-même, vous êtes en état d'aider l'enfant. En effet, si vous n'avez pas d'oxygène, vous et l'enfant êtes en danger.

L'amour est le trop-plein de l'affection que vous vous portez.

DAVID VISCOTT

Répondre en premier lieu à nos besoins nous permet de rendre de meilleurs services aux autres. Toutefois, cette notion peut sembler difficile à concevoir pour certains d'entre nous! Mais quand nous prenons soin de nous physiquement, psychologiquement et spirituellement, nous sommes aptes à offrir à autrui des services de meilleure qualité. Pour aimer les autres, il faut d'abord s'aimer soi-même. La qualité de nos relations correspond la plupart du temps à la qualité de l'estime que nous nous portons. Et certains d'entre nous font des progrès considérables lorsqu'ils apprennent à devenir leur meilleur ami.

Vous aurez peut-être tendance à résister à cette conception. Si tel est le cas, faites une pause pour découvrir l'enseignement. Voyons cette notion d'un peu plus près. Nous présupposerons que votre philosophie est d'aimer et de servir les autres. Le concept est en lui-même remarquable, cependant, vous risquez, et les autres avec vous, de payer le prix fort si vous négligez vos propres besoins. Car, si en allant au-devant des désirs des autres vous le faites à vos dépens, vous préparez le terrain à des tensions relationnelles. Et il se peut aussi que monte en vous un sentiment de rancœur et vous vous demanderez: «Qu'en est-il de mes besoins à moi? Pourquoi les leurs semblent-ils presque toujours satisfaits, tandis que je ne récolte que les restes?»

Tant que nous cherchons à équiper d'abord les autres de leur masque à oxygène, nous risquons de laisser pour compte nos propres besoins. Nous avons trop bien persuadé notre entourage que nous sommes là pour le servir. Et parfois, nous résistons quand on veut nous rendre service, car nous considérons que «notre devoir» est d'être présent pour les autres! Pour mieux vous connaître, demandez-vous de quelle manière vous répondez quand les autres désirent vous donner quelque chose ou vous rendre service. Leur opposez-vous une certaine résistance ou ignorez-vous leurs tentatives? Que leur enseignez-vous de cette façon? Examinez attentivement votre réaction quand vient votre tour de recevoir. Il nous arrive parfois d'habituer les autres à ne rien nous donner puis, nos besoins non formulés n'ayant pas été satisfaits, nous finissons par éprouver du ressentiment.

Demandez et l'on vous donnera; cherchez et vous trouverez;

frappez et l'on vous ouvrira.

MATTHIEU, *7,7*

Le bien-être affectif requiert lui aussi une bouffée d'oxygène. Et quand le besoin s'en fait sentir, ne refusez pas que l'on vous équipe d'un masque, et surtout, ne manquez pas de faire savoir à autrui ce qui vous serait le plus utile. L'une de mes clientes se dévouait à tel point pour sa famille que ses propres besoins n'étaient jamais comblés, de sorte que sa réserve d'oxygène s'était épuisée. Ce qu'elle attendait de son mari, entre autres, c'était qu'il lui dise son amour et son estime. Après avoir rassemblé suffisamment de courage, elle finit par lui demander ce qu'elle attendait de lui. «Bon, d'accord, je t'aime», répondit-il du tac au tac. À quoi elle répliqua: «Eh bien, ça ne compte pas vraiment, puisque c'est moi qui t'ai demandé de me le dire.» Même si la formulation du mari manquait de raffinement, son expression était sincère. Mais de son côté, elle discréditait l'affirmation plutôt que de l'accepter telle quelle et de repartir sur de nouvelles bases en reconnaissant qu'il avait fait un effort. Si bien que le même scénario se répétait, dominé par le même cycle de dysfonctionnement. Aussi, prenez grand soin de la façon dont vous créez la suite des événements. Pour profiter pleinement de votre vie, apprenez à définir clairement vos besoins et vos désirs, à réclamer ce qui vous est indispensable, et à recevoir en toute simplicité.

Pour vivre de saines relations, il faut cultiver son ego et les autres. Cultiver son ego? Mais oui, lui aussi. Quels rapports entretenez-vous avec vous-même? Dans quelle mesure vous aimez-vous? Les échanges que vous avez avec l'extérieur reproduisent fidèlement la relation que vous avez avec vous-même. Les êtres qui se perfectionnent sans cesse augmentent leur aptitude à développer avec les autres des relations de qualité.

Soyez attentif à votre relation avec vous-même, car les personnes qui ne s'aiment pas beaucoup entretiennent le plus souvent avec les autres des rapports médiocres, alors que les êtres dotés d'amour-propre ont au contraire tendance à vivre des échanges authentiques. Il ne faut pas oublier que la qualité de nos relations réside d'abord en nous-mêmes. Développez-vous en toute conscience vos échanges relationnels ou vous contentez-vous d'agir en somnambule?

Attachez votre masque à oxygène

Voyons maintenant comment mettre en œuvre la notion du masque à oxygène. Évoquez un moment où vous avez commis une erreur. Une lourde faute. (Cela a dû vous arriver au moins une fois, non?) Revoyez les circonstances, et revivez les sentiments que vous éprouviez alors. Quel langage teniez-vous à ce moment-là? Vous êtes-vous dit quelque chose comme: «Je ne peux pas croire que j'aie fait une chose pareille!» ou «Quelle grossière erreur»?

Et comment vous sentiriez-vous si, après avoir commis une faute, votre patron, votre conjoint ou un membre de votre famille vous déclarait: «Je ne peux pas croire que tu aies fait ça!» ou «Quelle grossière erreur»? Remarquez à quel point les mots prennent un sens différent selon qu'ils sont formulés par quelqu'un d'autre. Nous nous sentons aussitôt blessés et nous mettons sur la défensive. Notre amour-propre dégringole. Et nous devenons nous-mêmes plus fautifs que la faute commise. Prenez le temps d'examiner ce fait sous tous ses aspects.

À présent, pensez à votre meilleur ami. Dites-vous que celui-ci a fait l'erreur que vous avez commise. Comment vous adresseriez-vous à cet être particulier? Notez bien ce que vous lui diriez et aussi votre façon de lui communiquer votre message. Croyez-vous que le ton de votre voix sera différent de celui que vous avez utilisé envers vous-même au moment où vous avez fait cette faute? Assurément! Avec votre meilleur ami, il est fort probable que vous manifesteriez plus de tolérance, de sympathie, de soutien et de compréhension. Vous lui diriez vraisemblablement quelque chose du genre: «Ça va s'arranger; nous faisons tous des erreurs» ou «C'est une belle occasion d'apprendre» ou encore «Que puis-je faire pour t'aider?». Vous vous préoccuperiez de lui présenter une façon de voir positive, de lui prodiguer des encouragements, et de l'aider à tirer parti de la leçon. Observez de quelle manière vous traitez votre ami et reportez ce comportement sur vous-même.

Quand une faute est commise, existe-t-il une différence entre l'attitude que vous avez envers vous-même et celle que vous utilisez avec votre meilleur ami? Pour la grande majorité, nous sommes beaucoup plus sévères vis-à-vis de nous-mêmes qu'à l'égard des autres. Que se passerait-il si vous vous adressiez à quelqu'un d'autre comme vous le faites avec vous quand vous commettez une faute? Nul ne supporterait d'être maltraité de la sorte! Selon toute vraisemblance, vous n'auriez plus d'ami. Et finalement, vous vous retrouveriez bien seul. Si vous ne vous apportez aucun soutien, si vous ne vous entendez pas avec vous-même, si vous n'êtes pas apte à vous développer par vous-même, qui d'autre vous aidera? Qui donc voudra faire équipe avec vous? Prenez garde à votre façon de vous adresser à vous-même. Toute la notion qui consiste à édifier des relations de qualité s'appuie au départ sur notre comportement intérieur, et ne s'extériorise qu'ensuite. Pour aimer les autres sans condition, il faut d'abord s'aimer sans condition.

Passons maintenant aux obligations. (Ah non!) Toutefois, ces devoirs sont facultatifs. (Youppi!) (Remarquez quelles sont vos réactions quand il est question des obligations liées à votre développement personnel.) Au cours des vingt et un prochains jours (c'est le temps nécessaire pour acquérir un nouvel automatisme), soyez attentif à ce que vous vous dites. Écoutez comment vous vous traitez. Surprenez-vous au moment où vous faites quelque chose correctement ou presque. Sachez reconnaître ce que vous êtes. Et s'il vous arrive de commettre une erreur (vous en ferez certainement des quantités pour tirer le meilleur parti possible de l'existence), agissez envers vous-même comme si vous étiez votre meilleur ami. Dès que vous constatez que vous usez à votre endroit d'un langage dénigrant, interrompez aussitôt ce comportement et corrigez le tir. Mettez vos ressources intérieures à votre service et appuyez-vous sur ces fidèles alliées. Soyez conciliant envers vous-même, empathique, tolérant et compréhensif. Tirez la leçon qui s'impose, laissez tomber tout le reste et allez de l'avant. Donnez-vous les conseils que vous donneriez à votre meilleur ami.

Cet exercice favorise le processus de croissance, lequel renforce votre amour-propre, votre compétence et votre dignité. En faisant de vous votre propre allié, vous augmentez votre niveau d'efficacité. De plus, en agissant de la sorte, vous évoluez vers le changement auquel vous encouragez les autres. Et vous profitez d'une double gratification!

Apprenez à attacher en premier votre masque à oxygène et vous découvrirez que vous pouvez donner encore plus, aux autres et à vous-même.

ATTENTION!

- Dans quelle mesure répondez-vous:
  - à vos propres besoins?
  - aux besoins des autres?
- Quand vous voulez être serviable, attachez-vous, en premier lieu, votre propre masque à oxygène?
- Jusqu'à quel point vous aimez-vous?
- Quelle est la leçon à retenir?

TABLE DES MATIÈRES

imprimerie gagné ltée

IMPRIMÉ AU CANADA